FINANCES PUBLIQUES

mémentos dalloz

série droit public

sous la direction de Yves Jégouzo

professeur à l'Université Paris 1 Panthéon-Sorbonne

FINANCES PUBLIQUES

Jacques Buisson

Professeur à l'Université Paris Descartes (Paris V)

14e édition – 2009

DALLOZ

DALLOZ

31-35 rue Froidevaux, 75685 Paris cedex 14

ISBN 978-2-247-05141-0

SOMMAIRE

ABRÉVIATIONS ET SIGLES

ACOSS	Agence centrale des organismes de sécurité sociale
AE	Autorisation d'engagement
AFT	Agence France Trésor
AP	Autorisation de programme
APE	Agence des participations de l'État
APUL	Administrations publiques locales
ASSO	Administrations de sécurité sociale
BCE	Banque centrale européenne
BEI	Banque européenne d'investissement
BOP	Budget opérationnel de programme
BP	Budget de programme
BTAN	Bons du Trésor à taux fixe et à intérêts annuels
BTF	Bons du Trésor à taux fixe et à intérêts précomptés
CADES	Caisse d'amortissement de la dette sociale
CDBF	Cour de discipline budgétaire et financière
CDC	Caisse des dépôts et consignations
CGCT	Code général des collectivités territoriales
CIR	Crédit impôt recherche
CJF	Code des juridictions financières
CODEC	Comités départementaux d'examen des comptes
COREC	Comités régionaux d'examen des comptes
CP	Crédits de paiement
CRC	Chambre régionale des comptes
CRDS	Contribution au remboursement de la dette sociale
CSG	Contribution sociale généralisée
CTC	Chambre territoriale des comptes
DGD	Dotation globale de décentralisation
DGE	Dotation globale d'équipement
DGF	Dotation globale de fonctionnement
DGFP	Direction générale des Finances publiques
DGTPE	Direction générale du Trésor et de la politique économique (Trésor public)
DM	Décision modificative
DNO	Dépenses non obligatoires
DO	Dépenses obligatoires

DOB	Débat d'orientation budgétaire
DPT	Document de politique transversale
DSI	Dotation spéciale instituteurs
EPCI	Établissement public de coopération intercommunale
FCTVA	Fonds de compensation de la TVA
FRR	Fonds de réserve pour les retraites
GOPE	Grandes orientations des politiques économiques des États
IGF	Inspection générale des finances
IR	Impôts sur le revenu
IS	Impôt sur les sociétés
ISF	Impôt de solidarité sur la fortune
JPE	Justification au premier euro
LF	Loi de finances
LFI	Loi de finances initiale
LFR	Loi de finances rectificative
LFSS	Loi de financement de la sécurité sociale
LOLF	Loi organique relative aux lois de finances
LOLFSS	Loi organique relative aux lois de financement de la sécurité sociale
MEC	Mission d'évaluation et de contrôle
OAT	Obligations assimilables du Trésor
ODAC	Organismes divers d'administration centrale
ONDAM	Objectif national des dépenses d'assurance-maladie
PAP	Projet annuel de performance
RAP	Rapport annuel de performance
RCB	Rationalisation des choix budgétaires
RF	Règlement financier (européen)
RGPP	Révision générale des politiques publiques
SEBC	Système européen de banques centrales
SEC 95	Système européen de comptabilité
SVT	Spécialistes en valeurs du Trésor
TDC	Tarif douanier commun
TIPP	Taxe intérieure sur les produits pétroliers
TMA	Taux maximal d'augmentation
TVA	Taxe sur la valeur ajoutée
UO	Unité opérationnelle de programme

INTRODUCTION › PRÉSENTATION GÉNÉRALE DES FINANCES PUBLIQUES

Cette introduction a pour objet principal de présenter l'objet et le contenu des Finances publiques. À l'effet d'y parvenir, il s'agit d'abord de définir les Finances publiques, ensuite de montrer l'évolution historique qu'elles ont connue, puis d'établir les sources de cette discipline, enfin de présenter le plan poursuivi par cet ouvrage.

Définition: Jean Bodin écrivait en 1576 dans *La République* : « Les finances publiques sont le nerf de l'État ». Ce disant, selon MM. Gaudemet et Molinier (*Finances publiques*, Monchrestien, p. 11 s.), Bodin souhaitait montrer que les finances publiques étaient à la fois le miroir de l'État et le moteur de l'État: *miroir*, dans la mesure où un État peut apparaître comme libéral ou interventionniste en fonction des prélèvements qu'il opère sur les personnes, des actions qu'il conduit et des dépenses qu'il effectue; *moteur*, dans la mesure où les finances publiques permettent à l'État d'agir sur l'économie, ou à tout le moins d'en régulariser le cours, mais également d'agir sur la vie politique (pour assurer la paix civile, pour éviter des mouvements populaires liés à la précarité ou à la pauvreté, l'État procède à des redistributions sous forme d'impôts négatifs, tels que la prime pour l'emploi, le RMI ou le RSA).

Cette première approche peut donner à penser que les finances publiques sont étroitement liées au seul État, à l'exclusion de toute autre organisation ou collectivité. Et il est vrai que l'histoire montre que la matière financière s'est d'abord développée en étroite relation avec l'État. En effet, les démocraties modernes sont toutes nées du *principe de consentement à l'impôt*, issu de la *Magna Carta* de 1215 en Angleterre, et consacré sous la Révolution française par la Déclaration des Droits de l'homme et du citoyen (art. 13 et 14), principe qui a conduit à l'apparition du régime parlementaire.

En bref, les finances publiques ont été à la fois cause et conséquence de l'État. *Cause*, en tant qu'elles ont conduit à la création de l'État, *conséquence* de l'État, en tant qu'elles ont permis la construction d'un droit, le droit financier qui se décline lui-même en plusieurs composantes (droit budgétaire, droit de la comptabilité publique).

Mais avec l'évolution du temps, notamment au XXe siècle (2 guerres mondiales, crise économique de 1929, suivie ultérieurement de crises multiformes, développement et prise en compte des besoins sociaux), les finances publiques ont vu leur domaine s'accroître considérablement: l'acteur principal des finances publiques n'est plus le seul État, car autour de lui est apparu un nombre considérable d'autres acteurs, plus ou moins indépendants, mais toujours dans sa mouvance, qui se sont profondément inspirés des méthodes et des règles initiées au niveau de l'État (collectivités territoriales, Sécurité sociale, Union européenne...).

Actuellement, le domaine des finances publiques se caractérise par l'existence d'une part de prélèvements obligatoires – qui peuvent prendre la forme de l'impôt, mais aussi toute autre forme –, d'autre part par des dépenses dont l'objet peut être des plus varié, tout en étant dominé par l'intérêt général.

Il est alors possible de définir les finances publiques à partir des normes européennes de la Comptabilité nationale (SEC 95) comme étant les *finances des administrations publiques*, qui sont constituées par :

– l'État et les établissements publics administratifs nationaux,
– les collectivités territoriales et les établissements publics administratifs locaux,
– la nébuleuse que constitue la Sécurité sociale.

Il convient également de prendre en compte les finances de l'Union européenne, dans la mesure où l'Union dispose de ressources propres (qui lui appartiennent en propre), qui ne sont pas des contributions d'État, mais qui ont un impact réel sur les finances de l'État.

Il s'agira ici d'étudier les ressources et les dépenses de ces administrations publiques, principalement sous l'angle des règles de droit auxquelles elles sont soumises, mais aussi sous l'angle économique.

Historique : le droit des finances publiques est le fruit d'une longue évolution. Pour s'en tenir à la période moderne, il prend consistance avec les États généraux réunis en mai 1789, il se développe en même temps que le régime parlementaire sous la Restauration et la Monarchie de Juillet, il prend toute son ampleur sous la IIIe République qui révèle la puissance du Parlement. La IVe République tend à préserver l'héritage de la République précédente, mais laisse apparaître les mutations ultérieures (décret du 19 juin 1956). Enfin, la Ve République consacre la primauté de l'Exécutif et remanie en conséquence le droit budgétaire ; c'est le fait tout d'abord de l'ordonnance organique du 2 janvier 1959 relative aux lois de finances (en vigueur jusqu'en 2005), puis, à la suite de tentatives de réformes ayant échoué (budget fonctionnel, RCB), de la loi organique relative aux lois de finances du 1er août 2001, dite LOLF (en vigueur depuis le 1er janv. 2006).

L'État présentait de manière classique ses finances sous la forme de **moyens** mis à la disposition de ses divers ministères, sans faire apparaître les finalités de son action. L'idée de prendre en compte les **buts** qu'il poursuit est née en 1973, à l'instar du modèle des États-Unis, et s'est concrétisée par la création du **budget fonctionnel ;** le budget fonctionnel présentait les dépenses publiques non plus par crédits affectés aux ministères, mais par **grandes fonctions** exercées par l'État : éducation et culture, santé, agriculture, logement, extérieur, défense... Ce budget fonctionnel, séduisant par sa présentation, mais se révélant peu utile et peu efficace (il s'agissait d'un simple document d'information, remis aux parlementaires) fut supprimé en 1989.

Cependant, l'idée de présenter les grandes fonctions de l'État et d'en retracer l'utilité et l'efficacité en termes financiers est une idée vivace et persistante, si bien qu'à la même époque sont apparus les **budgets de programme** (BP), fondés sur la technique de la **Rationalisation des choix budgétaires** (RCB).

La technique de la RCB est là encore inspirée de la technique américaine du PPBS (*Planning, Programming, Budgeting System*), mise en œuvre à partir de 1961 par le Secrétaire d'État à la Défense, M. Mac Namara, ancien PDG de Ford Motor Company, en vue de gagner la Guerre du Vietnam et appliquant à la gestion publique les méthodes de management en vigueur dans le secteur privé. La RCB entendait étudier les choix budgétaires de manière rationnelle et scientifique en utilisant une méthode se déroulant en trois étapes : 1) dans une première étape, il s'agissait de *définir les objectifs* poursuivis par une action publique ; par exemple, la Direction des routes du ministère de l'Équipement avait le choix entre deux objectifs différents : opter pour la fluidité du trafic routier (donc favoriser la vitesse maximale des véhicules) ou opter pour la sécurité maximale (donc réduire les accidents de la route) ; 2) dans la deuxième étape, une fois l'objectif fixé, il convenait de recenser les *coûts et les avantages* respectifs des moyens utilisés pour réaliser cet objectif ; dans l'exemple retenu (diminution des accidents), les moyens envisagés sont variés (multiplication des autoroutes, aménagement des carrefours dangereux...) et pas nécessairement budgétaires (limitation de vitesse) ; en principe, ce sont les moyens les plus rentables et les moins onéreux qui sont pris en compte ; 3) lors de la troisième étape, on mesure les *résultats* obtenus au moyen d'*indicateurs systématiques* (tels que le nombre et la gravité des accidents de la route) ; ces indicateurs permettent de corriger les moyens retenus dans la deuxième étape.

Cette technique, intellectuellement séduisante, a été un échec en raison des réticences d'une partie de l'administration à la mettre en œuvre (la technique devait favoriser tel ou tel service au détriment d'un autre) et des réticences des politiques à son égard (la technocratie était privilégiée par rapport à la démocratie). Aussi bien, les budgets de programme qui présentaient les dépenses publiques selon cette technique n'étaient que de simples documents d'information des parlementaires, au demeurant peu lisibles. Apparus en 1970, les BP ont disparu en 1995.

Il faut noter que la LOLF est largement la traduction actuelle de cette volonté de passer d'un budget retraçant les **moyens** destinés à l'activité publique à un budget orienté vers la recherche de la **performance** de cette même activité et permettant d'en mesurer l'efficacité en termes financiers à l'aide d'**indicateurs** très similaires à ceux que la RCB avait établis.

Sources : pendant longtemps les sources étaient uniquement des sources de droit interne. Aujourd'hui, sous l'influence de l'Europe, ces sources internes sont complétées par des sources communautaires.

1. Les sources internes

Les principaux textes relatifs aux finances publiques sont :

a) La Constitution de 1958

Elle contient diverses règles et divers principes qui affectent les finances publiques :

- Les *principes* ont surtout une incidence sur la matière fiscale : égalité devant la loi (art. 2), autorité judiciaire gardienne de la liberté individuelle (art. 66, qui a pour effet de limiter les pouvoirs de l'administration fiscale, par exemple en matière de perquisitions ou de saisies).
- Les *règles* concernent la matière budgétaire : article 34 (compétence du Parlement en matière de lois de finances et en matière fiscale), article 39 (les projets de loi de finances sont soumis d'abord à l'Assemblée nationale), article 40 (encadre le droit d'amendement du Parlement en matière financière), article 47 (fixe les délais d'adoption des lois de finances).

b) La Déclaration des droits de l'homme et du citoyen de 1789 et le Préambule de 1946

Ayant valeur constitutionnelle selon la jurisprudence du Conseil constitutionnel, ils sont souvent invoqués à l'appui d'une saisine, essentiellement en matière fiscale. Ainsi de l'article 6 (égalité devant la loi, dont la loi fiscale) parfois retenu à l'appui de la censure d'une loi fiscale votée par le Parlement (Cons. const. 27 déc. 1973, n° 73-51 DC, Taxation d'office), de l'article 8 (non-rétroactivité des lois répressives, ce qui a toujours une incidence sur les lois d'impôt). Mais les principaux articles visés à l'encontre des lois fiscales sont les articles 13 et 14 de la Déclaration.

Aux termes de l'article 13, « Pour l'entretien de la force publique et pour les dépenses d'administration, une contribution commune est indispensable : elle doit être également répartie entre tous les citoyens, en raison de leurs facultés » ; l'égale répartition des charges impliquant la réalisation d'un minimum de justice entre tous les citoyens, un système d'imposition progressif est préférable à un système d'imposition proportionnel (Cons. const. 28 déc. 1990, n° 90-285 DC, CSG).

Quant à l'article 14, qui dispose que « Tous les citoyens ont le droit de constater par eux-mêmes ou par leurs représentants, la nécessité de la contribution publique, de la consentir librement, d'en suivre l'emploi et d'en déterminer la quotité, l'assiette, le recouvrement et la durée », s'il n'est qu'un simple rappel du principe du consentement à l'impôt, il est lui aussi régulièrement invoqué (Cons. const. 30 déc. 1981, n° 81-133 DC, LF pour 1982).

En revanche, les dispositions du Préambule de 1946, qui énoncent un certain nombre de droits sociaux (droit à l'éducation, droit à la santé...), sont beaucoup trop générales pour pouvoir imposer des obligations aux textes de lois.

c) Les textes financiers : de l'ordonnance n° 59-2 du 2 janvier 1959 à la loi organique n° 2001-692 du 1er août 2001, relatives aux lois de finances

Ces textes sont des lois organiques, c'est-à-dire des lois dont le contenu est matériellement constitutionnel, parce qu'elles sont relatives à l'organisation et au fonctionnement des pouvoirs publics. Mais, faute pour le constituant de pouvoir énoncer des règles détaillées dans le domaine financier, ces lois ne peuvent être adoptées ou modifiées que selon une procédure particulière, plus contraignante que la procédure législative ordinaire (examen obligatoire et automatique de leur conformité à la Constitution par le Conseil constitutionnel) et se placent à un échelon intermédiaire entre la constitution et la loi ordinaire. Malheureusement, par abus de langage et par un raccourci aussi commode qu'erroné, ces textes sont parfois appelés « constitution financière »... sans en avoir la valeur juridique. Ils ne font pas partie du bloc de constitutionnalité.

Sous l'empire de l'ordonnance de 1959, un débat doctrinal important s'était instauré sur la valeur juridique de cette ordonnance : certains considéraient qu'elle avait valeur constitutionnelle ou quasi-constitutionnelle, au motif que le Conseil constitutionnel se référait directement à certaines de ses dispositions à l'occasion de ses décisions. Mais c'était oublier que la Constitution renvoyait elle-même à une loi organique (en l'espèce une ordonnance de l'article 92 de la Constitution qui avait valeur de loi organique) le soin de préciser les dispositions financières relatives aux lois de finances et que, en renvoyant elle-même au texte constitutionnel, cette ordonnance ne faisait qu'appliquer la Constitution. Autrement dit, le support des décisions du Conseil constitutionnel demeurait bien seulement la Constitution. Ce débat est désormais clos, depuis la décision du Conseil constitutionnel du 25 juillet 2001 (n° 2001-448 DC) relative à la nouvelle loi organique.

Ces deux textes financiers (ordonnance de 1959 et LOLF) se sont appliqués de façon en partie cumulative entre le 1er janvier 2002 et le 1er janvier 2005, la LOLF entrant progressivement en vigueur et l'ordonnance de 1959 n'étant abrogée qu'à partir du

1er janvier 2005. Si l'ordonnance de 1959 comptait seulement 46 articles, la LOLF en compte 68.
Ces textes ont un contenu à la fois précis et exhaustif. Ils fixent les principes du droit budgétaire (unité, spécialité...), précisent les ressources et les charges de l'État et explicitent le contenu et la présentation des lois de finances, les procédures d'examen et de vote des lois de finances par le Parlement, l'information du Parlement et les contrôles opérés sur ces mêmes lois de finances.
d) Le décret du 29 décembre 1962 portant règlement général sur la comptabilité publique. Il précise les règles relatives à l'exécution des lois de finances tant en recettes qu'en dépenses.

2. Les sources communautaires

Les traités internationaux ayant une valeur juridique supérieure à la loi (art. 55 Constitution), le traité de Rome et les traités qui lui ont succédé (Maastricht, Amsterdam) ont rendu directement applicables en France un certain nombre de dispositions à caractère financier et fiscal.
Dès le traité de Rome entré en vigueur le 1er janvier 1958, l'harmonisation des impôts indirects et des taxes sur le chiffre d'affaires était prévue (art. 93 CE). Cette harmonisation n'est qu'en partie réalisée, le texte le plus important et le plus symbolique restant la 6e directive du 17 mai 1977 relative à l'assiette uniforme de la TVA.
Mais c'est surtout avec la volonté d'harmoniser les politiques économiques des États membres que les incidences sur le droit budgétaire national sont les plus significatives. Selon le rapport Werner (15 oct. 1970), la politique économique d'un État est en effet constituée de deux composantes : la politique monétaire et la politique budgétaire, ces deux politiques étant étroitement liées. Lorsque le traité de Maastricht a été signé le 7 février 1992, les États qui l'ont ratifié ont décidé que la politique monétaire deviendrait à partir du 1er janvier 1999 une politique commune. À cet effet, est créée une monnaie unique, **l'euro**, dont la gestion incombe au Système européen de banques centrales (SEBC), qui réunit la Banque centrale européenne (BCE) et les banques centrales nationales, toutes devant être indépendantes de tout pouvoir politique, qu'il soit national ou communautaire. Désormais la politique monétaire (émission de billets de banques et de pièces de monnaie, fixation des taux d'intérêt...) est fixée par la BCE. Autrement dit, la souveraineté monétaire des États ayant adhéré à l'euro disparaît.
La politique budgétaire étant comme on l'a vu indissociable de la politique monétaire, faute de pouvoir harmoniser les politiques budgétaires des États, le traité de Maastricht a imposé aux États une **discipline budgétaire** (art. 104 CE), fondée sur deux critères :
– les **déficits publics** (État, collectivités territoriales, Sécurité sociale) ne doivent pas dépasser 3 % du PIB,
– la **dette publique** (État, collectivités territoriales, Sécurité sociale) ne doit pas dépasser 60 % du PIB.
Ces critères n'étaient initialement conçus que comme des **critères de convergence**, permettant aux États qui les respectaient d'adhérer à la zone euro. Mais pour assurer la pérennité de la monnaie unique (faible taux d'inflation, taux d'intérêt peu élevés) les États sont convenus de les reprendre dans le **Pacte de stabilité et de croissance**, qui comprend trois éléments :
– la résolution du Conseil européen d'Amsterdam du 17 juin 1997, qui est un accord politique,
– le règlement (CE) no 1466/97, relatif à la surveillance des positions budgétaires et

des politiques économiques des États membres, qui tend à prévenir les dérives budgétaires des États,

– le règlement (CE) n° 1467/97, relatif à la mise en œuvre de la procédure de déficit excessif constaté dans les finances d'un État, qui sanctionne les États qui ne respectent pas la règle des 3 %.

Le Pacte de stabilité et de croissance impose des obligations aux États, tout en instaurant une procédure de surveillance des déficits publics :

a) Le Pacte oblige les États qui participent à l'euro à présenter un **programme triennal de stabilité**, qui doit être **actualisé chaque année** et qui doit présenter les objectifs des comptes publics à moyen terme. Pour la France, le dernier programme couvrait la période 2007-2009. Ce programme doit être conforme à la recommandation du Conseil ECOFIN (art. 99 CE) qui fixe les Grandes orientations des politiques économiques des États (GOPE) et c'est sur la base de ce programme que s'exerce la procédure de surveillance.

b) La procédure de surveillance est la suivante :

Chaque année, en mars de l'année n+1, la Commission constate si un État membre a violé le critère du déficit de 3 %. Elle enjoint l'État concerné de rétablir sa situation dans un délai de 9 mois. Parallèlement, le Conseil adopte une recommandation (non publique) qui est transmise à l'État visé en lui demandant de remédier à son déficit : si l'État réduit son déficit, la recommandation est abrogée ; à l'inverse, s'il ne le réduit pas, le Conseil peut d'abord rendre publique sa recommandation, ensuite mettre l'État en demeure de réduire son déficit dans un délai déterminé, enfin prendre des sanctions (amendes pouvant atteindre 0,5 % du PIB de l'État et déposées sans intérêt auprès de la BCE !).

Cette procédure lourde de conséquences pour un État connaissant par hypothèse des difficultés a dû être assouplie, notamment à la suite d'une procédure pour déficit excessif engagée contre la France et l'Allemagne en 2004 et qui a même conduit à la saisine de la Cour de Justice (CJCE 13 juill. 2004, aff. C-27/04, *Commission c/ Conseil*).

Les deux règlements de 1997 ont en conséquence été assouplis en 2005 (règlements (CE) n° 1055/2005 et n° 1056/2005 du 27 juin 2005) : le dépassement du taux de 3 % du PIB est considéré comme exceptionnel s'il résulte d'un taux de croissance négatif ou d'une baisse cumulative de la production pendant une période prolongée de croissance très faible par rapport au potentiel ; les délais accordés pour corriger un déficit excessif sont allongés.

Toutes ces contraintes exigées par l'Europe montrent en tant que de besoin l'emprise croissante du droit communautaire sur le droit public financier national.

Plan : l'ambition de cet ouvrage – qui reste avant tout un mémento – est de présenter, de manière aussi claire et exhaustive que possible, l'ensemble des règles qui concernent le domaine des finances publiques, étant précisé et rappelé que ce domaine s'exprime au travers du document fondamental qu'est le **budget**. Pour tenter d'atteindre ce but, l'ouvrage se présente en deux parties :

– la première partie est consacrée aux **finances de l'État**,

– la seconde partie traite des finances des institutions publiques autres que l'État, c'est-à-dire des finances de trois institutions qui ne sont pas neutres par rapport à celles de l'État, dans la mesure où d'une part elles ont une incidence certaine sur les finances de ce dernier et où d'autre part elles se sont inspirées des techniques propres à l'État quitte à les adapter à leurs spécificités. Il s'agit des **finances locales**, des **finances de la Sécurité sociale** et des **finances de l'Union européenne**.

POUR ALLER PLUS LOIN

BIBLIOGRAPHIE GÉNÉRALE :

Seuls sont indiqués les *manuels généraux* présents dans les bibliothèques universitaires et renvoyant à une bibliographie spécifique pour approfondir les thèmes étudiés d'un point de vue historique, sociologique ou socio-économique.

- F. Adam, O. Ferrand, R. Rioux, *Finances publiques*, Dalloz, coll. "Amphi", 2007
- M. Bouvier, M.-C. Esclassan, J.-P. Lassale, *Finances publiques*, LGDJ, 2008
- S. Damarey, *Finances publiques*, Gualino, 2008
- E. Douat, X. Badin, *Finances publiques*, PUF, 2006
- P.M. Gaudemet, J. Molinier, *Finances publiques*, t.1, Montchrestien, 1996
- P. Lalumière, *Les finances publiques*, A. Colin, 1986
- J.-C. Martinez, P. Di Malta, *Droit budgétaire*, Litec, 1999
- R. Muzellec, *Finances publiques*, Sirey, coll. "Intégral Concours", 2009
- G. Orsoni, *Science et législation financières*, Economica, 2005
- J.-F. Picard, *Finances publiques*, Litec, 2006
- L. Saïdj, J.-L. Albert, *Finances publiques*, Dalloz, coll. "Cours", 2007

On signalera que, outre les revues juridiques classiques, deux revues s'intéressent directement aux problèmes financiers : la *Revue française de Finances publiques* (RFFP) ; la revue *Gestion et Finances publiques* (ex-revue du Trésor).

Les principaux sites Internet concernant la discipline sont les suivants :

- http://www.budget.gouv.fr/
- http://www.performance-publique.gouv.fr/
- http://www.aft.gouv.fr/

Première partie

LES FINANCES DE L'ÉTAT

Les finances de l'État sont étudiées par référence à la notion de *budget*, entendu dans un sens large comme étant à la fois l'*acte juridique* et le *document* qui retrace les recettes et les dépenses de l'État. Eu égard à leur volume, ces dépenses et ces recettes ne sont pas neutres sur le plan économique.

Pour appréhender ce « budget » (qui pour l'État s'appelle loi de finances, LF), plusieurs questions se posent :

1. Les documents budgétaires sont-ils sommaires ou très détaillés ? Ces documents sont-ils soumis à des règles de présentation de nature à en rendre la lecture aisée ?

2. Qui prépare les documents budgétaires ? Est-ce le Gouvernement ou le Parlement ? Comment ces documents sont-ils préparés ?

3. Une fois le budget adopté, quelles sont les règles qui s'appliquent pour son exécution ? S'agit-il notamment d'un fonctionnaire ordinaire ou au contraire d'un fonctionnaire spécialement habilité à cet effet ?

4. Le budget n'étant qu'un acte d'autorisation, il convient d'en contrôler l'exécution ; par conséquent, à quels types de contrôle est soumise l'exécution du budget ? S'agit-il de contrôles effectués en cours d'exécution ou de contrôles n'intervenant qu'après exécution ?

C'est précisément la réponse à ces questions qui va déterminer le plan de cette première partie, organisée en 4 titres : Les règles de présentation budgétaire ; L'élaboration et le vote de la loi de finances ; L'exécution des lois de finances ; Le contrôle de l'exécution des lois de finances.

Titre 1

LES RÈGLES DE PRÉSENTATION BUDGÉTAIRE

Le document budgétaire étant le document fondamental qui traduit la politique économique de l'État, sa présentation est soumise à des règles qui ont pour objet d'en assurer à la fois la lisibilité et l'exhaustivité. Ces règles conduisent à opérer une distinction entre budget et loi de finances (chap. 1), puis à préciser les principes budgétaires qui régissent le droit financier (chap. 2), enfin à présenter la structure générale de la loi de finances (chap. 3).

Chapitre 1 › LA DISTINCTION BUDGET-LOI DE FINANCES

> **› L'essentiel**
> *Cette distinction est apparue progressivement avant d'avoir été consacrée par la Constitution de 1958 et les lois organiques subséquentes. Cependant dans le langage courant, les deux notions sont largement confondues.*

Section 1 › HISTORIQUE

La notion centrale a longtemps été la notion de **budget**. Ainsi, le décret du 31 mai 1862 portant règlement général sur la comptabilité publique disposait : « Le *budget* est l'acte par lequel sont prévues et autorisées les recettes et les dépenses annuelles de l'État ». Il ressortait de cette définition que le budget présentait trois caractères : il était un acte de *prévision*, il était un acte d'*autorisation*, il était *annuel*. Sur le plan formel, le budget était une loi adoptée par le Parlement, mais son contenu pouvait donner à penser qu'il s'agissait d'un acte administratif (présentation de comptes).
Suite à l'intervention de plus en plus forte de l'État dans l'économie (2 guerres mondiales, crise économique de 1929...), la notion de **loi de finances** va apparaître avec le décret du 19 juin 1956 pour se dissocier de celle de budget : « Le budget de l'État prévoit et autorise, en la forme législative, les charges et les ressources de l'État. Il est arrêté par le Parlement dans la *loi de finances* qui traduit les objectifs économiques et financiers du Gouvernement ».
La Constitution de 1958 a repris cette notion pour d'ailleurs ne plus faire référence qu'à elle, en occultant totalement celle de budget (art. 34, 39 et 47). Les lois organiques prises en application de la Constitution préciseront la portée de ces deux notions.

Section 2 › CONTENU

Selon la loi organique du 1er août 2001 (art. 1er), « les lois de finances déterminent, pour un exercice, la nature, le montant et l'affectation des ressources et des charges de l'État, ainsi que l'**équilibre *budgétaire et financier*** qui en résulte ». La formulation est quasiment la même que celle figurant dans l'ordonnance du 2 janvier 1959, à la notable exception près que désormais les lois de finances ne fixent plus elles-mêmes un équilibre *économique et financier*, puisqu'elles se bornent à fixer un équilibre budgétaire et financier.
Cependant, l'article 1er poursuit : « Les lois de finances tiennent compte d'un *équilibre économique défini*, ainsi que des objectifs et des résultats des programmes qu'elles déterminent ».
Plusieurs éléments ressortent de cette définition :
– la loi de finances *fixe* l'équilibre budgétaire et financier, c'est-à-dire la politique budgétaire ; mais pour ce faire, la loi de finances *tient compte* d'un équilibre économique qu'elle ne définit pas elle-même, qui est distinct de la politique budgétaire, et qui ressort des agrégats économiques tirés de la Comptabilité nationale tels le taux de croissance

économique, le poids des prélèvements obligatoires... La loi de finances a donc pour objet d'établir non plus la politique économique de l'État, mais seulement sa politique budgétaire et financière, sans pour autant faire abstraction de l'environnement économique dans laquelle elle se situe ;
– la loi de finances tient également compte des *programmes* qu'elle fixe, tant dans leurs objectifs que dans leurs résultats. Cette formulation, qui vise la cohérence et les finalités de l'action de l'administration, tend à la recherche de la performance dans les services publics.

Le budget est défini à l'article 6 de la LOLF : « Les ressources et les charges budgétaires de l'État sont retracées dans le *budget*, sous forme de recettes et de dépenses.
Le budget décrit, pour une année, l'ensemble des recettes et des dépenses budgétaires de l'État. »

Il ressort de cette définition que le budget constitue la *partie comptable (ou chiffrée)* de la loi de finances. Le budget se borne en effet à *décrire* les recettes et les dépenses, alors que la loi de finances fixe et décrit la politique budgétaire du Gouvernement et ses moyens d'action.

En conséquence, la loi de finances *inclut* le budget, mais elle dépasse largement ce cadre comptable dans la mesure où elle détermine la politique budgétaire.

Aussi fondamentale que soit cette distinction, les deux notions sont souvent confondues dans la pratique. Le langage courant, mais aussi les textes utilisent les termes de budget (discussion budgétaire, budget de l'année *n*...) aux lieu et place de loi de finances.

Section 3 › LES DIVERSES SORTES DE LOIS DE FINANCES

Il existe quatre catégories de lois de finances :
– la **loi de finances initiale** (LFI) ou loi de finances de l'année, qui prévoit et autorise pour l'année à venir, les recettes et les dépenses de l'État ; c'est actuellement la loi de finances la plus importante (en raison du temps consacré à sa préparation et à son vote), mais eu égard à son caractère prévisionnel, elle comporte des aléas qui doivent être corrigés en cours d'exécution ;
– la **loi de finances rectificative** (LFR), encore appelée collectif budgétaire, intervient en cours d'année pour modifier (ou rectifier) les dispositions de la loi de finances de l'année (art. 35 LOLF), précisément pour tenir compte des aléas non prévus ou imprévisibles. On en dénombre généralement 1 ou 2 par an, mais ce chiffre est parfois dépassé à l'occasion de crises économiques (choc pétrolier de 1975) ou de changements politiques (élection présidentielle de 1981) où l'on en a compté jusqu'à quatre ;
– la **loi de règlement** constate les résultats financiers de chaque année civile et approuve les différences entre les résultats et les prévisions de la loi de finances de l'année, complétée par les lois de finances rectificatives. Elle clôt l'exercice et intervient donc *a posteriori*. La fonction de cette loi de constat, jusqu'à présent peu prisée des parlementaires, devrait être renforcée par la LOLF ;
– les **lois prévues par l'article 45 LOLF.** Sont des lois de finances les lois adoptées selon des *procédures d'urgence* en cas de dépôt tardif du projet de loi de finances de l'année, ayant pour effet d'empêcher son adoption par le Parlement avant le début de l'exercice. Deux sortes de lois sont visées : les lois qui portent sur la première partie du projet de loi de finances, les lois qui autorisent la perception des impôts existants. Ces lois sont exceptionnelles.

Chapitre 2 › LES PRINCIPES BUDGÉTAIRES

> **› L'essentiel**
> *Au nombre de 5, les principes budgétaires ont pour objet de permettre au Parlement de contrôler dans le détail l'activité financière de l'État. Dans cette perspective, le Parlement doit avoir connaissance de toutes les recettes et de toutes les dépenses de l'État (unité), de façon périodique (annualité), mais aussi de chaque dépense (universalité, spécialité), étant précisé que ces recettes et dépenses doivent être présentées de manière sincère (sincérité).*

Section 1 › LE PRINCIPE D'UNITÉ BUDGÉTAIRE

Ce principe, très simple, implique que l'ensemble des recettes et des dépenses doit figurer dans **un seul document** (art. 6 LOLF). Gaston Jèze relevait que ce principe présentait deux intérêts : un intérêt *pratique* (il suffit de faire le total des recettes et le total des dépenses, puis de faire la soustraction entre ces deux totaux, pour savoir si le budget est en équilibre, en déficit ou en excédent ; ainsi, soit un total des dépenses = 200, un total des recettes = 180, donc déficit = 20) ; un intérêt *politique* (un document unique favorise le contrôle du Parlement, grâce à une présentation claire qui évite la dispersion des crédits dans plusieurs documents et par là même leur camouflage).

Cependant ce principe a été quelque peu altéré avec l'interventionnisme de l'État, notamment au cours des années 1945-1950. À cette époque sont apparus des organismes de droit public ou de droit privé dotés de la personnalité morale (établissements publics, associations de la loi de 1901 assurant des missions de service public), donc non pris en compte dans le budget de l'État, qui en réalité ne faisaient que réaliser des actions décidées par l'État. À partir de 1950, le ministère des Finances (inventaire Schuman de 1947) et les parlementaires ont décidé de rebudgétiser tout ce qui était hors budget de l'État et qui aurait dû y figurer.

Ainsi sont apparues trois catégories de comptes :

1. le *budget général :* c'est le budget principal de l'État ; il retrace les opérations courantes de l'État, telles qu'effectuées par les divers ministères (Affaires étrangères, Défense, Éducation nationale, Finances...), et cela tant en dépenses qu'en recettes ;

2. les *budgets annexes ;*

3. les *comptes spéciaux.*

Remarque : Les *taxes parafiscales,* qui faisaient l'objet d'une catégorie particulière, ont été supprimées par la LOLF à partir de 2003. Aux termes de l'ordonnance du 2 janvier 1959, elles « étaient perçues dans un intérêt économique ou social, au profit d'une personne morale de droit public ou privé autre que l'État, les collectivités territoriales et leurs établissements publics administratifs ». Leur particularité résidait dans le fait qu'elles étaient créées par le pouvoir réglementaire, mais ne pouvaient continuer à être perçues au-delà du 31 décembre de l'année de leur création sans autorisation annuelle du Parlement. La plus connue était la redevance audiovisuelle.

Ces trois catégories de comptes ont pour effet d'altérer le principe de l'unité (puisqu'à côté du budget général existent deux autres catégories de comptes), mais le principe de

l'unité est préservé, puisque tous ces comptes figurent dans le document unique qu'est la loi de finances.
Si le budget général n'appelle pas de remarques particulières, en tant que budget classique des services de l'État, il n'en va pas de même pour les deux autres catégories de comptes.

§ 1 - Les budgets annexes

Les budgets annexes sont des budgets spéciaux dont sont dotés certains services de l'État qui se singularisent par leur gestion commerciale.
Aux termes de l'article 18-I LOLF, « des budgets annexes peuvent retracer, dans les conditions prévues par une loi de finances, les seules opérations des *services de l'État* non dotés de la personnalité morale résultant de leur *activité de production de biens ou de prestations de services* donnant lieu au paiement de *redevances*, lorsqu'elles sont effectuées *à titre principal* par lesdits services.
La création d'un budget annexe et l'affectation d'une recette à un budget annexe ne peuvent résulter que d'une loi de finances ».

A. Conditions de création

La création d'un budget annexe n'est possible qu'à **cinq conditions** :
– le service qui en bénéficie doit être un **service de l'État, non doté de la personnalité morale** (il ne peut s'agir d'un établissement public) ;
– ce service doit exercer une **activité économique** (production de biens ou de prestations de services) ;
– les opérations effectuées doivent donner lieu au paiement de **redevances** (cette qualification a pour objet d'exclure les activités du secteur public concurrentiel qui donnent lieu soit au paiement d'un *prix*, soit au versement d'une *taxe*, au sens juridique du terme) ;
– les opérations retracées dans un budget annexe doivent être effectuées **à titre principal ;**
– seule une **loi de finances** peut créer (ou supprimer) un budget annexe, ainsi que lui affecter une nouvelle recette, et cela **à l'initiative du seul Gouvernement**, en aucun cas du Parlement.
Ces conditions strictes, renforcées par le Conseil constitutionnel (25 juill. 2001, nº 2001-448 DC, LOLF : « ...le législateur organique a entendu exclure l'inscription d'autres opérations que celles ainsi définies ; ... il appartiendra aux lois de finances de respecter le champ d'application des budgets annexes ») s'expliquent par les excès commis auparavant. En effet, pendant longtemps figuraient en budgets annexes des services de l'État qui n'avaient aucune raison d'y figurer du fait de l'absence d'activité industrielle ou commerciale, les plus connus étant l'Ordre de la Libération, la Légion d'Honneur ou les prestations sociales agricoles... Historiquement, le plus important en masse financière a été le budget annexe des PTT, qui a été supprimé en 1991.
La LOLF ne fixe pas le nombre de budgets annexes. Actuellement (LF pour 2009), il y a deux budgets annexes :
– **« contrôle et exploitation aériens »** (services de l'aviation civile chargés de

l'organisation du trafic aérien et du guidage des avions et percevant notamment des redevances de route de la part des compagnies aériennes),
– **« publications officielles et information administrative »** (issues de la fusion des Journaux officiels et de la Documentation française et assurant l'impression et la vente de nombreux documents à caractère public).

B. Présentation et fonctionnement

Les budgets annexes sont présentés en deux sections : une section « *opérations courantes* » qui retrace les recettes et les dépenses de gestion courante, et une section « *opérations en capital* » qui retrace les opérations d'investissement et les variations de l'endettement.
Il n'est plus obligatoire de présenter les budgets annexes en équilibre, comme l'imposait l'ordonnance de 1959, l'équilibre étant alors fréquemment assuré de manière artificielle par une subvention du budget général. Dans la pratique actuelle, les budgets annexes sont présentés en équilibre, cet équilibre étant réalisé par le recours à l'emprunt.
Enfin, chaque budget annexe constitue à lui seul une mission.

§ 2 - Les comptes spéciaux

Jadis appelés comptes spéciaux du Trésor, ces comptes ont été créés pour **trois raisons** pratiques :
1°) l'État effectuant des opérations qui n'ont pas un caractère définitif, par exemple des opérations de prêts qui donneront lieu à remboursement, il est apparu utile de les comptabiliser à part ;
2°) parfois il est nécessaire de déroger aux règles strictes de la comptabilité publique, en affectant une recette à une dépense ;
3°) parfois enfin, il est utile de dégager de la masse du budget général les résultats d'une activité publique particulière pour laquelle l'État a institué des ressources propres (par exemple, jusqu'au 1er janvier 2009, le compte « Cinéma, audiovisuel et expression radiophonique locale », aujourd'hui supprimé, était alimenté par diverses taxes, dont une taxe additionnelle au prix des places de cinéma ; cette dernière est actuellement perçue par un établissement public, le Centre national de la cinématographie).
Cette technique souple et commode a entraîné des abus, conduisant à la prolifération de ce type de comptes : l'inventaire Schuman de 1947 en recensait près de 400, ce qui représentait une masse équivalente à la masse du budget de l'État, masse qui ne figurait alors pas dans la loi de finances. Leur réglementation est donc devenue inéluctable.
Le régime actuel (art. 19 LOLF) soumet les comptes spéciaux à **quatre conditions :**
– ils ne peuvent être ouverts que par une loi de finances,
– ils constituent des missions et ne peuvent, de ce fait, être créés ou supprimés que par le Gouvernement,
– ils sont soumis aux mêmes contrôles du Parlement que ceux qu'il exerce sur le budget général,
– enfin, ils bénéficient de recettes qui leur sont *affectées*, ce qui constitue une entorse au principe d'universalité.

La loi organique de 2001 classe les comptes spéciaux en **quatre catégories,** que l'on peut dissocier entre comptes à crédits et comptes à découvert.

A. Les comptes à crédits

Les comptes à crédits bénéficient de crédits de dépenses et de recettes, comme le budget général et les budgets annexes, ils figurent à l'état D dans la loi de finances. Ce sont les comptes d'affectation spéciale et les comptes de concours financiers.

1. Les comptes d'affectation spéciale (art. 21 LOLF)

Ils permettent de réaliser ce qui est normalement interdit, c'est-à-dire *l'affectation* de certaines recettes à certaines dépenses, ces recettes pouvant être « complétées par des versements du budget général dans la limite de 10 % des crédits initiaux de chaque compte ».
La loi de finances pour 2009 a prévu six comptes.
Le compte le plus important est le compte « Pensions » qui retrace l'ensemble des pensions civiles et militaires de retraite et d'invalidité versées aux fonctionnaires et agents publics de l'État (plus de 50 milliards €). Le compte « Participations financières de l'État » (5 milliards €) retrace les recettes issues des privatisations ou de cessions de titres détenus indirectement par l'État.
Les comptes d'affectation spéciale retracent pour la plupart des opérations à caractère définitif, ne donnant pas lieu à remboursement.

2. Les comptes de concours financiers (art. 24 LOLF)

Ils retracent les prêts et avances consentis par l'État à des organismes variés (États étrangers, banques centrales liées à la France par un accord monétaire international, collectivités territoriales...).
Il existe sept comptes (LF pour 2009) ; le plus connu est le compte « Avances aux collectivités territoriales » (86,2 milliards €) qui a pour objet d'avancer aux collectivités locales, chaque mois, le 1/12e des impôts locaux qu'elles ont votés, mais qu'elles n'encaissent effectivement qu'en fin d'année.

B. Les comptes à découvert

Ils dérogent doublement au principe d'universalité, d'une part en bénéficiant de recettes affectées, d'autre part en permettant la compensation entre recettes et dépenses (découvert). Ce sont les comptes de commerce et les comptes d'opérations monétaires, dont les autorisations de découvert figurent à l'état E annexé à la loi de finances.

1. Les comptes de commerce (art. 22 LOLF)

Ils « retracent des opérations de caractère industriel et commercial effectuées *à titre accessoire* par des services de l'État non dotés de la personnalité morale ». Si ces opérations avaient été effectuées à titre principal, et non plus à titre accessoire, elles auraient dû figurer dans un budget annexe.
Au nombre de 11 (LF pour 2009), ils couvrent les domaines les plus variés : approvisionnement des armées en produits pétroliers, cantine et travail des détenus dans le cadre pénitentiaire, gestion de la dette et de la trésorerie de l'État (ce dernier est le plus important avec 16,7 milliards €)...

Les évaluations de recettes et les prévisions de dépenses n'ayant qu'un caractère indicatif, seul le *découvert* de chaque compte ne saurait être dépassé : il a un caractère limitatif et donc impératif.

2. Les comptes d'opérations monétaires (art. 23 LOLF)

Ils « retracent les recettes et les dépenses de caractère monétaire ».
La loi de finances pour 2009 en a prévu trois : émission de monnaies métalliques (fabrication des pièces de monnaie), opérations avec le FMI, pertes et bénéfices de change.
Les opérations retracées par ces comptes étant aléatoires et imprévisibles, les évaluations de recettes et les prévisions de dépenses n'ont, là encore, qu'un caractère indicatif ; seul le découvert a un caractère limitatif.

Cette présentation tripartite du budget de l'État doit être soigneusement distinguée du phénomène de **débudgétisation**. La débudgétisation consiste à reporter sur des organismes dotés de l'autonomie juridique et financière, donc distincts de l'État, le financement de charges que l'État supportait lui-même auparavant. Ce phénomène est fréquent et ancien. Ainsi, dans les années 1960, l'État qui consentait directement, par l'intermédiaire de la loi de finances, des prêts à taux réduit pour la construction de logements sociaux a transféré cette charge à un établissement public, rattaché à la Caisse des dépôts et consignations. La même situation s'est produite à propos des autoroutes (initialement directement financées par l'État, elles le furent par la suite par des sociétés de capitaux devenues concessionnaires de la construction et l'exploitation de ces ouvrages). D'une certaine manière, de nos jours, la décentralisation qui emporte transfert de compétences, et donc de charges, auprès des autorités décentralisées conduit à une forme de débudgétisation.
Plusieurs explications de ce phénomène sont avancées :
– une explication *théorique*, tirée d'une conception néo-libérale de l'État, selon laquelle l'État ne doit pas intervenir dans l'activité économique du pays sous peine de perturber les règles du marché et donc de la concurrence,
– une explication *pragmatique*, aux termes de laquelle, en faisant sortir de la loi de finances certaines dépenses, mais en continuant à les faire réaliser par des tiers plus ou moins contrôlés par lui, l'État poursuit un but politique (minorer les dépenses publiques) entraînant deux conséquences : absence de contrôle du Parlement, avec pour corollaire l'absence d'information de l'opinion publique ; renforcement du pouvoir de l'administration, par la tutelle qu'elle exerce sur les organismes chargés de réaliser les dépenses débudgétisées.
La débudgétisation est sans nul doute devenue moins fréquente avec la notion étendue de déficit public, issue du Système européen de comptabilité nationale (SEC 95) ; il n'empêche qu'elle est toujours d'actualité avec les transferts de charges induits par la décentralisation, et cela en dépit des garanties posées par l'article 72-2, al. 3 de la Constitution (v. p. 133 et s.).

Section 2 › LE PRINCIPE D'UNIVERSALITÉ BUDGÉTAIRE

Il complète le principe d'unité. L'article 6 de la LOLF dispose : « Il est fait recette du montant intégral des produits, sans *contraction* entre les recettes et les dépenses ».

En d'autres termes, les recettes et les dépenses doivent être présentées dans leur **intégralité**, de façon à permettre un contrôle exhaustif du Parlement à la fois sur la masse des dépenses et sur la masse des recettes. Selon le Conseil constitutionnel (29 déc. 1982, n° 82-154 DC, LF pour 1983), le principe d'universalité « répond au double souci d'assurer la clarté des comptes de l'État et de permettre, par là même, un contrôle efficace du Parlement ; ...il a pour conséquence que les recettes et les dépenses doivent figurer au budget pour leur montant brut sans être contractées et qu'est interdite l'affectation d'une recette déterminée à la couverture d'une dépense déterminée ».
Le principe d'universalité se décompose en **deux règles** (produit brut et non-affectation), elles-mêmes susceptibles en pratique de divers assouplissements.

§ 1 - La règle du produit brut

La règle du produit brut (encore appelée règle de *non-contraction* des recettes et des dépenses ou règle de *non-compensation*) impose que toutes les dépenses et les recettes soient inscrites au budget pour leur montant *brut*, et non pour leur montant net qui implique la contraction des dépenses et des recettes pour aboutir à un solde. À titre d'exemple, il est interdit d'inscrire les recettes d'impôts pour leur montant net, qui impliquerait que soient déduits les frais nécessités pour leur recouvrement (traitements des personnels, frais engendrés par l'occupation des locaux de ces mêmes personnels...).
Cette règle, qui permet une gestion financière saine et sincère, n'est malheureusement pas toujours respectée, comme le relève parfois la Cour des comptes. Ainsi, de la statue du ministre de la Marine Chasseloup-Laubat, érigée en 1876 avec le bronze de vieux canons en dépôt dans les arsenaux que son successeur avait directement transmis à l'entreprise chargée de sa fabrication, alors que le respect de la règle nécessitait que lesdits canons fassent au préalable l'objet d'une vente, seule de nature à faire apparaître un montant de recettes.
La règle du produit brut ne s'applique pas aux comptes spéciaux qui autorisent un découvert (comptes de commerce et comptes d'opérations monétaires), puisque la compensation y est de droit, le Parlement ne votant qu'un seuil maximal de solde négatif.

§ 2 - La règle de non-affectation des recettes à une dépense

Si le principe posé par cette règle est clair, il subit cependant de nombreuses *exceptions* et connaît une difficulté avec les *prélèvements sur recettes.*

A. Le principe

Cette règle interdit qu'une recette déterminée soit affectée à une dépense particulière. Cette interdiction se justifie par des raisons théoriques (l'affectation serait source de gaspillage et remettrait en cause la solidarité nationale, en permettant à des services de l'État de disposer de fonds supérieurs à leurs besoins) et pratiques (risque de constitution de « caisses noires »).
Il convient de préciser que le terme affectation est susceptible de plusieurs sens : ainsi, lorsque la LOLF dispose en son article 1er que les lois de finances « déterminent la nature, le montant et *l'affectation* des ressources et des charges de l'État »,

l'affectation visée doit s'entendre de la seule destination des ressources et des charges et n'a rien à voir avec l'interdiction issue du principe d'universalité.

Cependant, il est banal d'observer que la création d'un impôt nouveau est psychologiquement mieux acceptée lorsque le produit de cet impôt est affecté à une dépense considérée comme prioritaire par l'opinion publique. Ainsi, de la vignette automobile créée en 1956 par M. Ramadier et affectée au financement des retraites des vieux travailleurs salariés, de l'impôt de solidarité sur la fortune présenté en 1988 comme devant permettre de financer le RMI, ou plus récemment de la taxe sur les produits financiers devant financer le RSA.

La règle souffre en fait de nombreuses exceptions.

B. Les exceptions (art. 16 à 24 LOLF)

Elles concernent tant le budget général que les budgets annexes et les comptes spéciaux.

1. Budget général

La loi organique prévoit deux possibilités d'affectation : les fonds de concours et les rétablissements de crédits.

a) Les fonds de concours

Il s'agit de *fonds à caractère non fiscal* versés par des personnes morales ou physiques (collectivités territoriales, entreprises publiques ou privées, particuliers...) *pour concourir à des dépenses d'intérêt public*. Exemple : fonds versés par une collectivité territoriale à l'État pour des travaux d'aménagement de la voirie nationale. Il peut également s'agir des produits de *legs et donations* attribués à l'État (art. 17-II LOLF). L'emploi des sommes ainsi affectées doit être conforme à l'intention de la partie versante, sauf à « porter atteinte au droit de propriété garanti par l'article 2 de la Déclaration de 1789 » (Cons. const. 25 juill. 2001, LOLF, n° 2001-448 DC).

À côté de ces fonds de concours « par nature », figurent des fonds de concours « par assimilation », dorénavant appelés « *attributions de produits* » (art. 17-III). Il s'agit d'une part du *produit de recettes à caractère non fiscal* (ex : remboursement par les collectivités locales des frais de gestion de la fiscalité directe locale, qui est assurée par les services du ministère des Finances), d'autre part des *rémunérations de prestations* fournies par un service de l'État (ex : escorte par les services de police de convois exceptionnels...). Ces fonds sont affectés au service concerné par décret pris sur le rapport du ministre des Finances.

Les fonds de concours sont directement portés en recettes au budget général (ou au budget annexe ou au compte spécial qui peut être concerné). Leurs recettes sont prévues et évaluées par la loi de finances, ce qui est délicat, dans la mesure où il est difficile de prévoir à l'avance les sommes qui seront versées.

b) Les rétablissements de crédits

Ils consistent à reverser à un service de l'État des sommes que ce service avait indûment payées, ce qui permet de *rétablir* la situation comptable initiale.

La loi organique (art. 17-IV) envisage deux hypothèses :

– reversement de sommes indûment payées (le fonctionnaire qui change d'administration et qui perçoit deux traitements, l'un de son administration d'origine, l'autre de sa nouvelle administration, devra reverser le premier traitement qui sera « affecté » à son administration d'origine),

– cessions de biens entre services de l'État (une administration qui vend un immeuble pour acquérir un autre immeuble bénéficiera du produit de cette vente, qui lui est en quelque sorte « affecté »).

2. Budgets annexes et comptes spéciaux

Ici, l'affectation des recettes aux dépenses est *de droit*.

Pour les budgets annexes, qui fonctionnent comme des entreprises du secteur industriel et commercial, il est tout à fait normal que les recettes qu'ils perçoivent soient affectées aux dépenses nécessitées par leur activité.

Pour les comptes spéciaux, la même préoccupation prévaut : les comptes de commerce qui retracent des opérations de type industriel ou commercial, certes accessoires, obéissent à la même logique que celle suivie pour les budgets annexes ; les comptes d'affectation spéciale bénéficient par définition de recettes affectées ; quant aux comptes de concours financiers, il est normal que les remboursements des prêts et avances qu'ils ont consentis leur soient directement affectés.

C. Les prélèvements sur recettes et l'universalité budgétaire

Les prélèvements sur recettes sont des sommes prélevées directement sur les recettes du budget de l'État et rétrocédées au profit de deux catégories d'organismes, les **collectivités territoriales** et les **Communautés européennes**. Ils figurent dans l'état A annexé à la loi de finances. Leur masse financière est importante : 52,2 milliards € pour les collectivités territoriales, 18,9 milliards € pour les Communautés européennes en 2009.

Ce mécanisme n'étant pas prévu par l'ordonnance organique de 1959, la question s'est posée de savoir si ces prélèvements n'étaient pas contraires au principe d'universalité. Le Conseil constitutionnel a répondu par la négative (29 déc. 1982, nº 82-154 DC, LF pour 1983) ; selon lui, ce mécanisme n'introduit aucune contraction entre recettes et dépenses, il n'est pas davantage constitutif d'une affectation de recettes.

La loi organique de 2001 a confirmé cette analyse et consacré cette technique en son article 6, al. 4 : « Un montant déterminé de recettes de l'État peut être rétrocédé directement au profit des collectivités territoriales ou des Communautés européennes en vue de couvrir des charges incombant à ces bénéficiaires ou de compenser des exonérations, des réductions ou des plafonnements d'impôts établis au profit des collectivités territoriales. Ces prélèvements sur les recettes de l'État sont, dans leur destination et leur montant, définis et évalués de façon précise et distincte ».

Section 3 › LE PRINCIPE D'ANNUALITÉ BUDGÉTAIRE

Il signifie que la loi de finances est **votée chaque année** par le Parlement **pour une durée d'un an** et qu'elle doit ensuite être exécutée dans l'année par le Gouvernement. Issu du principe du consentement à l'impôt, qui au travers de l'autorisation des recettes conduit à l'autorisation des dépenses, il est un compromis entre deux contraintes antagonistes : d'une part un contrôle sérieux de l'activité de l'Exécutif impose que l'autorisation du Parlement ne soit donnée que pour un délai relativement court, d'autre part l'action du Gouvernement suppose une certaine durée, qui ne doit pas être entravée par une surveillance trop rapprochée. L'*année civile* a été considérée comme la plus à même de concilier ces deux exigences contradictoires. Ainsi la LOLF dispose que « l'exercice (budgétaire) s'étend sur une *année civile* » (art. 1er) et que « le budget décrit, pour *une année*, l'ensemble des recettes et des dépenses budgétaires de l'État » (art. 6).

Cette durée a été contestée, d'abord pour les investissements qui se réalisent sur plusieurs années, ensuite pour la nécessité de faire apparaître la dimension pluriannuelle de la gestion des dépenses publiques. Le principe va donc comporter des dérogations.

§ 1 - Le contenu du principe d'annualité

En France, l'année budgétaire débute le 1er janvier, de sorte que le budget s'exécute du 1er janvier au 31 décembre, ce qui correspond le plus souvent au rythme de l'activité économique. C'est le cas de la plupart des États, sauf exceptions : l'année budgétaire commence le 1er avril au Royaume-Uni et au Japon, le 1er juillet en Suède, le 1er octobre aux États-Unis.

Pour que le budget puisse s'exécuter au cours de cette période d'un an, encore faut-il qu'il ait été *adopté* **avant** cette date, c'est-à-dire avant le 1er janvier. Pendant longtemps, ce ne fut pas le cas.

Ainsi, sous les IIIe et IVe Républiques, si le retard dans le vote du Parlement n'était que de quelques heures, les assemblées avaient recours au subterfuge suivant : les pendules des salles de séance étaient arrêtées à la date du 31 décembre à minuit jusqu'à l'heure du vote final. Mais lorsque le vote final du budget intervenait avec plusieurs mois de retard, par exemple en juin au lieu du 31 décembre de l'année précédente, soit avec 6 mois de retard, le Gouvernement était dans l'obligation de demander au Parlement de lui accorder, chaque mois, des *douzièmes provisoires ;* cette procédure autorisait le Gouvernement d'une part à percevoir les impôts existants, d'autre part à disposer, pour une période limitée à un mois, de crédits calculés sur la base du douzième des sommes inscrites au budget de l'exercice précédent. Ce système n'était satisfaisant ni pour la bonne gestion des finances publiques, ni pour les parlementaires qui apparaissaient incapables d'accomplir la mission fondamentale qu'est pour eux le vote du budget. Par réaction, la Constitution de 1958 (art. 47), complétée d'abord par l'ordonnance organique de 1959, puis par la loi organique de 2001 (art. 45), a prévu un ensemble de mécanismes permettant que la loi de finances soit adoptée avant le 1er janvier (cf. *infra*).

En outre, le principe d'annualité implique désormais l'existence d'une *comptabilité d'exercice* aux côtés d'une comptabilité de caisse. La comptabilité de caisse, classique et traditionnelle (art. 28 LOLF), enregistre les opérations de recettes et de dépenses au stade de l'encaissement et du décaissement, ce qui ne permet pas d'apprécier la réalité de la situation financière de l'État. La comptabilité d'exercice (art. 30 LOLF), « fondée sur le principe de la constatation des droits et obligations », se rajoute à la précédente et prend en compte les opérations au titre de l'exercice auquel elles se rattachent, au stade de leur engagement, indépendamment de leur date de paiement ou d'encaissement.

§ 2 - Les aménagements du principe d'annualité

Le principe d'annualité budgétaire pouvant s'avérer trop rigoureux pour certaines opérations, il a fallu lui apporter des assouplissements.

L'ordonnance de 1959 prévoyait déjà une dérogation dans le domaine des investissements réalisés par l'État, par nature pluriannuels (ex. construction d'un pont). À cet effet, avaient été créées les *autorisations de programme*, qui étaient elles-mêmes assorties de crédits de paiement (art. 12 : « L'autorisation de programme détermine le montant maximum de crédits qui peut être engagé par un ministre au cours des années à venir au titre d'une opération d'investissement autorisée par la loi »). L'autorisation de programme permettait à un ministre d'engager des dépenses pour un montant important pour une durée pluriannuelle, par exemple 4 ou 5 ans, alors que les paiements afférents à cet investissement s'effectuaient dans un cadre annuel (crédits de paiement), conformément à un échéancier correspondant à l'exécution des travaux. L'autorisation de programme était valable sans limitation de durée – donc était indéfiniment reportable – jusqu'à annulation.

La LOLF a repris et généralisé cette technique, tout en organisant d'autres procédures permettant de tenir compte des exigences de la pluriannualité.

A. Les autorisations d'engagement (AE) et les crédits de paiement (CP) (art. 8 LOLF)

Directement issues des autorisations de programme de l'ordonnance de 1959, les autorisations d'engagement concernent tous les crédits, aussi bien ceux afférents aux dépenses de fonctionnement qu'aux dépenses d'investissement, à l'exception des dépenses de personnel qui demeurent dans un cadre annuel.

Concrètement, *l'autorisation d'engagement* permet à l'État d'engager la dépense, c'est-à-dire de créer ou de constater une obligation de laquelle résultera une charge, autrement dit de passer les contrats nécessaires à l'action projetée dans la loi de finances. Quant aux *crédits de paiement*, ils correspondent à la somme qui sera nécessaire pour payer la partie de la dépense qui aura été réalisée au cours de l'année concernée. Ainsi, la mission « Sport, jeunesse et vie associative » prévoyant dans la loi de finances pour 2009 des AE à hauteur de 817 millions € et des CP pour un montant de 790,6 millions €, le ministre concerné (Santé et sports) pourra au cours de l'année 2009 engager des dépenses à hauteur de 817 millions €, mais ne pourra effectivement payer qu'une partie de ces dépenses, limitée à 790,6 millions € (le phénomène, au demeurant rare, de crédits de paiement supérieurs aux autorisations d'engagement provient du report de CP inutilisés au cours de l'exercice précédent).

Lorsque l'autorisation d'engagement concerne une opération d'investissement, elle doit « couvrir un ensemble cohérent et de nature à être mis en service ou exécuté sans adjonction ».

S'agissant des *dépenses de personnel*, « le montant des autorisations d'engagement ouvertes est égal au montant des crédits de paiement ouverts », ce qui implique le caractère annuel de ces crédits, le but poursuivi par le législateur organique étant la maîtrise de ces dépenses.

Enfin, les autorisations d'engagement ne sont plus valables sans limitation de durée, de sorte qu'elles ne peuvent subsister pour l'avenir que si elles font l'objet d'un report de crédits.

B. Les engagements par anticipation (art. 9 LOLF)

Ils permettent d'utiliser au cours de l'année *n* des crédits qui ne seront ouverts que par la loi de finances de l'année suivante *n+1*. La mise en œuvre de cette possibilité est définie par une disposition de la loi de finances.

C. Les reports de crédits (art. 15 LOLF)

Bien qu'étant en principe interdits (les crédits ouverts au titre d'une année ne créent aucun droit au titre des années suivantes), les crédits non consommés au cours d'un exercice peuvent faire l'objet d'un report sur l'exercice budgétaire suivant, faute de quoi ils sont annulés. Justifiés par le souci d'éviter le gaspillage, les reports d'autorisations d'engagement et de crédits de paiement non utilisés sont soumis à certaines conditions :

– les *autorisations d'engagement* peuvent être reportées sur le même programme (ou sur un programme poursuivant les mêmes objectifs) de l'exercice suivant ; elles ne peuvent servir à majorer les crédits de personnel,

– les *crédits de paiement* (y compris ceux relatifs aux dépenses de personnel) peuvent être reportés, toujours sur le même programme, mais dans la limite de 3 % des crédits initiaux,

– les reports sont effectués par arrêté conjoint du ministre des Finances et du ministre intéressé, qui doit être publié au plus tard le 31 mars de l'année *n+1*.

D. La période complémentaire (art. 28 LOLF)

L'exécution du budget ne s'achève pas le 31 décembre de l'année. Pour les opérations prises en charge par le comptable public tant en recettes qu'en dépenses, les recettes et les dépenses peuvent être comptabilisées « au cours d'une période complémentaire à l'année civile, dont la durée ne peut excéder 20 jours. En outre, lorsqu'une loi de finances rectificative est promulguée au cours du dernier mois de l'année civile (ce qui est fréquent), les opérations de recettes et de dépenses qu'elle prévoit peuvent être exécutées au cours de cette période complémentaire ». Cette période complémentaire permet de rattacher à l'exercice *n* des opérations effectuées pendant les vingt premiers jours de l'exercice *n+1*.

Section 4 › LE PRINCIPE DE SPÉCIALITÉ

À l'effet de permettre au Parlement d'exercer un contrôle sérieux et efficace de l'action du Gouvernement, les crédits budgétaires doivent être présentés non par grandes masses, mais par unités relativement réduites, qui permettent de connaître l'utilisation précise et détaillée qui peut en être faite. Ce principe a connu des mutations importantes qu'il convient de retracer.

§ 1 - Historique

À partir de la Restauration et jusqu'en 2005 (LF pour 2006), les crédits affectés à un service étaient spécialisés par **chapitres**. Le chapitre était une subdivision des crédits d'un ministère, dont aucun texte ne précisait le nombre et le volume, ce qui conduisit à leur accroissement : il y avait 338 chapitres en 1871, on en comptait près de 4 000 en 1956. L'ordonnance organique de 1959 réagit contre cette tendance inflationniste, en disposant que les chapitres doivent grouper les dépenses selon leur *nature* (dépenses de fonctionnement, dépenses d'investissement...) ou leur *destination* (objectif poursuivi par la dépense). Le nombre de chapitres se stabilisa alors autour de 850.

Initialement l'unité de spécialité qu'était le chapitre était également *l'unité de vote* des crédits par le Parlement. Compte tenu du nombre de chapitres, il est aisé de comprendre les retards auxquels pouvait donner lieu le vote de la loi de finances.

La règle selon laquelle le vote devait s'effectuer par chapitres fut donc abandonnée, sans être pour autant totalement supprimée. Le Parlement vota désormais par titres – les titres regroupaient plusieurs chapitres –, mais les crédits de chaque ministère, qui figuraient dans les annexes explicatives (bleus budgétaires), ont continué à être présentés au Parlement par chapitres de sorte que le Parlement était parfaitement informé de l'affectation des crédits. Si le chapitre n'était plus l'unité de vote pour le Parlement, le chapitre demeurait l'unité fondamentale d'exécution de la loi de finances.

La spécialité ainsi conçue reposait sur l'idée que l'État était avant tout une structure administrative, qui devait disposer de moyens devant apparaître de façon détaillée dans des chapitres budgétaires.

Avec la LOLF, l'optique est totalement différente : on passe d'un *budget de moyens* à un *budget d'objectifs :* ce n'est pas tant la nature des dépenses qui importe que les objectifs de l'action de l'État et les résultats qu'elle peut obtenir. Il en résulte qu'il n'est plus fait référence au chapitre, et que les crédits sont désormais spécialisés par **programmes** ou **dotations** (unité de spécialité) et par **missions** (unité de vote).

§ 2 - Contenu du principe

Le principe se décline en unités de spécialité et unités de vote.

A. Unités de spécialité

En premier lieu, « les crédits sont spécialisés par programme ou par dotation » (art. 7-II LOLF).

1. Les programmes

Un *programme* « regroupe les crédits destinés à mettre en œuvre une *action* ou un ensemble cohérent d'actions relevant d'un *même ministère* et auquel sont associés des *objectifs* précis, définis en fonction de finalités d'intérêt général, ainsi que les *résultats* attendus et faisant l'objet d'une évaluation » (art. 7-I LOLF).

Il ressort de cette définition que le programme est une **subdivision des crédits d'un ministère**, comme auparavant le chapitre. Mais à la différence des chapitres qui regroupaient des chapitres par nature (dépenses de fonctionnement, dépenses d'investissement, dépenses de transfert) et très rarement par destination (objectif poursuivi par la dépense), les crédits sont désormais regroupés uniquement **par destination.** Il en résulte deux conséquences : d'une part, les crédits figurant dans les programmes étant beaucoup plus importants que par le passé (alors que le chapitre moyen était de 0,3 million €, le programme moyen est de 1,5 million €), le nombre de programmes a été réduit (au lieu de 850 chapitres, il n'y a plus, dans la loi de finances pour 2009, que 132 programmes pour le budget général de l'État, ces programmes étant pris en charge par chaque ministère) ; d'autre part, les ministères doivent, pour élaborer ces programmes, définir non seulement les objectifs qu'ils poursuivent, mais également les indicateurs de résultats qui permettront d'évaluer l'efficacité de l'action publique.

Si le programme (qui est toujours ministériel) regroupe les crédits destinés à mettre en œuvre une action, **l'action** n'est pas pour autant définie par les textes. Le bon sens conduit à la définir comme un **regroupement de crédits destinés à la réalisation d'un objectif**. Ainsi, le programme « Vie étudiante » du ministère de l'Enseignement supérieur et de la recherche comprend quatre actions : aides directes, aides indirectes, santé des étudiants et activités associatives, culturelles et sportives, pilotage et animation du programme.

2. Les dotations

La *dotation* est une dérogation au programme, qui concerne les crédits qui ne peuvent donner lieu à la définition d'objectifs assortis d'indicateurs de résultats, parce qu'ils **ne visent pas la performance**. La dotation concerne deux sortes de crédits, regroupés dans deux missions différentes (v. *infra*) :

- **mission « Pouvoirs publics »**, dans laquelle figurent les dotations suivantes (Présidence de la République, Assemblée nationale, Sénat, Chaîne parlementaire, Conseil constitutionnel, Haute cour de justice, Cour de justice de la République, Indemnités des représentants français au Parlement européen),
- **mission « Provisions »**, dans laquelle figurent deux dotations :

– *dotation pour dépenses accidentelles*, destinée à faire face à des calamités, et pour dépenses imprévisibles (catastrophes naturelles...) ;
– *dotation pour mesures générales en matière de rémunérations* dont la répartition par programme ne peut être déterminée avec précision au moment du vote des crédits (augmentations salariales des fonctionnaires en cours d'année).

B. Unités de vote

En second lieu, si l'unité de spécialité est le programme ou la dotation, l'unité de vote est désormais **la mission**. « Une mission comprend un ensemble de programmes concourant à une *politique publique* définie ».

La mission peut être ministérielle ou interministérielle, lorsque plusieurs ministères participent à la mise en œuvre d'une politique publique. La mission est créée à l'initiative du seul Gouvernement. Les parlementaires n'ont pas la possibilité de modifier le montant global des crédits d'une mission, ils ne peuvent que modifier la répartition des crédits entre les programmes qui figurent dans la mission. Il en résulte qu'une mission ne peut être mono-programme et doit comporter au moins deux programmes (Cons. const. 15 déc. 2005, n° 2005-530 DC, LF pour 2006).

Actuellement (LF pour 2009), le budget général comprend 33 missions (par exemple, Action extérieure de l'État, Culture, Défense, Justice, Médias, Sécurité...) dont 9 missions interministérielles (Régimes sociaux et de retraite, Recherche et enseignement supérieur, Travail et emploi...). Chaque budget annexe et chaque compte spécial doté de crédits constitue à lui seul une mission (14 missions, dont une interministérielle).

Une mission, par exemple la mission interministérielle « Solidarité, insertion professionnelle et égalité des chances », comprend cinq programmes, l'un rattaché aux Services du Premier ministre, les quatre autres rattachés au ministère du Travail ; le programme du ministère du Travail « Égalité entre les hommes et les femmes » comprend cinq actions : accès des femmes aux responsabilités et à la prise de décision, égalité professionnelle, égalité en droit et en dignité, articulation des temps de vie, soutien du programme.

En bref, la spécialité budgétaire conduit à substituer à l'ancienne trilogie – ministère, titre, chapitre – une nouvelle trilogie : **mission, programme (ou dotation), action**.

§ 3 - Mise en œuvre du principe

La loi de finances une fois adoptée, le (ou les) ministre(s) intéressés par un ou plusieurs programmes vont les prendre en charge pour en assurer l'exécution. Il est important de noter que les crédits figurant dans un programme ne pourront être utilisés que pour ce programme, sans pouvoir servir à financer un autre programme. À cet effet, le ministre désigne un **responsable de programme**, généralement un haut fonctionnaire de son ministère.

Or, au sein des programmes, les charges budgétaires sont regroupées sous l'un des sept titres suivants (art. 5 LOLF) :

1. les dotations des pouvoirs publics
2. les dépenses de personnel
3. les dépenses de fonctionnement
4. les charges de la dette de l'État
5. les dépenses d'investissement
6. les dépenses d'intervention
7. les dépenses d'opérations financières

Cette présentation des dépenses par titre est **purement** *indicative*. En effet, les crédits figurant dans un programme sont *globalisés*, de sorte que le responsable du programme dispose d'une liberté quasi-totale pour les utiliser à sa guise, c'est-à-dire de la façon la plus à même de permettre la réalisation dudit programme. Ainsi peut-il utiliser des crédits destinés à couvrir des dépenses de fonctionnement (ex. subventions pour charges de service public) pour couvrir des dépenses d'investissement ou vice-versa. On parle alors de **fongibilité des crédits**.

Mais cette fongibilité est dite **asymétrique**, en ce sens qu'elle connaît une limite : les crédits relatifs à des *dépenses de personnel* ne peuvent pas être augmentés par des crédits d'un autre titre (dépenses de fonctionnement ou dépenses d'intervention, par exemple), alors même qu'ils peuvent être utilisés pour majorer les crédits de tout autre titre. La finalité de cette disposition est d'assurer la maîtrise des dépenses de personnel, dont le poids est important dans la masse du budget de l'État. Elle explique par ailleurs l'article 9, al. 3 de la LOLF qui dispose : « Les plafonds des *autorisations d'emplois* (tels que fixés par la loi de finances) sont *limitatifs* ».

Dans la pratique, les programmes, définis au niveau national, sont rapprochés du terrain et déclinés en *budgets opérationnels de programme* (BOP), eux-mêmes déclinés en *unités opérationnelles* (UO), confiés à des responsables identifiés.

Selon le ministère des Finances, « le budget opérationnel de programme regroupe des crédits d'un programme mis à la disposition d'un responsable identifié pour un périmètre (une partie des actions du programme par exemple) ou pour un territoire (une région, un département...) donnés. Le BOP a les mêmes attributs que le programme : c'est un ensemble globalisé de moyens associés à des objectifs mesurés par des indicateurs de résultats. Les objectifs du budget opérationnel de programme sont définis par déclinaison des objectifs du programme ».

Il existe actuellement plus de 2000 BOP, la plupart se situant au niveau déconcentré.

§ 4 - Dérogations au principe

La répartition des crédits imposée par le principe de spécialité ne conduit pas pour autant à ce que les crédits figurant dans la loi de finances soient immuables ; il est en effet possible de modifier la répartition initiale des crédits en cours d'exécution de la loi de finances, pour des raisons soit budgétaires, soit politiques.

A. Les dérogations prévues par la LOLF

Tout d'abord, la LOLF prévoit trois dérogations :

1. Les dotations particulières

Regroupées dans une mission « **Provisions** » et se substituant aux crédits globaux prévus par l'Ordonnance de 1959, il existe deux dotations particulières comportant des crédits globalisés (art. 7 LOLF) :

– une **dotation pour dépenses accidentelles**, destinée à faire face à des calamités (catastrophes naturelles...) **et imprévisibles** (élections faisant suite à une dissolution de l'Assemblée nationale...), dont les crédits seront répartis en cours d'année par programme, cette répartition ayant pour support un décret pris sur le rapport du ministre des Finances ;

– une **dotation pour mesures générales en matière de rémunérations**, dont la répartition par programme n'a pu être déterminée avec précision au moment du vote des crédits, dont les crédits seront là encore répartis par programme en cours d'année, cette répartition s'effectuant cette fois-ci par simple arrêté du ministre des Finances, arrêté qui ne peut que majorer des crédits ouverts sur le titre des dépenses de personnel.

2. Les virements de crédits (art. 12-I)

Ils « peuvent modifier la répartition des crédits entre programmes d'un même ministère », ce qui signifie qu'ils peuvent **modifier la nature de la dépense** envisagée dans un programme. Les abus auxquels ont jadis donné lieu les virements ont conduit à leur strict encadrement : le montant cumulé, au cours d'une même année, des crédits ayant fait l'objet de virements, **ne peut excéder 2 % des crédits ouverts** par la loi de finances de l'année pour chacun des programmes concernés.

Les virements sont effectués par décret pris sur le rapport du ministre des Finances, mais après information des commissions des finances de chacune des deux assemblées et des autres commissions concernées.

Bien évidemment aucun virement ne peut être effectué au profit du titre des dépenses de personnel à partir d'un autre titre.

3. Les transferts de crédits (art. 12-II)

À la différence des virements qui changent la nature de la dépense, les transferts ont pour seul effet de **modifier le service responsable de la dépense**, sans en changer la nature. Ils « peuvent modifier la répartition des crédits entre programmes de ministères distincts, dans la mesure où l'emploi des crédits ainsi transférés, pour un objet déterminé, correspond à des actions du programme d'origine ». Dès lors que la nature de la dépense transférée ne change pas, ces transferts peuvent être assortis de modifications de la répartition des emplois autorisés entre les ministères concernés. La procédure de transfert obéit aux mêmes conditions de forme que celles du virement (décret, information préalable des assemblées).

B. Les dérogations d'origine législative

Ensuite, le législateur a prévu deux dérogations pour des motifs politiques :

1. Les fonds spéciaux (ou fonds secrets)

Ils constituent une enveloppe globale mise à la disposition du Premier ministre et gérée par lui en toute liberté.
Consacrés par une loi de 1946, et utilisés pour financer principalement des opérations d'espionnage et de contre-espionnage, mais en réalité les opérations les plus variées (versements en espèces de primes aux membres des cabinets ministériels, voyages privés, financement des partis politiques...), ils échappaient à tout contrôle. Depuis la loi de finances pour 2002, ces fonds sont réglementés : ils ne peuvent financer que des opérations couvertes par le « secret défense », effectuées par les services dits secrets (DGSE, DST...) et relatives à la sécurité intérieure et extérieure de l'État ; leur utilisation est contrôlée par une commission de vérification composée de parlementaires et de membres de la Cour des comptes.

2. Le budget des Assemblées

Il obéit à des règles propres (ordonnance du 17 nov. 1958, relative au fonctionnement des assemblées parlementaires) ; chacune des deux assemblées dispose de **l'autonomie financière**, en ce sens qu'elle prépare seule son budget, que ce budget donne lieu à une enveloppe globale de crédits dans la loi de finances (qui figure dans la mission Pouvoirs publics) et que son exécution est contrôlée non par la Cour des comptes, mais par une commission parlementaire spéciale.

Section 5 › LE PRINCIPE DE SINCÉRITÉ BUDGÉTAIRE

Principe nouvellement apparu dans la LOLF, inspiré de la « sincérité des comptes » pénalement sanctionnée par le droit des sociétés et évoqué par la jurisprudence du Conseil constitutionnel dès 1993 (Cons. const. 21 juin 1993, n° 93-320 DC, LFR pour 1993 ; Cons. const. 29 déc. 1993, n° 93-330 DC, LF pour 1994) sans jamais servir de fondement à une quelconque censure de sa part, il est ainsi présenté (art. 32 LOLF) : « Les lois de finances présentent de façon sincère l'ensemble des ressources et des charges de l'État. Leur sincérité s'apprécie compte tenu des informations disponibles et des prévisions qui peuvent raisonnablement en découler ».

§ 1 - Notion

Cette disposition qui paraît aller de soi, tant il semble évident qu'une loi de finances se doit d'être sincère, recouvre trois domaines au regard des décisions du Conseil constitutionnel et des observations faites par la Cour des comptes. Elle concerne :

1. le **contenu** des lois de finances : une loi de finances devant présenter l'ensemble des ressources et des charges de l'État, les pratiques de débudgétisation de dépenses comme de recettes sont condamnées ;
2. l'**évaluation** des recettes et des dépenses : la sincérité implique qu'il n'y ait ni surévaluation, ni sous-évaluation ;
3. l'**information du Parlement :** le Parlement doit disposer des informations nécessaires à l'exercice de son pouvoir, de façon à être en mesure de se prononcer sur le montant des crédits soumis à son vote.

Le principe de sincérité revêtant un caractère plus politique que juridique, le Conseil constitutionnel n'a jamais censuré une disposition de loi de finances sur ce fondement, lui préférant le fondement juridiquement plus sûr de la méconnaissance des principes d'unité ou d'universalité.

La sincérité ne s'apprécie pas seulement au moment de la présentation du projet de loi de finances, elle s'apprécie également au moment du vote de la loi de règlement, après exécution. L'article 27, al. 3 dispose en effet : « Les comptes de l'État doivent être réguliers, *sincères* et donner une image fidèle de son patrimoine et de sa situation financière ».

§ 2 - Mise en œuvre

La sincérité est à géométrie variable, assez faible pour les lois de finances (de l'année et rectificatives), très forte pour les lois de règlement.

Pour les premières, la sincérité implique que les prévisions de recettes et de dépenses soient issues de données raisonnables, non marquées par une volonté de dissimulation : « **la sincérité se caractérise par l'absence d'intention de fausser les grandes lignes de l'équilibre déterminé par la loi de finances** » (Cons. const. 25 juill. 2001, n° 2001-448 DC, LOLF). C'est alors aux parlementaires, auteurs de la saisine du Conseil constitutionnel, d'apporter la preuve de cette intention, preuve qui ne saurait permettre audit Conseil de se substituer aux organes de prévision (Cons. const. 27 déc. 2001, n° 2001-456 DC, LF pour 2002). En outre, face à la critique récurrente d'une sous-évaluation des dépenses ou d'une surestimation des recettes, le Conseil invoque *l'erreur manifeste d'appréciation* pour rejeter les prétentions des requérants, « compte tenu des aléas inhérents à leur évaluation et des incertitudes relatives à l'évolution de l'économie... » (Cons. const. 27 déc. 2002, n° 2002-464 DC, LF pour 2003). Enfin, se situant dans le prolongement de la jurisprudence antérieure du Conseil constitutionnel, l'article 33 LOLF prévoit la nécessité de recourir à une loi de finances rectificative : « ...lorsque des dispositions d'ordre législatif ou réglementaire sont susceptibles d'affecter les ressources et les charges de l'État dans le courant de l'année, les conséquences de chacune d'entre elles sur les composantes de l'équilibre financier doivent être évaluées et autorisées dans la plus prochaine loi de finances afférente à cette année ». Il convient de relever que la Cour des comptes relève les entorses apportées à la sincérité budgétaire, entorses qui se manifestent par des évaluations incorrectes (rapport 2004).

S'agissant des lois de règlement, la sincérité impose **l'exactitude** des comptes (art. 27, al. 3). La Cour des comptes, qui doit se comporter comme un véritable expert-comptable, commissaire aux comptes, est chargée de **certifier** la **régularité**, la **sincérité** et la **fidélité** des comptes de l'État (art. 58, al. 5). Ici, l'exigence de sincérité est donc très forte, car au-delà de l'exactitude des comptes, c'est la **vérité des comptes** qui est en cause.

Chapitre 3 › LA STRUCTURE GÉNÉRALE DES LOIS DE FINANCES

> › L'essentiel
>
> *Le projet de loi de finances soumis au Parlement est un texte recherchant la clarté et la cohérence, et de ce fait soumis par la LOLF à certaines règles prévues à l'article 34. Ce projet est accompagné d'un grand nombre de documents (représentant environ 100 kilos) qui viennent expliciter et préciser son contenu.*

Section 1 › LA PRÉSENTATION MATÉRIELLE DE LA LOI DE FINANCES (ART. 34 LOLF)

Aux termes de l'article 34 de la LOLF, la loi de finances comprend deux parties, qui ont chacune un contenu distinct, présentées de la manière qui suit (LF pour 2009) :

Première partie : Conditions générales de l'équilibre financier

Titre I : Dispositions relatives aux ressources

I. Impôts et ressources autorisés

II. Ressources affectées

Titre II : Dispositions relatives à l'équilibre des ressources et des charges (*article unique, dit d'équilibre*)

Seconde partie : Moyens des politiques publiques et dispositions spéciales

Titre I : Autorisations budgétaires pour 2009. Crédits et découverts

I. Crédits des missions

II. Autorisations de découvert

Titre II : Autorisations budgétaires pour 2009. Plafonds des autorisations d'emplois

Titre III : Reports de crédits de 2008 sur 2009

Titre IV : Dispositions permanentes

I. Mesures fiscales et budgétaires non rattachées

II. Autres mesures

Sont annexés à la loi de finances des états législatifs.

§ 1 - La première partie : « Conditions générales de l'équilibre financier »

Selon l'article 34 LOLF, cette partie contient 10 éléments d'importance inégale, que l'on peut ainsi synthétiser :

A. Autorisation de percevoir les impositions de toute nature

En premier lieu, l'article 1er de la loi de finances autorise la **perception des impositions de toute nature** existants (impôts, produits et revenus) qui sont affectés à l'État, aux collectivités territoriales, établissements publics et organismes divers. Il s'agit d'un rappel du principe du consentement à l'impôt, puisque, faute de cette disposition, aucun impôt ne pourrait plus être perçu à compter du 1er janvier. Les articles qui suivent ont trait aux **modifications** apportées à la législation fiscale pour l'année à venir (actualisation des barèmes, nouvelles modalités de calcul, nouveaux taux...).

B. Les ressources affectées

En deuxième lieu, figurent dans cette partie les dispositions relatives aux **ressources affectées** aux collectivités territoriales (par exemple, la taxe intérieure sur les produits pétroliers) et aux budgets annexes et comptes spéciaux, ainsi que les **prélèvements sur recettes** de l'État opérés au profit des collectivités territoriales et du budget des communautés européennes,

C. L'article d'équilibre

En troisième lieu, le dernier article de cette première partie, par ailleurs le plus important, est **l'article d'équilibre**.

Cet article unique retrace dans un **tableau d'équilibre** l'ensemble des ressources et des dépenses de l'État, ainsi que le solde qui en résulte (qui peut être excédentaire, en équilibre ou en déficit). Pour 2009, le déficit s'élève à près de 67 milliards €.

Tableau d'équilibre

(En millions €)

	Ressources	*Charges*	*Soldes*
Budget général			
Recettes fiscales brutes / dépenses brutes	361 348	379 028	
À déduire : Remboursements et dégrèvements	101 965	101 965	
Recettes fiscales nettes / dépenses nettes	259 383	277 063	
Recettes non fiscales	22 678		
Recettes totales nettes / dépenses nettes	282 061	277 063	
À déduire : Prélèvements sur recettes au profit des collectivités territoriales et des Communautés européennes	71 149		
Montants nets pour le budget général	210 912	277 063	– 66 151
Évaluation des fonds de concours et crédits correspondants	3 316	3 316	
Montants nets pour le budget général, y compris fonds de concours	214 228	280 379	
Budgets annexes			
Contrôle et exploitation aériens	1 907	1 907	
Publications officielles et information administrative	196	196	

	Ressources	*Charges*	*Soldes*
Totaux pour les budgets annexes	2 103	2 103	
Évaluation des fonds de concours et crédits correspondants : Contrôle et exploitation aériens	19	19	
Publications officielles et information administrative			
Totaux pour les budgets annexes, y compris fonds de concours	2 122	2 122	
Comptes spéciaux			
Comptes d'affectation spéciale	57 459	57 464	– 5
Comptes de concours financiers	98 506	99 436	– 930
Comptes de commerce (solde)			18
Comptes d'opérations monétaires (solde)			82
Solde pour les comptes spéciaux			– 835
Solde général			**– 66 986**

Source : www.legifrance.gouv.fr

Ce tableau d'équilibre est suivi d'un **tableau de financement** qui évalue les ressources et les charges de trésorerie qui concourent à la réalisation de l'équilibre financier et comporte les autorisations relatives à la trésorerie de l'État.

Tableau de financement

(En millions €)

Besoin de financement	
Amortissement de la dette à long terme	63,6
Amortissement de la dette à moyen terme	47,4
Amortissement de dettes reprises par l'État	1,6
Déficit budgétaire	67,0
Total	**179,6**
Ressources de financement	
Émissions à moyen et long termes (obligations assimilables du Trésor et bons du Trésor à taux fixe et intérêt annuel) nettes des rachats effectués par l'État et par la Caisse de la dette publique	135,0

Annulation de titres de l'État par la Caisse de la dette publique	2,5
Variation nette des bons du Trésor à taux fixe et intérêts précomptés	20,9
Variation des dépôts des correspondants	–
Variation du compte de Trésor	19,0
Autres ressources de trésorerie	2,2
Total	**179,6**

Source : www.legifrance.gouv.fr

Pour couvrir ce besoin de financement, estimé à près de 180 milliards € pour 2009 par la seule loi de finances (devenu par la suite plus important avec les deux lois de finances rectificatives intervenues jusqu'en mai 2009), l'article d'équilibre autorise le **ministre des Finances** à procéder à des emprunts à long, moyen et court terme.

Enfin, ce même article fixe le plafond de la variation nette, appréciée en fin d'année, de la dette négociable de l'État d'une durée supérieure à un an (24 milliards € en 2009), fixe le plafond des emplois rémunérés par l'État (2 120 830 en 2009) et précise que les éventuels surplus du produit des impôts (!) sont utilisés dans leur totalité pour réduire le déficit budgétaire.

Il est important de noter que cette première partie est fondamentale : en effet, le Parlement ne peut pas discuter la seconde partie, s'il n'a pas adopté la première.

§ 2 - La seconde partie : « Moyens des politiques publiques et dispositions spéciales »

Elle comprend quatre titres, qui concernent les autorisations budgétaires pour l'année, les reports de crédits et les dispositions permanentes.

Les **autorisations budgétaires** portent sur :

1. les **crédits des missions** pour le budget général, les budgets annexes et les comptes spéciaux, en précisant le montant des autorisations d'engagement et des crédits de paiement,
2. les plafonds des **autorisations d'emplois**, par ministère et par budget annexe,
3. les plafonds des **reports de crédits**.

Les **dispositions permanentes** comprennent des « *mesures fiscales et budgétaires* » diverses (réduction d'impôts pour les dépenses de restauration complète d'immeubles bâtis, plafonnement de certains avantages fiscaux au titre de l'impôt sur le revenu, fiscalité locale, procédures fiscales, crédits d'impôt ; présentation de nouveaux documents budgétaires...), ainsi que d'« *autres mesures* » à caractère financier ou fiscal affectant divers secteurs (transport et écologie par la création d'une taxe nationale sur les véhicules de transport de marchandises recouvrée par la douane, immigration par la création d'une taxe pour la délivrance de titres de séjour...).

La structure en deux parties de la loi de finances initiale vaut également pour les lois de finances rectificatives (art. 35 LOLF).

§ 3 - Les états législatifs annexés

Ils figurent à la fin de la loi de finances. Ils ont valeur législative en ce sens qu'ils ont été adoptés lors du vote d'un article, à l'effet d'en préciser le contenu chiffré.
Numérotés par ordre alphabétique de A à E, ils portent sur les domaines suivants :
– évaluation des recettes fiscales et non fiscales : état **A** (Voies et moyens) ; il s'agit d'un document très détaillé, très complet (représentant 10 pages de JO),
– répartition des dépenses du budget général, par mission (au nombre de 33) et par programme : état **B**,
– répartition des dépenses des budgets annexes, par mission et programme : état **C**,
– répartition des dépenses des comptes d'affectation spéciale et des comptes de concours financiers, par mission et programme : état **D**,
– répartition des autorisations de découvert (cela vise les comptes de commerce et les comptes d'opérations monétaires) : état **E**.
C'est ainsi que se présente la loi de finances. Mais afin d'expliciter son contenu et sa portée, le projet de loi présenté au Parlement est accompagné d'un nombre considérable de documents annexes.

Section 2 › LES DOCUMENTS D'INFORMATION : LES ANNEXES BUDGÉTAIRES

Transmis au Parlement afin d'éclairer ses choix, ils représentent une masse de plus de 20 000 pages. Ces annexes n'ont pas toutes la même portée : certaines sont obligatoires et doivent être jointes au projet de loi sans devoir pour autant être déposées en même temps que lui, d'autres ne le sont pas.

§ 1 - Les annexes obligatoires

Il y en a trois : le rapport relatif aux prélèvements obligatoires, le rapport économique, social et financier et les annexes explicatives.

A. Le rapport sur les prélèvements obligatoires et leur évolution

Ce rapport, prévu à l'article 52 de la LOLF, doit être déposé à l'ouverture de la session ordinaire du Parlement, en vue de l'examen et du vote non seulement du projet de loi de finances mais aussi du projet de loi de financement de la Sécurité sociale.
Il évalue financièrement pour l'année en cours et les deux années suivantes l'impact des dispositions de nature législative ou réglementaire envisagées par le Gouvernement sur le montant des prélèvements obligatoires. En 2009, le rapport prévoit que le taux des prélèvements obligatoires devrait se stabiliser à 43,2 % du PIB et envisage la réforme du crédit impôt recherche (CIR) et de la fiscalité environnementale. Ce rapport, qui lie deux projets de loi, peut donner lieu à débat au Parlement.

B. Le rapport économique, social et financier

Ce rapport présente les grandes orientations de la politique économique du Gouvernement, dans une perspective pluriannuelle (art. 50 LOLF).

Il présente les hypothèses, les méthodes et les résultats des projections sur la base desquelles est établi le projet de loi de finances. Il présente également les perspectives d'évolution pour **les quatre années** qui suivent celle du dépôt du projet de loi de finances, le tout s'inscrivant dans le cadre des engagements européens de la France et des recommandations que les instances communautaires ont pu lui adresser (déficits publics excessifs...). Il va sans dire que le retour à l'équilibre, souhaité et recommandé par tous pour les prochaines années, apparaît des plus incertains.

À ce rapport sont joints les rapports sur les comptes de la nation, établis par l'INSEE selon le système européen de comptabilité (SEC 95) et comportant une présentation des comptes de l'année précédente.

§ 2 - Les annexes explicatives

Ce sont les **« bleus budgétaires »**, ainsi désignés en raison de la couleur bleue de leur couverture. Il existe un *bleu* par mission du budget général, par budget annexe et par catégorie de comptes spéciaux, soit au total une quarantaine (art. 41-5° LOLF).

Les *bleus* détaillent les crédits des programmes et des dotations. Ils sont accompagnés d'un important document, le **projet annuel de performance** (PAP), qui présente les actions, les coûts associés, les objectifs poursuivis, les résultats obtenus et attendus pour les années à venir qui seront mesurés à l'aide d'**indicateurs** précis, dits indicateurs de performance.

À titre d'exemple, la **mission** Sécurité comprend deux programmes : Police nationale et Gendarmerie nationale. Le **programme** Police nationale comporte six actions, dont l'une (action n° 3) est consacrée à la *sécurité routière*. Son **objectif** est d'améliorer la sûreté des déplacements routiers par la prévention des conduites à risque et le respect des règles applicables à ces déplacements. Un seul **indicateur** est retenu : le nombre des accidents, des tués et des blessés. Cet indicateur permet, au regard des chiffres obtenus, de mesurer l'efficacité des dépenses consacrées à cet objectif.

Au total, la loi de finances pour 2009 comporte environ 630 objectifs et 1 300 indicateurs. Ces objectifs et indicateurs sont de trois types : efficacité socio-économique (qui exprime le point de vue du citoyen), qualité du service rendu (qui exprime le point de vue de l'usager), efficacité de la gestion (qui, elle, exprime le point de vue du contribuable). Les indicateurs les plus fréquents sont relatifs à l'efficacité socio-économique.

Enfin, les crédits figurant dans les PAP sont **justifiés au premier euro**. La justification au premier euro (JPE) met en corrélation les crédits demandés avec les déterminants de la dépense qui peuvent être soit physiques (nombre d'usagers, volume d'activité, nombre de fonctionnaires, superficie des bâtiments...), soit financiers (masse salariale, coûts unitaires de dispositifs d'intervention...).

Il faut noter que les rapports annuels de performance (RAP), élaborés selon la même structure que les PAP après exécution de la loi de finances, permettront au Parlement de comparer la prévision et l'exécution budgétaire lors du vote de la loi de règlement.

À côté des bleus qui analysent les dépenses, figure une annexe explicative qui retrace les recettes. Il s'agit de **l'Évaluation des voies et moyens**, qui détaille à la fois l'ensemble des *recettes fiscales et non fiscales*, reprises sous forme synthétique dans l'état A du projet de loi de finances, et les *dépenses fiscales* qui prennent en compte le coût budgétaire des exonérations et allégements fiscaux.

§ 3 - Les annexes générales et autres documents d'information

Distinction : les annexes générales sont de deux sortes.

• Il y a des documents de couverture jaune, appelés en conséquence « **jaunes** budgétaires ». À la différence des bleus, il n'est pas obligatoire que leur dépôt soit effectué en même temps que le projet de loi de finances de sorte qu'il peut très bien intervenir en cours de discussion budgétaire, sauf à être distribués au moins 5 jours francs avant l'examen, par l'Assemblée nationale, des recettes ou crédits auxquels ils se rapportent (art. 39 LOLF).

Ce sont des documents d'information et de contrôle, prévus par les lois et règlements, qui portent sur les sujets les plus divers (agences de l'eau, effort financier en faveur des collectivités territoriales, l'État actionnaire, l'égalité entre hommes et femmes…). Il existe actuellement 20 jaunes budgétaires.

• À côté des jaunes, existent des annexes générales de couverture orange, appelées pour les mêmes raisons que précédemment annexes « **oranges** ». Institués par la loi de finances rectificative pour 2005, ce sont des documents qui « pour chaque politique concernée, développent la stratégie mise en œuvre, les crédits, les objectifs et indicateurs y concourant ». Appelés encore **documents de politique transversale** (DPT), ils doivent permettre d'améliorer la coordination, par un ministre chef de file, d'actions de l'État relevant de plusieurs ministères et de plusieurs programmes qui concourent à une politique interministérielle, et de favoriser l'obtention de résultats socio-économiques communs. Les objectifs inscrits dans les DPT doivent obligatoirement figurer dans les PAP des programmes concernés. Les DPT sont présentés en trois parties : politique transversale (assortie de la liste des programmes qui y contribuent, et de la présentation de la manière dont ceux-ci participent), présentation stratégique (stratégie globale et présentation par axe stratégique des objectifs et indicateurs de performance retenus et des valeurs associées), annexes (PAP, effort financier de l'État). Les thèmes retenus sont là encore variés (par exemple, *lutte contre le changement climatique*, comprenant quatre axes stratégiques : diminuer les gaz à effets de serre, améliorer les technologies, renforcer la recherche nationale et internationale, mobiliser la société internationale sous l'impulsion de la France ; *ville*, avec cinq axes stratégiques : améliorer l'habitat et le cadre de vie, favoriser le développement économique et l'accès à l'emploi, prévenir la délinquance et développer la citoyenneté, promouvoir la réussite éducative et l'égalité des chances, améliorer la prévention et l'accès à la santé…). En 2009, 12 DPT ont été présentés au Parlement.

Cette abondance de documentation peut donner à penser que « la sur-information est de nature à tuer l'information » ! Il faut souhaiter qu'il n'en sera rien.

Enfin, il convient de noter que, une fois la loi de finances votée, le Gouvernement prend des **décrets de répartition** des crédits (art. 44 LOLF), conformément à l'autorisation donnée par les parlementaires, car il a en ce domaine une compétence liée. Les crédits sont répartis par programme ou dotation pour le budget général, en distinguant autorisations d'engagement et autorisations de paiement.

À partir de ces décrets de répartition vont être élaborés en janvier de l'année *n* les « **verts budgétaires** » (couverture verte) qui présentent de manière détaillée le budget voté de chaque mission (et de chaque ministère). Les verts constituent le document de travail fondamental des gestionnaires des ministères, tout comme des membres des commissions des finances des assemblées.

NB : ces règles de présentation budgétaire sont fondamentales ; c'est en effet à partir de ces règles que peut être élaboré le projet de loi de finances, projet qui sera ensuite soumis au vote du Parlement.

POUR ALLER PLUS LOIN

THÈMES DE RÉFLEXION :

- Comparer les budgets annexes et les comptes spéciaux
- Annualité et pluriannualité en matière budgétaire
- Le Conseil constitutionnel et les lois de finances

BIBLIOGRAPHIE :

- L. Tallineau (dir.), *L'équilibre budgétaire*, Economica, 1994
- A. Kouevi, *Les comptes spéciaux du Trésor*, LGDJ, 2000
- Mélanges L. Philip, *Constitution et Finances publiques*, Economica, 2005

Titre 2

L'ÉLABORATION ET LE VOTE DE LA LOI DE FINANCES

Dans la théorie budgétaire classique, le Parlement avait une plénitude de compétence en matière financière, disposant d'un réel pouvoir de décision. Si cela était possible tant que le budget de l'État se présentait sous la forme d'une « comptabilité de père de famille », c'est-à-dire tant que les dépenses publiques ressemblaient aux dépenses qu'une personne physique pouvait réaliser dans la vie courante, les guerres, les crises économiques et la reconstruction conduisirent à un déclin du pouvoir financier du Parlement depuis 1945. Les parlementaires n'avaient pas les compétences techniques nécessaires à l'élaboration du budget de l'État, qui était le principal moyen de réalisation de la politique économique ; seul l'Exécutif les avait, grâce à l'appui de ministères techniques, tel le ministère des Finances. De nos jours, même si le Parlement est associé partiellement à cette élaboration, il est permis de dire que l'Exécutif s'est emparé du pouvoir financier et que le Parlement est devenu une chambre d'enregistrement, son pouvoir de modifier le projet de loi de finances se limitant à des détails.

Chapitre 1 › L'ÉLABORATION DU PROJET DE LOI DE FINANCES

› L'essentiel

La loi de finances, document à la fois politique et technique, est élaborée par des ***organes spécifiques*** *qui utilisent des* ***méthodes précises****.*

Section 1 › LES ORGANES D'ÉLABORATION

La loi de finances étant un projet de loi (et non une proposition de loi) est préparée essentiellement par l'Exécutif. Toutefois le Parlement participe à cette élaboration dans une mesure très limitée.

§ 1 - Le rôle de l'Exécutif

Ce rôle est prépondérant pour plusieurs raisons : il dispose des informations nécessaires à la préparation du projet de loi de finances (prévision...) et surtout il est responsable de son exécution. Par conséquent, il est légitime que l'Exécutif assure la préparation de ce projet.

Il s'agit là d'un phénomène universel, que l'on retrouve dans tous les États, quel que soit leur régime politique, parlementaire (Royaume-Uni) ou présidentiel (États-Unis).

En France, tous les organes de l'Exécutif participent à l'élaboration du projet de loi : président de la République, Premier ministre, chaque ministre... Cependant, deux autorités sont prépondérantes : le Premier ministre et le ministre chargé des Finances, l'un ayant un pouvoir formel, l'autre un pouvoir réel.

A. Le pouvoir formel du Premier ministre

Le Premier ministre dirige l'action du Gouvernement, selon la Constitution de 1958. La LOLF en tire les conséquences suivantes (art. 38) : « *Sous l'autorité du Premier ministre*, le ministre chargé des Finances prépare les projets de loi de finances, qui sont délibérés en Conseil des ministres ». Le Premier ministre est censé jouer un rôle politique essentiel, alors que le ministre des Finances aurait un rôle purement technique.

En fait, le pouvoir du Premier ministre est limité, et cela pour plusieurs raisons :

- le président de la République dispose d'importants pouvoirs (nomination du Premier ministre, assortie du pouvoir de le révoquer ; nomination aux emplois supérieurs civils et militaires...), qui affaiblissent le Premier ministre (hormis les périodes de cohabitation) ;

- le ministre chargé des Finances dispose de tous les organismes d'étude et de prévision en matière budgétaire à Bercy (Direction du Budget, Insee...), alors que Matignon ne dispose pas directement de ces structures.

Par conséquent, le pouvoir réel en la matière appartient au ministre chargé des Finances.

B. Le pouvoir réel du ministre chargé des Finances

À la différence du Chancelier de l'Échiquier du Royaume-Uni, le ministre chargé des Finances ne dispose d'aucune prérogative particulière par rapport aux autres ministres. Cependant, ses attributions se sont accrues au fil du temps, lui permettant de cumuler ses fonctions budgétaires traditionnelles de caissier et banquier de l'État avec celles de banquier de l'économie, ce qui n'a pas été sans répercussion sur l'organisation du ministère des Finances, tantôt scindé en deux ministères, l'un de l'Économie, l'autre des Finances (ce qui fut le cas en 1936 et en 1945), ou plus fréquemment réuni en une seule entité (ministère de l'Économie et des Finances). Aujourd'hui, il existe deux ministères distincts : un ministère de l'Économie, de l'Industrie et de l'Emploi et un ministère du Budget, des Comptes publics et de la Fonction publique, qui siègent tous deux à Bercy et ont nombre de services communs.

L'organigramme du ministère de l'Économie, directement en prise avec les problèmes budgétaires, est le suivant (cf. tableau p. suivante).

1. Les organes de conception

La conception de la loi de finances est le fait de trois Directions dont l'effectif, peu nombreux, est essentiellement issu de l'ENA.

a) La **Direction du Budget** joue un rôle central dans l'élaboration budgétaire. C'est elle qui traduit les choix politiques en termes budgétaires : elle prépare le projet de loi de finances en collaboration avec la Direction du Trésor et l'INSEE, elle arbitre les demandes des ministères dépensiers lors des conférences budgétaires...

b) La **Direction générale du Trésor et de la politique économique** regroupe trois anciennes directions (Trésor, Relations économiques extérieures et Prévision). Elle élabore les prévisions économiques, assure la gestion de la trésorerie et de la dette de l'État et veille à ses intérêts patrimoniaux. L'Agence France Trésor et l'Agence des participations de l'État lui sont rattachées.

c) La **Direction générale de l'Institut national de la statistique et des études économiques** (INSEE) est un organe de prévision qui, à l'aide de statistiques fondées sur des enquêtes, élabore les comptes de la Nation, qui représentent l'ensemble des flux économiques de l'économie nationale.

d) Il faut noter l'existence de la **Direction de la législation fiscale** (DLF) qui, même si elle n'est pas étroitement associée à l'élaboration de la loi de finances, y participe par les modifications fiscales qu'elle propose chaque année ; son rôle principal est d'aider le Gouvernement dans l'élaboration de sa politique fiscale et de concevoir les textes fiscaux.

Organigramme

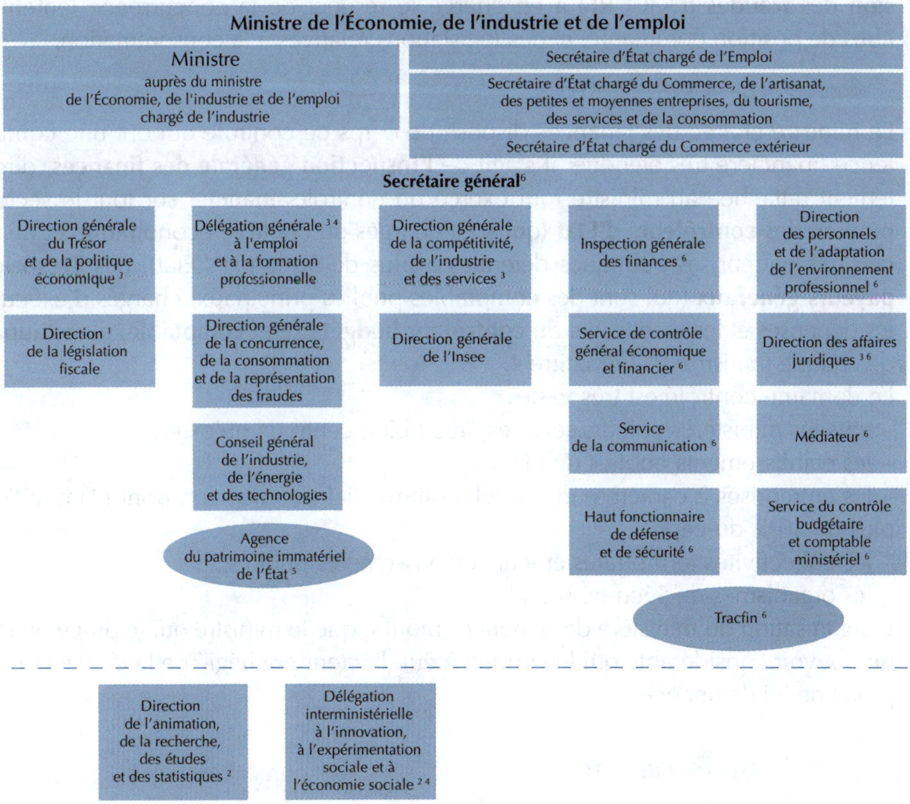

1. La DLF est placée sous l'autorité du ministre de l'Économie, de l'Industrie et de l'Emploi et mise à disposition du ministre du Budget, des Comptes publics, de la Fonction publique et de la réforme de l'État pour la préparation des lois de finances.
2. Autorité conjointe avec le ministre du Travail, des Relations sociales, de la Famille, de la Solidarité et de la Ville.
3. Autorité conjointe avec le ministre auprès du Premier ministre, chargé de la mise en œuvre du plan de relance.
4. Autorité conjointe avec le haut-commissaire à la Jeunesse.
5. Service à compétence nationale rattaché conjointement à la Direction générale du Trésor et de la politique économique et à la Direction générale des finances publiques.
6. Services communs aux deux ministères.

() Service à compétence nationale.

Les services de Bercy (dont certains n'apparaissent pas dans ce tableau car rattachés au ministre du Budget) constituent un ensemble ministériel étoffé et de qualité. Seuls seront présentés les services les plus importants intervenant dans le processus budgétaire ; ce sont soit des organes de conception, soit des organes de gestion, soit des organes de contrôle.

Source : www.minefe.gouv.fr

2. Les organes de gestion

Il s'agit de services dont la fonction principale a trait à l'exécution de la loi de finances, sans pour autant exclure un pouvoir de proposition et de réforme.

a) La **Direction générale des Finances publiques** (DGFIP), née de la fusion de la Direction générale des impôts et de la Direction générale de la comptabilité publique en vue de la création d'un guichet fiscal unifié, a une compétence générale en matière fiscale (calcul et recouvrement de l'impôt d'État ou local), et en matière comptable (paiement des dépenses de l'État et des collectivités territoriales) ; elle est également chargée de l'élaboration des textes relatifs à la fiscalité et à la gestion financière et comptable des comptes de l'État et des collectivités territoriales.

b) La **Direction générale des douanes et des droits indirects** (DGDDI) perçoit les droits de douane (au profit de l'Union européenne) et les droits indirects (ou droits d'accise, frappant les tabacs, les alcools et les produits pétroliers).

c) La **Direction générale de la concurrence, de la consommation et de la répression des fraudes** (DGCCRF) a en charge le respect de la concurrence (ententes, abus de position dominante) et des législations relatives à la consommation.

3. Les organes de contrôle

Le ministre chargé des Finances dispose de corps de contrôle qui ont une compétence financière très étendue. Il s'agit de **l'Inspection générale des finances**, directement rattachée au ministre (qui exerce un contrôle financier sur tout le secteur public), des **contrôleurs d'État** (qui sont chargés du contrôle économique et financier des entreprises publiques détenues à plus de 50 % par l'État), des **Trésoriers payeurs généraux** (qui sont des comptables publics principaux, chargés d'exécuter les dépenses et les recettes) et du **contrôleur budgétaire et comptable**, placé auprès de chaque ministre. V. *infra*, titre 4.

Le domaine contrôlé est très vaste :

– tous les ministères et leurs services, aussi bien centraux qu'extérieurs,
– les établissements publics de l'État,
– les entreprises à caractère industriel, commercial ou financier, dont l'État détient plus de 50 % du capital,
– les collectivités territoriales et leurs établissements publics,
– les organismes de Sécurité sociale.

L'organisation du ministère des Finances montre que le ministre qui le dirige détient un pouvoir considérable qui le conduit à être l'acteur privilégié de la confection du projet de loi de finances.

§ 2 - Le rôle du Parlement

a) Sous la IIIe République, le Parlement jouait un rôle important dans l'élaboration du budget. En effet, le projet de loi était bien préparé par le Gouvernement et arrêté en Conseil des ministres, puis transmis à la Commission des finances, mais ladite Commission apportait des modifications profondes à ce projet qu'elle défigurait. Or, le texte qui venait en discussion était non pas le projet initial du Gouvernement, mais le texte remanié par la Commission, de sorte que l'on pouvait parler de projet de la Commission. Ce système était désastreux et ne pouvait qu'être remis en cause.

b) La IVe République mit fin à cette pratique en privant les députés de l'initiative des dépenses lors de la discussion budgétaire.

c) Quant à la Constitution de 1958, elle a réduit le rôle du Parlement lors de la préparation du budget. En effet, le projet de loi de finances est délibéré en Conseil des ministres, puis transmis aux commissions des finances de chacune des assemblées, de sorte que le rôle du Parlement apparaît inexistant.

Mais, dans la pratique, très vite, se sont instaurées des relations informelles entre Parlement et Gouvernement. Avant le dépôt du projet de loi, des contacts étaient pris entre fonctionnaires des assemblées et fonctionnaires de la Direction du Budget, par le biais de questionnaires détaillés, à l'effet de répondre à un certain nombre de questions posées par les parlementaires, portant par exemple sur des projets de financement ou sur certains crédits. Puis, en 1990, le Gouvernement décida d'organiser un débat sur le projet de loi de finances, débat qui fut repris en 1996 et qui est désormais institutionnalisé par la LOLF sous la forme d'un débat d'orientation budgétaire.

Le **débat d'orientation budgétaire** (DOB) a lieu dans chaque assemblée. « En vue de l'examen et du vote du projet de loi de finances de l'année suivante par le Parlement, le Gouvernement présente, au cours du dernier trimestre de la session ordinaire, un rapport sur l'évolution de l'économie nationale et sur les orientations des finances publiques... Ce rapport peut donner lieu à un débat à l'Assemblée nationale et au Sénat » (art. 48 LOLF).

Ce débat intervient au moment où le projet de loi de règlement – qui retrace les résultats d'exécution de l'année précédente – est déposé (1er juin), ce qui est de nature à l'enrichir. De plus, les parlementaires peuvent profiter de ce débat pour modifier ou créer des missions (ce qu'ils ne peuvent faire lors du vote du projet de loi).

Mais il ne s'agit que d'un débat, qui n'est pas assorti d'un vote. Il s'agit donc d'une simple information communiquée au Parlement.

Section 2 › LES MÉTHODES D'ÉLABORATION DE LA LOI DE FINANCES

Traditionnellement, conformément à la doctrine libérale selon laquelle les dépenses qu'effectuait l'État ne pouvaient être que des dépenses impératives et obligatoires, l'élaboration de la loi de finances débutait par l'évaluation des dépenses. Selon la formule de Gaston Jèze, « il y a des dépenses publiques, il faut les couvrir ». De nos jours, la conception selon laquelle priorité devait être accordée aux dépenses est abandonnée, car c'est en fonction des ressources dont il dispose que le Gouvernement peut évaluer les dépenses. En conséquence, l'Exécutif évalue d'abord les ressources (§ 1), procède ensuite à l'évaluation des dépenses (§ 2), enfin établit le projet de loi de finances (§ 3).

§ 1 - La prévision des ressources

Elle est réalisée par le seul ministère des Finances, grâce à l'appui des services techniques dont il dispose. Comme toute prévision, elle est entachée d'une marge d'incertitude la rendant soit trop optimiste, soit trop pessimiste pour des motifs d'ordre politique ou économique. Pour tenter de la réduire, les méthodes de prévision ont évolué.

A. La pénultième année

Au XIXe siècle, l'évaluation des recettes reposait sur la **méthode de la pénultième année**.

Cette méthode, introduite par Villèle à l'occasion du budget de 1823, consistait à retenir les résultats du dernier exercice connu, c'est-à-dire les résultats de l'avant-dernière année, en l'espèce ceux de 1821. Cette technique présentait l'inconvénient de sous-évaluer systématiquement les recettes, faute de tenir compte de la croissance économique.

Un correctif lui a donc été apporté, appelé **système des majorations**. Ce mécanisme, initié par Léon Say en 1882, corrigeait les résultats de la pénultième année par une majoration correspondant à la moyenne des augmentations de recettes constatées au cours des cinq années précédentes. Ce système fut un échec car, conçu en période d'expansion, il fut mis en œuvre dans une période de récession, si bien que les recettes encaissées se révélèrent inférieures à celles qui avaient été prévues. Ces techniques furent donc rapidement abandonnées.

B. L'évaluation directe

De nos jours, la méthode retenue est celle de **l'évaluation directe**. Elle combine plusieurs données : les résultats connus des recettes encaissées (recettes de l'exercice précédent, mais aussi recettes enregistrées jusqu'au mois de septembre de l'année de préparation du projet de loi), les modifications législatives qui ont pu intervenir en cours d'année ou qui sont envisagées pour l'avenir, et surtout les hypothèses économiques retenues pour le prochain exercice (qui sont élaborées par la sous-direction de la Prévision). À partir de ces données, les services fiscaux du ministère des Finances (Direction générale des finances publiques, Direction générale des douanes et des droits indirects) effectuent des **simulations des rentrées fiscales** attendues pour la prochaine loi de finances.

1. L'évaluation des impôts directs

Pour les **impôts directs** (impôt sur le revenu, impôt sur les sociétés), l'évaluation ne présente aucune difficulté majeure ; en effet, ces impôts étant assis sur les revenus ou bénéfices de l'année *n-1* et déclarés au cours de l'année *n*, qui est l'année d'élaboration du projet de loi de finances, la masse attendue de ces impôts est connue avec une certaine précision dès le mois de juin de cette même année *n*. Il ne reste plus alors aux services compétents qu'à actualiser ces chiffres pour tenir compte de la conjoncture économique et/ou des modifications de législation fiscale.

2. L'évaluation des impôts indirects

En revanche, pour les **impôts indirects** (TVA qui représente plus de 45 % des recettes fiscales), une sérieuse difficulté se présente. Ces impôts sont en effet assis sur des opérations d'achats ou de ventes qui interviennent non pas au cours de l'année de préparation de la loi de finances, comme cela se passe en matière d'impôts directs, mais au cours de l'année même d'exécution de la loi de finances. Autrement dit, puisque les recettes procurées par ces impôts dépendent de l'importance de l'activité économique qui aura lieu au cours de l'année *n+1*, leur prévision au cours de l'année *n* est sujette à aléas. Ainsi, en 1993, les recettes de TVA ont donné lieu à une moins-value de 9 milliards de francs, suite à une récession économique.

3. L'imprécision de l'évaluation

La prévision des recettes est un exercice délicat : il y a fréquemment des **écarts** entre les données prévisionnelles et les réalisations, écarts qui sont le plus souvent provoqués par des changements intervenus dans la conjoncture économique. À titre d'exemple, le budget 2003 était fondé sur une hypothèse de croissance économique de 2,5 %, qui s'est finalement révélée n'être que de 0,6 %. Certains parlementaires avaient pressenti le caractère exagérément **optimiste** de cette prévision et avaient saisi le Conseil constitutionnel de son caractère non sincère. Ce dernier a considéré qu'il ne ressortait pas des éléments qui lui étaient soumis « que les évaluations de recettes... soient entachées d'une erreur manifeste, compte tenu des aléas inhérents à leur évaluation et des incertitudes relatives à l'évolution de l'économie en 2003 ;

... que cependant, si au cours de l'exercice 2003, les grandes lignes de l'équilibre de la loi de finances s'écartaient sensiblement des prévisions, il appartiendrait au Gouvernement de soumettre au Parlement un projet de loi de finances rectificative » (Cons. const. 27 déc. 2002, n° 2002-464 DC, LF pour 2003).

Si les prévisions témoignent souvent d'optimisme, il arrive aussi qu'elles soient teintées de **pessimisme**. Ainsi, les recettes fiscales, prévues par la loi de finances pour 1999, ont été en réalité inférieures aux sommes réellement encaissées. Une bonne conjoncture économique a conduit à un surplus de recettes de plus de 6 milliards €, provoqué par de bonnes rentrées principalement en matière d'IS (5 milliards) et dans une moindre mesure en matière de TVA et d'IR. Cet excédent fit l'objet d'une polémique au sein du Parlement, connue sous le nom d'affaire de la « cagnotte ». Le même phénomène s'étant produit en 2004 (plus de 5 milliards € d'excédents fiscaux), la LOLF a été modifiée par la loi organique du 12 juillet 2005, en disposant (art. 1-10°) que désormais chaque loi de finances arrête les modalités selon lesquelles sont utilisés les éventuels **surplus fiscaux**.

Quelles qu'elles se révèlent, optimistes ou pessimistes, les prévisions de recettes font l'objet d'une présentation motivée dans le **Rapport économique, social et financier** qui est une annexe explicative fondamentale du projet de loi de finances.

§ 2 - La prévision des dépenses

Elle est beaucoup moins délicate et beaucoup plus précise que l'évaluation des recettes. En effet, alors que les recettes sont largement dépendantes de la conjoncture économique, les dépenses ne dépendent que des choix politiques effectués par l'Exécutif. Chaque ministère fixe en conséquence les coûts que nécessitent les programmes dont il a la charge. Pour ce faire, son office se limite à l'inscription dans le projet de loi de finances de **crédits**, qui sont à la fois une *autorisation* d'effectuer une opération de dépense et *l'autorisation* de lui consacrer une somme d'argent déterminée pour un exercice donné. Plusieurs sortes de crédits figurent dans la loi de finances.

A. Le quasi-abandon des services votés

Sous l'empire de l'ordonnance de 1959, il existait une distinction fondamentale : **services votés-mesures nouvelles**. Les *services votés* constituaient « le minimum de dotations que le Gouvernement juge indispensable pour poursuivre l'exécution des services publics dans les conditions qui ont été approuvées l'année précédente par le Parlement ». Cette masse de crédits était censée représenter les crédits nécessaires au fonctionnement de l'administration et, par là même à la continuité de l'État.

Or, loin d'être un minimum comme l'exigeait l'interprétation littérale du texte, les services votés étaient en réalité la reprise pure et simple des crédits votés l'année précédente, si bien qu'ils représentaient plus de 90 % de la masse budgétaire. Pour en calculer le montant, les ministères reprenaient le chiffre des crédits qui leur avaient été alloués l'année précédente, ils les actualisaient pour tenir compte de l'inflation et des *mesures acquises* au cours de l'année précédente et ayant des effets en année pleine l'année suivante (revalorisation indiciaire des traitements des fonctionnaires, par exemple), puis ils ajoutaient à ces chiffres les crédits nécessaires pour financer les *mesures nouvelles* décidées par le Gouvernement (qui représentaient moins de 10 % de la masse budgétaire). Les services votés faisant l'objet d'un vote unique de la part du Parlement, la discussion budgétaire ne portait que sur un volume de crédits très limité.

La LOLF a supprimé cette distinction, mais a maintenu le recours à la notion de services votés dans une hypothèse : lorsque le Parlement n'a pas adopté la loi de finances dans les délais prévus, le Gouvernement étant alors obligé d'utiliser les **procédures d'urgence** prévues à l'article 45. Cet article définit les services votés à l'identique de la définition qu'en avait donnée l'ordonnance de 1959, mais prohibe toute référence aux mesures acquises (les services votés « ne peuvent excéder le montant des crédits ouverts par la dernière loi de finances de l'année »).

B. Le droit commun : les crédits limitatifs et leurs exceptions

En principe, les crédits figurant dans la loi de finances ont un **caractère limitatif**, en ce sens qu'ils constituent un plafond qui ne peut être dépassé ou augmenté par les services. « Les crédits sont limitatifs... Les dépenses ne peuvent être engagées ou ordonnancées que dans la limite des crédits ouverts » (art. 9 LOLF).

Cependant, deux dérogations au caractère limitatif des crédits sont prévues par l'article 13 LOLF, qui permettent au Gouvernement de prendre des **décrets d'avance** (v. *infra* titre 3) :

1. Urgence

En cas d'**urgence,** le Gouvernement peut prendre de tels décrets, sur avis du Conseil d'État et après avis des commissions des finances de l'Assemblée nationale et du Sénat. Ces décrets permettent d'ouvrir des crédits supplémentaires, à la condition qu'ils ne remettent pas en cause l'équilibre budgétaire défini par la loi de finances. À cette fin, les décrets d'avance procèdent à l'annulation de crédits ou constatent des recettes supplémentaires. Il existe cependant un plafond : le montant cumulé des crédits ainsi ouverts ne peut excéder 1 % des crédits ouverts par la loi de finances de l'année.

En outre, la Commission des finances de chaque assemblée fait connaître son **avis** au Premier ministre dans un délai de 7 jours à compter de la notification qui lui a été faite du projet de décret. La signature du décret ne peut intervenir qu'après réception des avis de ces commissions ou, à défaut, après l'expiration du délai de 7 jours.

Enfin, la ratification des décrets d'avance est demandée au Parlement dans le plus prochain projet de loi de finances afférent à l'année concernée.

2. Urgence et nécessité impérieuse d'intérêt national

En cas d'**urgence et de nécessité impérieuse d'intérêt national**, la procédure est simplifiée ; les crédits supplémentaires peuvent être ouverts, après **information** des commissions des finances de l'Assemblée nationale et du Sénat, par décret pris en Conseil des ministres sur avis du Conseil d'État. Un projet de loi de finances portant ratification de ces crédits est déposé immédiatement ou à l'ouverture de la plus prochaine session du Parlement.

Les notions d'urgence ainsi que d'intérêt national étant d'une appréciation délicate, le Gouvernement pourrait avoir tendance à abuser des facilités offertes par la procédure des décrets d'avance. Dans la pratique de la Ve République, même sous l'empire de l'ordonnance de 1959 qui était beaucoup moins contraignante que la LOLF, tel n'a pas été le cas. À titre d'exemple de décret d'avance, on peut citer celui qui a ouvert 10 millions € sur le budget du ministère des Affaires étrangères pour financer les secours français en Asie du Sud-Est suite au tsunami qui avait ravagé la région en décembre 2004 (décret n° 2005-194 du 25 févr. 2005).

§ 3 - La préparation matérielle de la loi de finances

La préparation de la loi de finances est le fruit d'un long travail effectué par la Direction du Budget, sous l'autorité de l'Exécutif. Elle donne lieu à des négociations et discussions, qui vont opposer la Direction du Budget et tous les ministères. La date limite du dépôt du projet de loi étant fixée au 1er mardi d'octobre (art. 39 LOLF), elle se déroule nécessairement **pendant les neuf premiers mois** de l'année qui précède l'année d'exécution du budget selon un calendrier informel et évolutif, purement interne à l'administration.

Cette préparation est contrainte par la **programmation pluriannuelle**, qui est apparue à la suite du traité d'Amsterdam de juin 1997, instaurant le Pacte de stabilité et de croissance. Ce Pacte oblige les États membres de l'Union européenne à présenter tous les ans à la Commission et au Conseil les programmes de stabilité pour les États qui participent à l'euro (ou les programmes de convergence pour les autres), programmes qui fixent les objectifs à moyen terme des finances publiques. Après avoir établi des budgets triennaux adressés aux autorités de Bruxelles à partir de 2000, la révision constitutionnelle du 23 juillet 2008 a modifié l'article 34 de la Constitution et instauré des **lois de programmation** qui fixent « les orientations pluriannuelles des finances publiques ». La première loi de programmation des finances publiques porte sur la période 2009 à 2012.

A. Le calendrier de préparation du projet de loi de finances

De janvier à septembre de l'année *n-1*, le projet est élaboré selon trois phases successives : cadrage, conférences budgétaires et mise au point.

1. Le cadrage

Fin janvier, un séminaire gouvernemental, animé par le Premier ministre et le ministre chargé des Finances, fixe la stratégie budgétaire de l'ensemble des finances publiques (finances de l'État, finances locales, finances sociales). Ce séminaire se fonde sur les éléments fournis par la Direction du Budget, qu'il s'agisse des perspectives économiques prévisibles, de l'évolution des recettes et des dépenses...

À l'issue de ce séminaire, une fois la stratégie arrêtée, au plus tard début février, le Premier ministre adresse à chaque ministre une **« lettre de cadrage »**, qui a pour objet de leur donner un « cadre » général pour élaborer leur budget.

2. Les conférences budgétaires

Elles sont de plusieurs types et réunissent les ministres chargés des finances (ministre de l'Économie et ministre chargé du Budget) ou leurs services, et tous les autres ministres, appelés ministres dépensiers.

a) En février et mars, deux types de conférences vont se dérouler parallèlement : d'une part les **conférences d'économies structurelles**, au cours desquelles le ministre chargé du Budget examine avec chaque ministre les projets de réforme des politiques publiques et les économies structurelles qui peuvent en découler, en termes de crédits et d'emplois ; d'autre part, les **réunions de budgétisation**, qui sont des conférences budgétaires réunissant la Direction du Budget et les services financiers de chaque ministère et ayant pour objet l'examen des demandes de crédits de ces derniers, là encore en termes de crédits et d'emplois. Il est clair que les réunions de budgétisation peuvent faire l'objet d'âpres négociations entre ministères dépensiers et Direction du Budget.

b) En avril, intervient la phase dite de *restitution*. Le Premier ministre organise avec les ministres des **réunions de restitution** au cours desquelles il examine les économies structurelles envisagées par chacun d'entre eux et apprécie leurs demandes de crédits et d'effectifs au regard du cadrage budgétaire d'ensemble. Il procède éventuellement à des arbitrages. À l'issue de ce cycle de réunions, il adresse à chaque ministre une **« lettre-plafond »**, qui a pour effet de fixer les plafonds de crédits arrêtés en missions et en effectifs, et rappelle les principales réformes à mettre en œuvre.

Les lettres-plafonds sont transmises aux commissions des finances de chacune des assemblées.

c) En mai, sont organisées des **conférences de performance** qui réunissent la Direction du Budget et les services financiers de chaque ministère. Ces conférences ont pour objet de fixer les objectifs et les indicateurs de performance, qui seront transmis au Parlement en vue du débat d'orientation budgétaire (DOB) qui se déroule en général en juin, et de préparer les projets annuels de performance (PAP).

d) De juin à septembre, le projet de loi de finances est mis au point avec précision. Les ministres répartissent les crédits de leur ministère entre les différents programmes d'une mission. De plus, des **conférences de gestion publique** entre la Direction du Budget et les ministères finalisent les objectifs et indicateurs de performance du projet de loi de finances, avec justification des crédits au premier euro. Enfin, la Direction du Budget élabore le projet définitif, accompagné de l'ensemble des documents budgétaires (annexes explicatives ou Bleus, annexes générales ou Jaunes).

Le projet est ensuite soumis pour avis au Conseil d'État, qui va procéder à son examen juridique (conformité de certaines dispositions avec d'autres normes, existence de cavaliers budgétaires, amélioration de la rédaction du texte).

Une fois l'avis du Conseil d'État rendu, le projet est délibéré et adopté en Conseil des ministres. Le projet peut alors être déposé sur le bureau de l'Assemblée nationale, au plus tard le 1er mardi d'octobre (v. tableau p. 54).

B. La programmation pluriannuelle

L'idée de présenter des projets de loi de finances portant sur plusieurs années n'est pas nouvelle. Certains ont préconisé l'instauration d'un *budget cyclique* ou d'un *budget de législature*, mais ces idées se sont heurtées à des objections graves : il est difficile de prévoir la durée d'un cycle économique, il est tout aussi difficile de

prévoir la durée d'une législature dans un régime parlementaire qui permet la dissolution de l'Assemblée nationale.
Toutefois, l'idée d'une programmation pluriannuelle a été retenue pour plusieurs raisons : il s'est agi tantôt de respecter les engagements communautaires, tantôt d'améliorer la gestion nationale des finances publiques. La Direction du Budget, avec l'aide de la sous-direction de la Prévision, élabore par conséquent deux types de documents, dont les uns sont obligatoires (programmes de stabilité et loi de programmation des finances publiques) et dont les autres sont uniquement et partiellement informatifs (budget triennal).

1. Évolution

Initiée par le Traité de Maastricht dans le cadre des critères de convergence permettant le passage à l'euro, une première programmation à moyen terme a été mise en place par la loi d'orientation quinquennale du 24 février 1994 relative à la maîtrise des finances publiques. À la suite du traité d'Amsterdam de juin 1997, instaurant le Pacte de stabilité et de croissance (réformé en mars 2005), les États membres de l'Union européenne qui participent à l'euro ont l'obligation de présenter tous les ans, avant décembre, à la Commission et au Conseil un **programme de stabilité** (ou un programme de convergence pour les États non membres de la zone euro), programme qui fixe les objectifs à moyen terme des finances publiques. Ces programmes existent depuis 1999 et projettent l'état des finances publiques en principe sur 5 ans (ce qui n'a pas toujours été le cas). Enfin, la révision constitutionnelle du 23 juillet 2008 a solennisé cette obligation en modifiant les articles 34 et 70 de la Constitution : les programmes de stabilité figurent désormais dans des **lois de programmation des finances publiques**, adoptées par le Parlement après avis du Conseil économique, social et environnemental.
La première de ces lois porte sur les années 2009-2012 et intègre non seulement les finances de l'État, mais aussi celles de la sécurité sociale et des collectivités territoriales, son objectif étant de ramener les finances publiques globales à un niveau proche de l'équilibre en 2012, sans qu'il soit procédé à une augmentation de la pression fiscale et des charges, autrement dit en divisant par deux le rythme de croissance des dépenses. Un rapport annexé à cette loi détaille le contexte, les objectifs et les conditions de réalisation de cette programmation.

2. La RGPP

Dans le cadre de la **Révision générale des politiques publiques** (RGPP) lancée en juillet 2007 et consacrée en mai 2008 par la mise en place du *Conseil de la modernisation des politiques publiques* (présidé par le président de la République, le ministre chargé du Budget en étant le rapporteur), l'ensemble des missions de l'État a été remis à plat afin d'identifier les réformes qui permettront de réduire les dépenses de l'État, tout en améliorant l'efficacité des politiques publiques.
Dans le but de finaliser ces projets, un **budget triennal** est élaboré, qui fixe un plafond global pour l'ensemble des dépenses de l'État et des plafonds de dépense pour chaque mission. Ces plafonds de crédits sont en principe fermes et non révisables, sauf ajustements mineurs. Ce budget triennal (2009-2011) est un document

Calendrier indicatif de la nouvelle procédure budgétaire

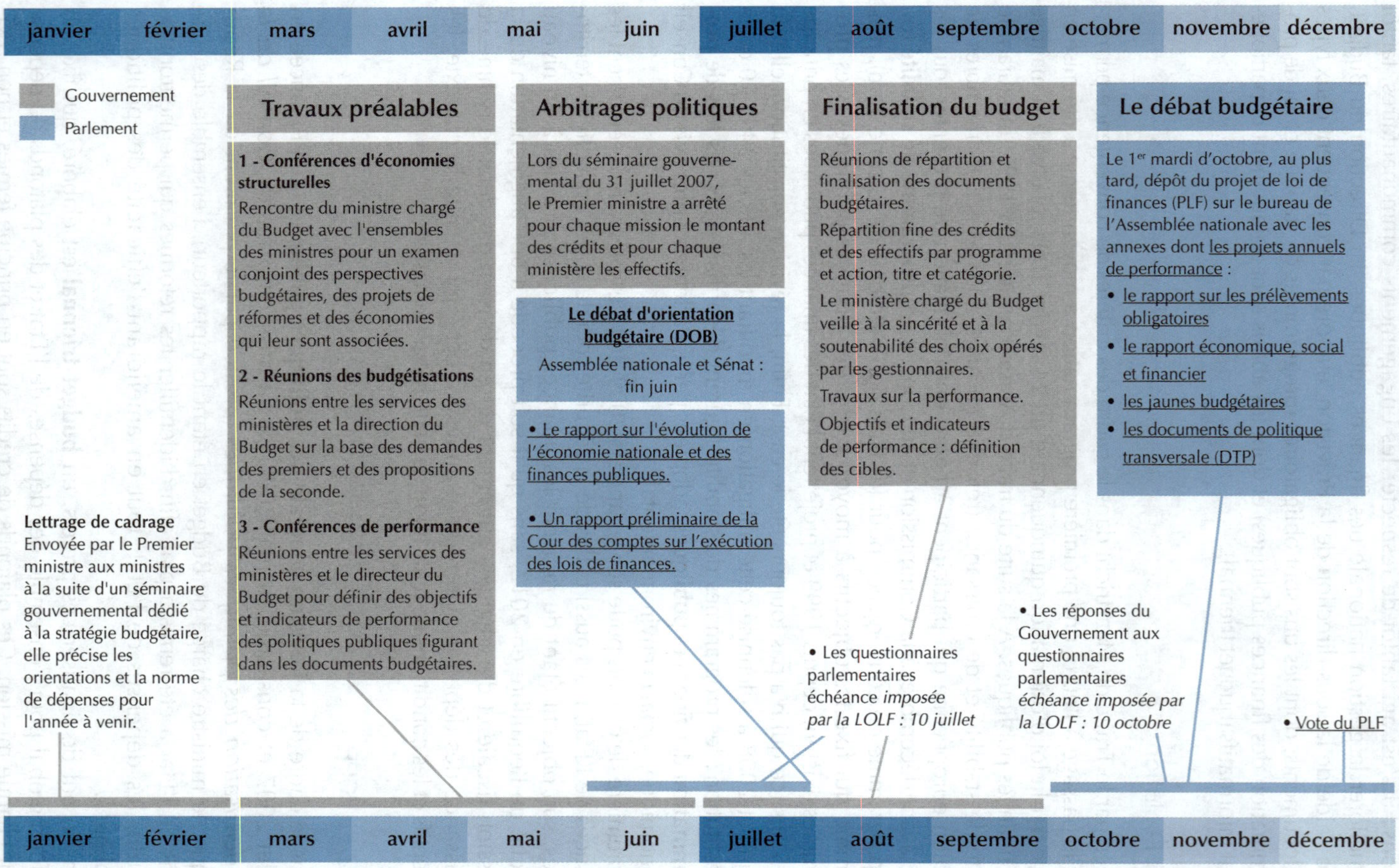

Source : http://www.performance-publique.gouv.fr

essentiellement interne à l'Exécutif et à l'administration ; en effet, seuls sont communiqués au Parlement certains de ses éléments : il s'agit des ajustements opérés dans le projet de loi de finances par rapport aux plafonds fixés dans le budget pluriannuel, ainsi que d'un rapport sur la dépense publique et son évolution, présenté volontairement par le Gouvernement.

Chapitre 2 › LE VOTE DE LA LOI DE FINANCES

› L'essentiel

La loi de finances est une loi au sens de l'article 34 de la Constitution. Elle est donc votée selon la procédure législative.
*Toutefois, son adoption présente **3 particularités** par rapport au vote classique des lois :*
*1. la **Chambre basse est prioritaire** par rapport à la Chambre haute ; la loi de finances est soumise en priorité à l'Assemblée nationale, considérée comme plus représentative de la Nation qui exprime le consentement à l'impôt que le Sénat ; cette primauté, affirmée dès la Charte de 1814, est consacrée à l'article 39 de la Constitution de 1958 ;*
*2. la loi de finances doit être adoptée avant le 1er janvier de l'année de son entrée en vigueur ; conformément au parlementarisme rationalisé instauré par la Constitution, des **délais stricts** sont imposés tant pour son dépôt par le Gouvernement que pour sa discussion devant les chambres ;*
*3. pour éviter que l'équilibre budgétaire établi par l'Exécutif dans son projet ne soit bouleversé, le **droit d'amendement** des parlementaires est strictement encadré ;*
Par conséquent, des règles ont été prises d'une part pour éviter une adoption tardive de la loi de finances, d'autre part pour limiter le droit d'amendement.

Section 1 › LES DÉLAIS DE PRÉSENTATION ET D'ADOPTION

Pour que la loi de finances soit adoptée avant le 1er janvier, les textes organiques ont prévu un certain nombre de mesures :
– le Gouvernement doit déposer son projet de loi dans des délais précis,
– les débats budgétaires doivent se dérouler, eux aussi, dans des délais bien déterminés, ayant pour effet de réduire le nombre de votes.
Au préalable, il convient de relever que le contenu des lois de finances est strictement défini.

§ 1 - Le contenu spécial du texte de loi de finances

La pratique parlementaire des IIIe et IVe Républiques avait conduit à l'insertion dans les lois de finances de dispositions à caractère non financier, totalement étrangères à l'objet même de telles lois. À titre d'exemple, on peut citer l'article 65 de la loi du 22 avril 1905 portant budget pour 1905, instituant au profit du fonctionnaire faisant l'objet de sanctions disciplinaires la communication de son dossier afin de lui permettre d'assurer sa défense, article bien connu de la jurisprudence administrative (CE 28 juin 1918, *Heyriès*, *Rec.* 651). Cette disposition, qui n'avait aucun caractère financier, constituait un **cavalier budgétaire** (en étant « à cheval » sur le budget, son adoption était facilitée par les règles particulières du vote budgétaire). Bien que strictement interdite, y compris sous la IIIe République, cette pratique a perduré sous les régimes ultérieurs.

Pour y remédier, les lois organiques de la Ve République ont strictement défini le contenu des lois de finances, qu'il s'agisse des lois de finances initiales ou des lois de finances rectificatives. L'article 34 de la LOLF (qui est très détaillé) distingue trois sortes de contenus au sein des lois de finances : contenu obligatoire, contenu exclusif et contenu partagé.

A. Le contenu obligatoire

Pour pouvoir être qualifiée de loi de finances, cette loi doit **obligatoirement** comporter certaines dispositions, conformément à sa présentation bi-partite : autorisation de perception des ressources de l'État et des impositions de toute nature affectées à des personnes morales autres que l'État, évaluation des recettes budgétaires, plafonds des dépenses et des autorisations d'emplois, fixation de l'équilibre budgétaire, autorisations d'emprunts (1re partie) ; montant des autorisations d'engagement et des crédits de paiement par mission, plafonds des autorisations d'emplois par ministère et par budget annexe (2e partie).

B. Le contenu exclusif

Seules les lois de finances peuvent comporter certaines dispositions, **à l'exclusion** de toute autre loi. Ces dispositions, bien que non obligatoires, ne peuvent en effet que figurer dans une loi de finances. Ce sont : les dispositions relatives aux ressources de l'État qui affectent l'équilibre budgétaire, celles relatives aux affectations de recettes ; ce sont également les plafonds de reports de crédits, l'octroi de garanties et les engagements de l'État de prendre en charge les dettes des tiers.

C. Le contenu partagé

Certaines dispositions peuvent figurer aussi bien dans une loi de finances que dans une loi ordinaire.

Il s'agit traditionnellement de la **législation fiscale**, car réserver « aux seules lois de finances la création ou la modification d'une ressource fiscale en cours d'année limiterait, contrairement aux articles 39 et 40 de la Constitution, l'initiative du Parlement en matière fiscale à un droit d'amendement, puisque les lois de finances ne peuvent être présentées que par le Gouvernement » (Cons. const. 24 juill. 1991, nº 91-298 DC, Loi portant diverses dispositions d'ordre économique et financier). Mais, pour pouvoir figurer dans une loi ordinaire, ces dispositions qui ont trait à l'assiette, au taux et aux modalités de recouvrement des impositions de toutes natures ne doivent pas affecter l'équilibre budgétaire.

Il s'agit également des modalités de répartition des **concours financiers de l'État** aux collectivités territoriales.

Il s'agit enfin des dispositions relatives à **l'information et au contrôle** du Parlement sur la gestion des finances publiques, ainsi que de celles relatives au régime de **responsabilité pécuniaire des agents des services publics**.

Rappelons que les **cavaliers budgétaires**, qui sont des dispositions étrangères au domaine des lois de finances, sont totalement **prohibés** par application combinée des articles 1, 34 et 47 de la LOLF et, lorsqu'ils sont déférés au Conseil constitutionnel, sont censurés par lui (par exemple, transfert aux communes, en vue de leur rénovation, des biens affectés au logement des étudiants, Cons. const. 29 déc. 2005, nº 2005-530 DC, LF pour 2006).

Toutefois, une technique permet au Gouvernement d'échapper à cette prohibition ; elle consiste à regrouper les cavaliers budgétaires dans une loi distincte de la loi de finances, mais déposée et discutée en même temps qu'elle, s'intitulant « loi portant diverses dispositions d'ordre économique et financier (ou d'ordre social) ».

§ 2 - Le délai de dépôt du projet de loi par le Gouvernement

À l'effet de permettre au Parlement de pouvoir étudier avec la sérénité qui s'impose le projet de loi de finances, la Constitution et la LOLF envisagent deux hypothèses : ou bien le Gouvernement dépose son projet dans les délais prévus, ou bien il ne le peut pas, pour diverses raisons, auquel cas des procédures d'urgence sont prévues.

A. Le délai normal de dépôt

L'article 39 LOLF précise que le **projet** de loi de finances de l'année, accompagné du **rapport économique, social et financier** et des **annexes explicatives** (bleus budgétaires), doit être déposé sur le bureau des assemblées et distribué aux parlementaires **au plus tard le 1er mardi d'octobre** de l'année qui précède celle de l'exécution du budget. Ce projet est immédiatement renvoyé à la Commission des finances.

Si la date fixée est en principe impérative, une certaine souplesse est admise par le Conseil constitutionnel. Il est en effet arrivé que les documents accompagnant le projet de loi de finances soient présentés postérieurement au dépôt du projet de loi lui-même ; le Conseil considère qu'un **retard de 4 jours** dans la mise à disposition des **annexes explicatives (bleus)** « n'a pu avoir pour effet de priver le Parlement de l'information à laquelle il a droit pendant toute la durée du délai dont il dispose pour l'examen de la loi de finances » (Cons. const. 30 déc. 1997, nº 97-395 DC, LF pour 1998), et donc n'entache pas d'inconstitutionnalité la procédure suivie.

Si ces documents obligatoires sont susceptibles de vicier la procédure dès lors qu'ils auraient été déposés avec un retard conséquent, il n'en va pas de même pour les **annexes générales (jaunes)**. Leur **dépôt hors délai** est en principe sans incidence sur la procédure suivie. Ainsi, bien que l'état retraçant l'effort social de la Nation n'ait pas été transmis, le Conseil constitutionnel a décidé que les parlementaires avaient bénéficié d'une information suffisante lors de la discussion relative à la création de la CSG (Cons. const. 28 déc. 1990, nº 90-285 DC, LF pour 1991).

Toutefois, désormais, chaque annexe générale destinée à l'information et au contrôle du Parlement est **déposée sur le bureau des assemblées et distribuée au moins 5 jours francs avant l'examen**, par l'Assemblée nationale en première lecture, des recettes et crédits auxquels elle se rapporte (art. 39 LOLF).

B. Les procédures d'urgence

L'article 47 de la Constitution envisage l'hypothèse où le Gouvernement n'aurait pas déposé en temps utile (1er mardi d'octobre) le projet de loi de finances. Dans ce cas, l'article 45 de la LOLF précise que le Gouvernement dispose de deux procédures : projet de loi partiel ou projet de loi spécial.

1. Projet de loi partiel (art. 45-1° LOLF)

Le Gouvernement peut demander à l'Assemblée nationale, **avant le 11 décembre** de l'année qui précède le début de l'exercice, d'émettre un vote séparé sur **l'ensemble de la première partie** de la loi de finances de l'année. Ce **projet de loi partiel** est soumis au Sénat selon la procédure d'urgence.
Le vote de la 1re partie permet au Gouvernement de continuer à percevoir les impôts et d'effectuer les dépenses, après avoir pris les décrets de répartition établis sur la base des **services votés** l'année précédente. Mais la promulgation des décrets de répartition n'interrompt pas la discussion de la 2e partie du projet de loi, qui se poursuit au-delà du 1er janvier.
Cette procédure fut appliquée une seule fois, en **1962** : le Gouvernement Pompidou ayant été renversé en octobre à la suite d'une motion de censure, l'Assemblée nationale fut dissoute, de sorte que la nouvelle assemblée élue ne put se réunir que le 6 décembre ; la 1re partie fut promulguée le 22 décembre, puis après poursuite de la discussion budgétaire en début d'année, la loi de finances pour 1963 fut promulguée le 23 février 1963.

2. Projet de loi spéciale (art. 45-2° LOLF)

Dans l'hypothèse où la procédure précédente n'aurait pas été suivie ou n'aurait pas abouti, le Gouvernement dépose **avant le 19 décembre**, devant l'Assemblée nationale, un projet de loi spéciale l'autorisant à **continuer à percevoir les impôts existants** jusqu'au vote de la loi de finances de l'année. Ce projet est discuté selon la procédure d'urgence. Là encore, le Gouvernement prend les décrets de répartition ouvrant les crédits applicables aux seuls services votés, en attendant l'adoption définitive en début d'année de la loi de finances.
Cette procédure, qui n'a jamais été directement utilisée sous la Ve République, a été retenue dans une situation particulière, lors de l'adoption de la loi de finances pour 1980. Le Conseil constitutionnel avait déclaré non conforme à la Constitution ladite loi de finances, au motif que la procédure suivie lors de l'adoption de ce texte était irrégulière, la 2e partie ayant été discutée **avant** que la 1re partie n'ait été adoptée par un vote positif (Cons. const. 24 déc. 1979, n° 79-110 DC, LF pour 1980). Face à un vide juridique (le projet de loi avait été déposé en temps utile, mais le Parlement n'était plus en session fin décembre), le Gouvernement déposa un projet de loi spéciale autorisant la perception des impôts existants. Cette loi fut reconnue conforme à la Constitution, car, bien que non prévue par les textes, elle permettait d'assurer « la continuité de la vie nationale » et constituait « un élément détaché, préalable et temporaire de la loi de finances pour 1980 » (Cons. const. 30 déc. 1979, n° 79-111 DC, Loi autorisant le Gouvernement à continuer à percevoir en 1980 les impôts et taxes existants). Après que le Gouvernement ait pris les décrets de répartition nécessaires à l'ouverture des crédits, après discussion budgétaire au Parlement réuni en session extraordinaire, la loi de finances pour 1980 fut promulguée le 18 janvier 1980.

§ 3 - Les délais des débats budgétaires du Parlement

Aux termes de l'article 47 de la Constitution, le Parlement dispose d'un **délai global de 70 jours** pour se prononcer sur le projet de loi de finances, réparti en 40 jours pour l'Assemblée nationale et 20 jours (ou 15 jours) pour le Sénat. Ces délais (qui s'appliquent tant pour la loi de finances initiale que pour les lois de finances rectificatives) sont stricts et affectent inévitablement la discussion budgétaire.

A. Le délai de lecture de l'Assemblée nationale : 40 jours

L'Assemblée nationale – qui est la première chambre à être saisie – doit se prononcer, en première lecture, dans le délai de **40 jours** après le dépôt du projet de loi de finances (art. 40 LOLF).

Le point de départ de ce délai ne court pas nécessairement à compter du 1er mardi d'octobre. Il court à partir du jour du **dépôt du projet de loi et des documents qui doivent obligatoirement l'accompagner** (rapport économique, social et financier et annexes explicatives, dites Bleus). En fait, le délai se décompte à partir du jour du dépôt de la dernière annexe explicative.

Que le texte ait ou non été adopté par l'Assemblée, il est transmis au Sénat.

B. Le délai de lecture du Sénat : 20 jours (ou 15 jours)

Cas : deux hypothèses doivent être distinguées :

- **si l'Assemblée nationale a émis un vote dans le délai de 40 jours**, le Sénat dispose d'un délai de **20 jours** pour se prononcer sur l'ensemble du projet de loi. Il convient de noter que ce délai, réduit par rapport à celui dont dispose l'Assemblée, n'affecte en rien l'examen du projet par le Sénat ; en effet, le projet de loi a été déposé sur le bureau du Sénat début octobre, de sorte que, les commissions ayant eu tout loisir, pendant les 40 jours d'examen par l'Assemblée nationale, pour formuler leurs critiques, la discussion budgétaire en séance peut se dérouler dès que le Sénat est saisi ;

- **si l'Assemblée nationale n'a pas émis un vote dans le délai de 40 jours**, le Gouvernement saisit le Sénat qui dispose d'un délai de **15 jours** pour se prononcer sur l'ensemble du projet, tel qu'éventuellement modifié par l'Assemblée nationale. Si le Sénat ne se prononce pas à son tour dans ce délai, le Gouvernement saisit à nouveau l'Assemblée nationale. Enfin, à supposer que l'Assemblée nationale ait dépassé le délai de 40 jours sans avoir été dessaisie par le Gouvernement au profit du Sénat, la procédure n'est pas pour autant viciée dès lors que le Sénat peut disposer de son délai constitutionnel de 15 jours pour se prononcer en première lecture sur l'ensemble du texte (Cons. const. 3 juill. 1986, no 86-209 DC, Loi de finances rectificative pour 1986).

C. Le vote selon la procédure d'urgence

Les points de désaccord entre les deux chambres, à supposer qu'ils existent, sont ensuite examinés selon la procédure d'urgence prévue à l'article 45 de la Constitution (art. 40, al. 5 LOLF). En effet, il ne reste que 10 jours pour organiser une ou plusieurs navettes entre les assemblées, ce qui est très bref. Dans les faits, le Premier ministre provoque la réunion d'une **commission mixte paritaire** (CMP), composée de 7 députés et 7 sénateurs, chargée de proposer un texte commun sur les dispositions restant en discussion.

Cas : trois hypothèses se présentent :

• la CMP établit un texte de compromis qui est *adopté* par les chambres ; la loi de finances est votée ;

• la CMP établit un texte de compromis qui est *refusé* par les chambres (ou par l'une d'entre elles) ; après avoir saisi les chambres pour une nouvelle lecture de la loi, le Gouvernement peut demander à l'Assemblée nationale de statuer définitivement : soit elle reprend le texte adopté par la CMP, soit elle reprend le dernier texte qu'elle a voté, éventuellement modifié par les amendements du Sénat ;

• la CMP *n'a pas réussi* à établir un texte de compromis ; le Gouvernement demande à chaque chambre une nouvelle lecture, puis demande à l'Assemblée nationale de statuer définitivement sur le dernier texte adopté par elle, éventuellement modifié par les amendements du Sénat.

En tout état de cause, l'article 47 de la Constitution (repris à l'article 40, al. 6 LOLF) dispose : « Si le Parlement *ne s'est pas prononcé* dans un délai de soixante-dix jours, les dispositions du projet (de loi de finances) peuvent être mises en vigueur par **ordonnance** ». La situation envisagée est la suivante : le Parlement n'a pas refusé le projet de loi qui lui était présenté, en émettant un vote négatif, il a simplement refusé (ou omis) de se prononcer sur ce projet, c'est-à-dire d'émettre un vote quelconque. Dans ce cas, le pouvoir budgétaire du Parlement disparaît, le Gouvernement ayant la possibilité de mettre en vigueur son projet de loi de finances par ordonnance. Les ordonnances de l'article 47 de la Constitution doivent être soigneusement distinguées des ordonnances de l'article 38, en ce sens qu'elles n'ont pas à être précédées d'une loi d'habilitation, pas davantage que suivies d'une loi de ratification ; leur nature juridique relève vraisemblablement de la catégorie des « actes de Gouvernement ». Cette procédure, fortement attentatoire aux pouvoirs du Parlement, n'a jamais été utilisée sous la ve République.

En revanche, lorsque le Gouvernement se heurte à la réticence des parlementaires à l'égard de son projet de loi de finances, il dispose de toutes les procédures mises à sa disposition par la Constitution : procédure du *vote bloqué* (art. 44), qui l'autorise à demander à l'Assemblée nationale de se prononcer par un seul vote sur tout ou partie du texte en discussion en ne retenant que les amendements qu'il a proposés ou retenus ; ou engagement de sa responsabilité, en posant la *question de confiance* prévue à l'article 49, al. 3.

D. L'organisation de la discussion budgétaire

« Le projet de loi de finances de l'année ne peut être mis en discussion devant une assemblée avant le vote par celle-ci, en première lecture, sur le projet de loi de règlement afférent à l'année qui précède celle de la discussion dudit projet de loi de finances » (art. 41 LOLF). Chacune des assemblées doit par conséquent avoir émis un **vote sur le projet de loi de règlement**, qui concerne l'exécution de la dernière loi de finances (*n-1*), avant que de pouvoir débattre du projet relatif à l'année *n+1*.

La discussion budgétaire est toute entière orientée par la **Commission des finances** que comprend chacune des deux assemblées. Les commissions des finances jouent en effet un rôle important non seulement lors de l'examen, en leur sein, du projet de loi, mais également lors de sa discussion en séance publique.

1. Les commissions des finances

Une fois déposé, le projet de loi de finances « est immédiatement renvoyé à l'examen de la commission chargée des finances » (art. 39 LOLF).

La Commission des finances comprend 73 députés à l'Assemblée nationale et 48 sénateurs au Sénat. Ces parlementaires désignent un **Président** (qui est désormais à l'Assemblée nationale un membre de l'opposition, M. Didier Migaud), qui dirige les débats, convoque pour audition les ministres et hauts fonctionnaires et statue sur la recevabilité des amendements déposés par les députés tant en commission qu'en séance publique.

La Commission désigne également un **rapporteur général**, qui est chargé d'élaborer le **rapport général sur le projet de loi de finances de l'année** *n*. Ce rapport est un document capital pour l'information du Parlement, en tant qu'il procède à une analyse globale du budget établi par le Gouvernement, à la fois précise et détaillée, technique mais aussi critique. Ce rapport est volumineux (3 tomes).

En outre, la Commission désigne en son sein des **rapporteurs spéciaux** qui sont chargés d'étudier les budgets des différentes missions du budget général, les budgets annexes et les comptes spéciaux. Les rapports spéciaux sont des études thématiques portant sur les missions (agriculture et pêche, justice...), dans lesquelles figure un nombre considérable d'informations.

Pour ce faire, chaque commission des finances dispose de moyens d'action : elle adresse des **questionnaires au Gouvernement** avant le 10 juillet, auxquels il doit être répondu par écrit au plus tard le 10 octobre (art. 49 LOLF) ; elle procède à toutes **investigations** sur pièces et sur place et à toutes **auditions** qu'elle juge utiles (en cas d'entrave à cette audition, le président peut demander au juge administratif, statuant en référé, de la faire cesser sous astreinte, art. 59 LOLF) ; enfin tous **renseignements et documents d'ordre financier ou administratif** qu'elle demande doivent lui être communiqués, à l'exception de ceux couverts par un secret (défense, médical...) (art. 57 LOLF).

À côté du rapport général et des rapports spéciaux figurent les **rapports pour avis ;** ils émanent de membres des six autres commissions permanentes et étudient le budget sous l'angle de la compétence de leur commission. À titre d'exemple, la Commission de la défense nationale rédige des rapports pour avis sur les divers programmes « défense » : forces terrestres, marine, air...

Une fois ces rapports élaborés et diffusés, la discussion en séance publique peut intervenir.

2. La discussion en séance publique

La discussion en séance publique intervient à la *mi-octobre* à l'Assemblée nationale. Elle débute par une présentation du projet de loi de finances par le ministre des Finances, qui expose la politique budgétaire du Gouvernement. Après que le président de la Commission des finances ait présenté les travaux effectués par ladite Commission, le rapporteur général procède à l'analyse du projet. Puis, les représentants des groupes parlementaires expriment leur opinion sur ce projet. Le tout donne évidemment lieu à des échanges, parfois vifs, en vue d'obtenir des précisions ou de manifester des critiques.

Les parlementaires peuvent alors procéder aux **votes**. Leur nombre a été considérablement réduit depuis l'entrée en vigueur de la LOLF.

Les parlementaires votent article par article (la loi de finances pour 2009 en comprend 198), mais avec certaines particularités (art. 43 LOLF) :
– un vote d'ensemble pour les évaluations de recettes du budget général, des budgets annexes et des comptes spéciaux,
– un vote unique pour les évaluations de ressources et de charges de trésorerie,
– un vote par **mission** pour les dépenses du budget général (de sorte que la mission est désormais **l'unité de vote**),
– un vote unique pour les plafonds d'autorisations d'emplois,
– **mais :** les crédits (dépenses) des budgets annexes et les crédits (ou découverts) des comptes spéciaux sont votés par budget annexe et par compte spécial.

Rappelons que **le Parlement ne peut aborder la 2e partie de la loi de finances qu'après avoir adopté la 1re.** En effet, l'article 42 de la LOLF précise que « la seconde partie du projet de loi de finances et, s'il y a lieu, des projets de loi de finances rectificative, ne peut être mise en discussion devant une assemblée avant l'adoption de la première partie ». Lorsque l'on sait que la première partie fixe le cadre général de l'équilibre budgétaire, alors que la 2e partie porte essentiellement sur les crédits des missions, donc sur des dépenses, l'adoption anticipée de cette seconde partie ne pourrait que remettre en cause l'équilibre initialement défini dans la 1re partie, ce que le Conseil constitutionnel avait déjà souligné (Cons. const. 24 déc. 1979, nº 79-110 DC, LF pour 1980). Il en résulte que, lors de la discussion de la 1re partie de la loi de finances, seul le ministre des Finances est présent, alors que ce sont les ministres « dépensiers » qui sont présents lors de la discussion de la 2e partie ; la discussion porte alors pour l'essentiel sur les crédits de leur ministère (le ministre des Finances n'intervient que pour expliquer et justifier les dispositions fiscales figurant dans cette 2e partie).

Au-delà de ces aspects techniques, la discussion budgétaire apparaît souvent comme un acte routinier, auquel l'opinion publique s'intéresse peu, consistant en une morne liturgie, pour reprendre les termes utilisés par Edgar Faure et érigés en « loi des 3 L » : *litanies, liturgie, léthargie.*

Section 2 › LA LIMITATION DU DROIT D'AMENDEMENT DES PARLEMENTAIRES

Pour éviter les tendances électoralistes et démagogiques des parlementaires à accroître les dépenses publiques, pour éviter également le risque de remise en cause de l'équilibre financier établi non sans difficultés par le Gouvernement dans son projet de loi de finances, la Constitution et les textes organiques relatifs aux lois de finances ont limité le droit d'amendement du Parlement en matière financière. Ces mesures ne sont pas nouvelles : elles existaient déjà sous la IIIe République (règlement de la Chambre des députés de 1920, article 86) et sous la IVe République (art. 17 de la Constitution de 1946) ; mais elles ne devinrent effectives qu'à partir de la Ve République. La limitation du droit d'amendement est organisée par l'article 40 de la Constitution de 1958 et par l'article 47 de la LOLF et connaît une procédure spécifique de déclaration d'irrecevabilité.

§ 1 - L'article 40 de la Constitution de 1958

Aux termes de l'article 40 de la Constitution, « les propositions et amendements formulés par les membres du Parlement ne sont pas recevables lorsque leur adoption aurait pour conséquence soit une **diminution des ressources publiques**, soit la **création ou l'aggravation d'une charge publique** ».

Il convient d'observer que l'article 40 a une **portée générale**, en ce sens qu'il vise tous les textes que le Parlement peut voter : il s'applique aussi bien aux **lois ordinaires** qu'aux **lois de finances** *stricto sensu*.

En outre, l'article 40 vise les ressources **publiques** ou une charge **publique**. L'adjectif « **public** » s'entend de manière très large, puisqu'il concerne aussi bien les ressources et charges de l'État que celles des collectivités territoriales et des organismes de sécurité sociale (Cons. const. 20 janv. 1961, n° 60-11 DC, Loi relative aux assurances maladie, invalidité et maternité des exploitants agricoles).

Enfin, l'article 40 interdit la diminution des ressources publiques (au pluriel) et la création ou l'aggravation d'une charge publique (au singulier), pluriel et singulier entraînant des conséquences importantes.

A. L'interdiction de la diminution des ressources publiques

Est irrecevable tout amendement qui aurait pour effet de diminuer les ressources publiques, tel un amendement tendant à accorder des exonérations ou des allègements d'impôts, ou encore des abattements d'assiette.

Pour apprécier la diminution des ressources, la **base de référence** est en principe le **droit existant**, ou bien, si elle est plus favorable à l'initiative parlementaire, le **texte en discussion**.

Supposons que le projet de loi de finances prévoit une **augmentation** d'impôt de 100 à 120. Le **droit existant** étant 100, un amendement proposant une augmentation limitée à 110 est recevable ; en effet, même s'il y a une diminution de 10 par rapport au projet gouvernemental, il n'y a pas de diminution de ressources par rapport au droit existant, qui, lui, est de 100 ; autrement dit, il y a augmentation de ressources à hauteur de 10 sur la base du droit existant. Rappelons que seule est prohibée par l'article 40 de la Constitution la *diminution* des ressources.

À l'inverse, si le projet de loi de finances envisage une **diminution** d'impôt de 100 à 80, l'amendement proposant de limiter cette diminution à 90 sera apprécié par rapport au **texte en discussion** ; l'amendement est recevable, car il ne diminue pas l'impôt en dessous de 80 (si l'amendement avait proposé 70, il aurait été irrecevable) et a même pour effet d'augmenter cet impôt de 10. Là encore, il n'y a pas diminution de ressources par rapport au texte en discussion.

L'article 40 prohibant la diminution des **ressources** (au pluriel), lesdites ressources doivent être appréciées dans leur globalité. Par conséquent, la diminution ou la perte d'une ressource peut être compensée par la création ou l'augmentation d'une autre ressource. Cette ressource de substitution est appelée « **gage** ». Un amendement parlementaire peut donc parfaitement diminuer une ressource à la condition que cette ressource soit compensée par une ressource d'un montant équivalent. Le Conseil constitutionnel admet la **compensation entre ressources** dès lors que trois conditions sont remplies (Cons. const. 2 juin 1976, n° 76-64 DC, Résolution tendant à modifier et à compléter certains articles du règlement du Sénat) :

– le gage proposé doit être **réel**, en ce sens qu'il doit être chiffré avec précision ;
– le gage doit bénéficier aux **mêmes personnes** (État ou collectivité territoriale ou organisme de sécurité sociale) que celles dont la ressource a été diminuée ; ainsi, s'agissant des ressources de l'État, un amendement peut proposer de diminuer les taux de TVA et d'augmenter les recettes tirées de l'impôt sur le revenu, par exemple par élargissement de l'assiette ou par modification du barème ;
– la compensation doit être **immédiate**, c'est-à-dire ne pas obliger à avoir recours à des ressources de trésorerie.

Dans la pratique parlementaire, la plupart des ressources gagées le sont sur des augmentations de tarifs frappant les droits indirects (taxe intérieure sur les produits pétroliers, droits sur les alcools et sur les tabacs...).

B. L'interdiction de la création ou de l'aggravation d'une charge publique

Comme pour les ressources publiques, la charge publique s'entend de manière très large (État, collectivité territoriale, sécurité sociale) et s'apprécie par rapport au droit existant ou par rapport au texte en discussion.

L'amendement qui crée ou aggrave **une** charge publique est totalement prohibé par l'article 40. Il résulte de la jurisprudence constitutionnelle que la dépense envisagée par l'amendement est irrecevable lorsqu'elle est **certaine** et a une **incidence financière directe**, même si son coût n'est qu'éventuel ou différé dans le temps.

Cette interprétation rigide est accentuée par l'utilisation du singulier dans le texte constitutionnel. Le singulier a pour effet d'**interdire la compensation.** Supposons qu'un amendement ait pour objet de créer ou d'aggraver une dépense et qu'il propose de compenser cette augmentation de dépenses soit par la création ou l'augmentation d'une ressource, soit par la suppression ou la diminution d'une autre charge. L'opération doit être dissociée en deux temps : dans un premier temps, il y a aggravation d'une charge, dans un second temps il y a une proposition de compensation. Du simple fait que le premier temps *aggrave une seule charge*, l'interprétation littérale de l'article 40 conduit à prohiber la compensation proposée dans le second temps. Cette analyse restrictive a été retenue par le Conseil constitutionnel (Cons. const. 28 déc. 1985, nº 85-203 DC, LFR pour 1985) : « ...il résulte des termes mêmes (de l'article 40) qu'il fait obstacle à toute initiative se traduisant par l'aggravation d'une charge, fut-elle compensée par la diminution d'une autre charge ou par une augmentation des ressources publiques. »

Finalement, les seuls amendements parlementaires recevables au regard de l'article 40 de la Constitution sont **ceux qui créent ou augmentent les ressources** ou **qui se compensent en matière de ressources**, et ceux qui sont **dépourvus d'incidence financière directe**. Et cela, qu'il s'agisse de lois ordinaires ou de lois de finances.

S'agissant de ces dernières, pour atténuer les rigueurs de l'article 40, le Gouvernement a instauré un usage, informel mais constant, dit de la « **réserve parlementaire** » : le Gouvernement laisse à la disposition du Président de la commission des finances de chaque assemblée une certaine masse de crédits (environ 90 millions € à l'Assemblée nationale et 60 millions € au Sénat, à comparer avec les 379 milliards € du budget 2009) ; les membres de cette commission vont alors proposer des dépenses, le plus souvent d'intérêt local, dépenses qui seront reprises sous forme d'amendements du Gouvernement à son projet initial.

§ 2 - L'article 47 de la LOLF : la notion de charge

L'article 42 de l'ordonnance organique de 1959 avait accentué les rigueurs de l'article 40 de la Constitution.

La LOLF a rompu avec cette tradition, et renforcé le pouvoir d'amendement des parlementaires. L'article 47, qualifié d'« aspect majeur de la réforme » et de « véritable cœur de la loi organique », dispose :

« Au sens des articles 34 et 40 de la Constitution, la **charge** s'entend, s'agissant des amendements s'appliquant aux crédits, de la **mission**.

Tout amendement doit être **motivé** et accompagné des développements des **moyens** qui le justifient.

Les amendements non conformes aux dispositions de la présente loi organique sont irrecevables. »

Cette disposition, dont il convient de rappeler qu'elle ne s'applique qu'aux seules lois de finances, a pour effet d'élargir le pouvoir d'amendement des parlementaires en matière de charges, puisque les charges s'entendent des crédits figurant dans les missions. Elle rappelle en tant que de besoin que la mission constitue bien l'unité de vote du Parlement.

Selon le Conseil constitutionnel (25 juill. 2001, nº 2001-448 DC, LOLF), « combinées avec celles figurant à l'article 7, ces dispositions offrent aux membres du Parlement **la faculté nouvelle de présenter des amendements majorant les crédits d'un ou plusieurs programmes** ou dotations inclus dans une mission, **à la condition de ne pas augmenter les crédits de celle-ci** ». Autrement dit, désormais les parlementaires peuvent augmenter les crédits d'un programme (ou d'une dotation) et diminuer les crédits d'un autre programme, dès lors que cette **compensation** s'opère à l'intérieur d'une seule et même mission. La conséquence est qu'une mission qui ne comporterait qu'un seul programme (mission mono-programme) serait non conforme à la Constitution, puisqu'elle conduirait à neutraliser le droit d'amendement du Parlement (Cons. const. 29 déc. 2005, nº 2005-530 DC, LF pour 2006).

De même, les parlementaires peuvent déposer un amendement tendant à **créer un programme** (qui regroupe les crédits d'un ensemble cohérent d'actions relevant d'un même ministère) à l'intérieur d'une mission, à la condition d'accompagner ce programme de la description de ses actions, auxquelles sont associés « des objectifs précis, définis en fonction de finalités d'intérêt général, ainsi que des résultats attendus et faisant l'objet d'une évaluation », conformément à la définition des programmes visée à l'article 7 de la LOLF. Cette possibilité offerte aux parlementaires apparaît plus théorique que réaliste, compte tenu de la complexité de sa mise en œuvre. Mais en aucun cas, les parlementaires ne peuvent créer une mission, qui reste de la compétence exclusive du Gouvernement.

Tous les amendements déposés par les parlementaires doivent être **motivés**, en ce sens qu'ils doivent préciser la **réalité de la compensation financière** proposée.

Tous les autres amendements sont irrecevables (art. 47, al. 3). Sont notamment visés : les amendements non motivés, les amendements dénués de caractère financier (cavaliers budgétaires), les amendements qui porteraient exclusivement sur une mission (création ou suppression)...

§ 3 - La procédure d'irrecevabilité

Les amendements déposés par les parlementaires sont déclarés recevables ou irrecevables d'abord par chaque assemblée conformément à son propre règlement, ensuite, en quelque sorte sous forme d'appel, par le Conseil constitutionnel, à supposer qu'il soit saisi.

A. L'irrecevabilité devant les assemblées

La procédure est différente selon la chambre concernée.

• À **l'Assemblée nationale**, les amendements parlementaires peuvent subir trois filtres successifs à divers stades de la procédure :
– si l'amendement est présenté en *commission*, le Président de la commission saisie statue seul sur la recevabilité des amendements (ce procédé est rarement utilisé) ;
– si l'amendement est déposé sur le *bureau* de l'Assemblée nationale en vue d'être discuté en séance publique, le Président de la Commission des finances statue seul, sur délégation du Président de l'Assemblée ; s'il prononce l'irrecevabilité, l'amendement n'est pas distribué et n'est pas discuté en séance publique ;
– si l'amendement est débattu en *séance publique*, et si son irrecevabilité est invoquée, la décision appartient au Président de séance, mais après avis du Président de la Commission des finances.

• Au **Sénat**, la procédure est beaucoup plus souple. En effet, l'irrecevabilité, même la plus flagrante, ne fait jamais obstacle à ce qu'un amendement soit discuté en séance publique. L'irrecevabilité ne peut être décidée que si le Gouvernement, la Commission des finances ou la commission saisie au fond l'invoque en séance publique, la décision étant prise par le représentant de la Commission des finances.

B. L'irrecevabilité devant le Conseil constitutionnel

L'irrecevabilité ne peut évidemment être examinée par le Conseil constitutionnel que s'il est saisi de l'ensemble du texte adopté par le Parlement. S'il est vrai que le Conseil était saisi de manière quasi systématique par les parlementaires de l'opposition après le vote de chaque loi de finances, cette pratique semble connaître une certaine désuétude depuis l'entrée en vigueur de la LOLF dans son intégralité, soit le 1er janvier 2006 ; en effet, les lois de finances initiales pour 2007, 2008 et 2009 n'ont pas été déférées au juge constitutionnel.
Cette précision apportée, pour pouvoir être invoquée devant le Conseil constitutionnel, l'irrecevabilité doit toujours avoir été **soulevée au cours des débats parlementaires** (Cons. const. 29 déc. 1983, nº 83-164 DC, LF pour 1984). Si une exception d'irrecevabilité n'a pas été soulevée conformément au règlement de la chambre concernée, le Conseil refuse de statuer sur ce moyen.
En revanche, le Conseil **censure d'office** les cavaliers budgétaires qui figureraient dans le texte qui lui a été déféré.
La loi de finances une fois adoptée par le Parlement, il ne reste plus qu'à en assurer l'exécution.

POUR ALLER PLUS LOIN

THÈMES DE RÉFLEXION :

- L'accroissement du rôle du Parlement en matière financière
- Le rôle de l'exécutif dans la procédure budgétaire
- L'évolution du droit d'amendement des parlementaires sous la Vᵉ République

BIBLIOGRAPHIE :

- *Mélanges P.M. Gaudemet*, Economica, 1984
- G. Orsoni, *L'exécution de la loi de finances*, Economica, 1998
- L. Philip (dir.), *L'exercice du pouvoir financier du Parlement*, Economica, 1996

Titre 3

L'EXÉCUTION DES LOIS DE FINANCES

Dans un schéma idéal dénué d'aléas, l'exécution budgétaire semble se limiter à deux catégories de fonctions. Il s'agit tout d'abord d'assurer l'exécution de ce que le Parlement a autorisé dans la loi de finances, c'est-à-dire l'autorisation de percevoir les recettes et l'autorisation d'effectuer les dépenses ; cette exécution est soumise à des règles précises, soumises au droit de la **comptabilité publique**, de sorte que l'on peut parler à son propos d'**exécution comptable**. Ensuite, pour pouvoir réaliser des dépenses, encore faut-il disposer des fonds nécessaires pour les payer ; cette exécution matérielle du budget nécessite des ressources, qui sont à la fois fiscales et de trésorerie, et constitue **l'exécution financière** de la loi de finances.

Malheureusement, ce schéma idéal est contraint par des circonstances variées et imprévues, qui conduisent à apporter en cours d'année d'exécution des modifications à la loi de finances initiale. Ces modifications font apparaître l'existence, paradoxale, d'un important pouvoir réglementaire en matière budgétaire.

Chapitre 1 › LE POUVOIR RÉGLEMENTAIRE EN MATIÈRE BUDGÉTAIRE

› L'essentiel

En cas de changement de circonstances, politiques ou économiques, il est de principe que seule une loi de finances rectificative peut modifier la loi de finances initiale. Dans la pratique, on rencontre une ou deux lois de finances rectificatives par an, dont une systématiquement adoptée fin décembre. Ainsi, malgré la crise financière et économique apparue à l'automne 2008, la LFI pour 2008 n'a connu que 2 LFR, la première en date du 16 octobre, la seconde en date du 30 décembre 2008. En revanche, la LFI pour 2009 a été adoptée le 27 décembre 2008, mais a très vite fait l'objet de LFR (l'une le 4 février, l'autre le 20 avril 2009, sans préjudice de l'inévitable LFR de fin d'année).
Toutefois, parce que le Gouvernement doit disposer d'une certaine souplesse dans l'exécution budgétaire, au motif que certaines dépenses se révéleraient inutiles ou au contraire que d'autres mériteraient d'être augmentées ou créées, les textes organiques lui accordent un pouvoir réglementaire important, de nature à altérer l'autorisation parlementaire.

Il convient de préciser que si la loi de finances est avant tout un acte d'autorisation, cette autorisation n'a pas la même portée selon qu'il s'agit des ressources ou des dépenses.
• En matière de **ressources publiques**, l'autorisation de prélever l'impôt (qui figure à l'article 1er de toute loi de finances) est une **obligation** ; par conséquent, les services fiscaux ont l'obligation de percevoir tous les impôts prévus par la législation (corrélativement ils ne peuvent percevoir des impôts qui ne seraient pas prévus par cette même législation).

• En revanche, s'agissant des **dépenses publiques**, l'autorisation de dépenser **n'emporte jamais obligation de dépenser** (CE 28 mars 1924, *Jaurou*, concl. Mayer, *Rec.* 356). Par conséquent, le Gouvernement peut juger utile tantôt de supprimer certains crédits, parfois de manière ressentie comme scandaleuse par le Parlement (par exemple, en janvier 1983, *soit moins d'un mois après le vote de la loi de finances*, le Gouvernement a pris des arrêtés d'économies supprimant 40 milliards de francs alloués au ministère de la Défense), tantôt de « geler » (ou de bloquer) des crédits pour ne les dépenser qu'en fonction de la conjoncture économique (meilleures rentrées fiscales que prévu, disparition de risques inflationnistes...) à des fins de **régulation budgétaire**.

Le Gouvernement dispose ainsi d'une marge de manœuvre non négligeable qui lui permet de modifier l'autorisation de dépenser donnée par le Parlement.
Rappelons que, la loi de finances une fois votée, le Gouvernement prend des **décrets de répartition** (qui sont l'équivalent des décrets d'application des lois ordinaires) à l'effet de mettre à la disposition des ministres les crédits votés par le Parlement. Ces décrets répartissent par programme ou par dotation les crédits ouverts sur chaque mission, budget annexe ou compte spécial, et cela conformément aux *bleus* (annexes

explicatives), éventuellement modifiés lors du vote de la loi de finances (art. 44 LOLF). Le Gouvernement est en principe tenu par ces décrets, qui vont servir de base pour l'élaboration des *verts* (qui constitueront le document budgétaire de référence pour les ministères).

Le Gouvernement dispose, on le voit, d'un véritable pouvoir réglementaire, qui lui permet de prendre des actes administratifs, susceptibles en tant que tels de recours pour excès de pouvoir, mais qui dans les faits qui ne le sont jamais en raison de leur ratification ultérieure par le Parlement. Le Gouvernement est en effet habilité par la LOLF d'une part à modifier la répartition des crédits telle que votée par le Parlement, d'autre part à modifier le montant de ces mêmes crédits.

Section 1 › LA MODIFICATION DE LA RÉPARTITION DES CRÉDITS

Le Gouvernement peut modifier la répartition initiale des crédits en utilisant l'une des trois procédures suivantes : crédits globaux, virements de crédits et transferts de crédits.

§ 1 - Les crédits globaux

Ce sont des crédits qui n'ont aucune affectation précise et qui peuvent être utilisés pour augmenter les crédits d'autres programmes en raison de situations exceptionnelles. Ces crédits inscrits dans la mission « Provisions » peuvent être utilisés dans deux cas (art. 11 LOLF) :

– en cas de **dépenses accidentelles et imprévisibles**, un *décret* pris sur le rapport du ministre chargé des Finances peut augmenter les crédits d'un programme donné ;

– en cas de **mesures générales en matière de rémunérations** (hausses imprévues des rémunérations publiques), un *arrêté* du ministre chargé des Finances peut augmenter les crédits ouverts au titre des dépenses de personnel dans un programme.

§ 2 - Les virements de crédits

Ils permettent de **modifier la répartition des crédits entre programmes d'un même ministère** (art. 12-I LOLF). Par conséquent, les **crédits changent de nature**, puisque les programmes ont des finalités différentes. À titre d'exemple, supposons qu'au ministère de la Défense, les crédits consacrés au programme « équipement des forces » se révèlent insuffisants alors que ceux consacrés au programme « préparation et emploi des forces » seraient pléthoriques ; un virement d'une partie des fonds inscrits au programme « préparation et emploi des forces » vers le programme « équipement » permet d'augmenter les crédits de ce dernier.

Conditions :

- ils ne peuvent dépasser **2 %** de la masse des crédits figurant dans chaque programme concerné ;
- ils sont réalisés par **décret** pris sur le rapport du ministre chargé des Finances,

après information des commissions des finances de chaque assemblée et des autres commissions concernées ; un compte-rendu spécial sur l'utilisation des crédits virés figure dans le rapport annuel de performance (RAP) du programme concerné.

§ 3 - Les transferts de crédits

Les transferts de crédits peuvent **modifier la répartition des crédits entre programmes de ministères distincts**, dans la mesure où l'emploi des crédits ainsi transférés, pour un objet déterminé, correspond à des actions du programme d'origine (art. 12-II LOLF). En d'autres termes, à la différence des virements, les transferts ne modifient pas la nature de la dépense ; ils se bornent à modifier le **service responsable** de la dépense qui sera un ministère différent de celui initialement prévu, la dépense restant toujours la même. Soit par exemple la construction d'un bâtiment prévue dans un programme du ministère de l'Éducation nationale ; pour des raisons diverses (faisabilité, commodité, rapidité...), les crédits relatifs à cette action peuvent être transférés au ministère de l'Équipement, jugé plus apte à réaliser ce bâtiment.

Les transferts de crédits sont soumis aux mêmes conditions de forme que les virements : décret, pris après avis des commissions des finances ; compte-rendu spécial dans les RAP concernés.

Si la répartition des crédits peut être modifiée par le Gouvernement, le montant des crédits peut également l'être.

Section 2 › LA MODIFICATION DU MONTANT DES CRÉDITS

Le Gouvernement dispose de plusieurs procédures pour modifier le montant des crédits : décrets d'avance, annulation de crédits, reports de crédits.

§ 1 - Les décrets d'avance

En cours d'année, il peut être nécessaire d'ouvrir des crédits supplémentaires pour financer des dépenses nouvelles. Le procédé normal d'ouverture de ces crédits est la loi de finances rectificative. Or, cette technique qui fait intervenir le Parlement est lourde, longue et lente. Pour permettre au Gouvernement d'agir vite, la LOLF lui permet de procéder à cette ouverture par la voie de décrets d'avance (art. 13 LOLF), mais seulement en cas d'urgence.

L'article 13 distingue deux cas : le cas d'urgence, le cas d'urgence et de nécessité impérieuse d'intérêt national.

A. Le cas d'urgence

En cas d'urgence, le Gouvernement peut prendre des décrets d'avance, après avis du Conseil d'État et **avis** des commissions des finances des assemblées (avis émis dans un délai de 7 jours, après saisine du projet de décret).

Limites :

– elles **ne doivent pas porter atteinte à l'équilibre budgétaire** défini par la loi de finances ; pour ce faire, les décrets d'avance doivent soit procéder à des annulations de crédits (dans la limite de 1,5 % de la masse budgétaire), soit constater des recettes supplémentaires,

– le montant cumulé des ouvertures de crédits **ne peut excéder 1 %** de la masse budgétaire définie par cette même loi de finances,

– les décrets d'avance doivent être ratifiés dans le plus prochain projet de loi de finances (loi de finances rectificative ou loi de règlement).

B. Le cas d'urgence et de nécessité impérieuse d'intérêt national

En cas d'urgence et de nécessité impérieuse d'intérêt national, le formalisme est moins fort que dans la situation précédente : le Gouvernement peut prendre des décrets d'avance pris en Conseil des ministres sur avis du Conseil d'État, après simple **information** (et non plus avis) des commissions des finances des assemblées. Même si la LOLF est silencieuse sur ce point, il semble que ces décrets d'avance peuvent porter atteinte à l'équilibre budgétaire (ce qui était possible sous l'empire de l'ordonnance de 1959).

Cependant, dans cette hypothèse, le Gouvernement doit déposer un **projet de loi de finances** portant ratification des ouvertures de crédits *immédiatement ou à l'ouverture de la plus prochaine session du Parlement.*

La pratique des décrets d'avance, pendant longtemps modérée (2 par an), s'est accrue depuis 2003 (4 à 5 décrets d'avance). L'urgence qui les justifie, le plus souvent due à une sous-évaluation des besoins, est appréciée de manière extensive par le Gouvernement.

§ 2 - Les annulations de crédits

Pour prévenir une détérioration de l'équilibre budgétaire défini par la dernière loi de finances relative à l'année concernée, ou lorsqu'un crédit est devenu sans objet, le Gouvernement peut prendre un décret d'annulation de crédits (art. 14 LOLF).

Les crédits annulés ne peuvent dépasser 1,5 % des crédits ouverts par les lois de finances afférentes à l'année en cours.

Avant sa publication, le décret d'annulation est transmis pour information aux commissions des finances des assemblées et aux autres commissions concernées.

De plus, les commissions des finances sont informées de la politique de **régulation budgétaire**. Cette politique consiste dans la fixation par le Gouvernement du rythme et du niveau de consommation des crédits et se traduit par des « gels » ou blocages de crédits, souvent annonciateurs d'annulations de crédits. Désormais « tout acte, quelle qu'en soit la nature, ayant pour effet de rendre des crédits indisponibles, est communiqué aux commissions des finances » (art. 14-III LOLF).

§ 3 - Les reports de crédits

Principe : les crédits inutilisés en fin d'exercice disparaissent et sont annulés, car ils ne peuvent pas être reportés sur l'exercice suivant (art. 15, al. 1 LOLF).

Exceptions : à l'effet d'éviter le gaspillage auquel l'application stricte de cette règle pourrait conduire, la LOLF a prévu des autorisations de reports de crédits non consommés sur l'exercice suivant :

– les **autorisations d'engagement** disponibles sur un programme en fin d'année peuvent être reportées sur le même programme (ou, à défaut, sur un programme poursuivant les mêmes objectifs) ; ce report aura pour effet de majorer à due concurrence les crédits de l'année suivante ;

– les **crédits de paiement** disponibles sur un programme à la fin de l'année peuvent être reportés sur le même programme (ou sur un programme équivalent) dans la limite de 3 % des crédits initiaux ; ce plafond peut être augmenté par une disposition de loi de finances, à l'exception des crédits afférents à des dépenses de personnel ;

– les **fonds de concours** (sommes d'argent versées par des personnes morales ou physiques pour concourir à des dépenses d'intérêt public) figurant dans un programme qui n'a pas été encore réalisé en tout ou en partie sont reportables sur l'exercice suivant ; en effet, « l'emploi de (ces) fonds doit être conforme à l'intention de la partie versante » (art. 17-II LOLF).

Les reports de crédits sont effectués par **arrêté ministériel** conjoint (ministre des Finances et ministre intéressé) ; pour éviter les reports tardifs, les arrêtés de report doivent être publiés **avant le 31 mars** de l'année qui suit l'année à la fin de laquelle les crédits ont été non utilisés.

Remarque : pour être exhaustif sur le sujet, il faut signaler que le pouvoir réglementaire intervient encore dans deux domaines :

– *attributions de produits,* qui sont des recettes tirées de la rémunération de prestations fournies par un service de l'État (art. 17-III LOLF) : à titre d'exemple, recettes issues d'études fournies par l'INSEE à un tiers autre que l'État. Les attributions de produits sont effectuées par *décret* ;

– *rétablissements de crédits,* qui sont pour la plupart des sommes d'argent indûment payées et reversées au Trésor (art. 17-IV LOLF) : ainsi du reversement par un fonctionnaire qui aurait été payé deux fois du traitement indûment perçu. Les rétablissements de crédits sont effectués par *arrêté* du ministre chargé des Finances.

Quelle que soit son importance, le pouvoir réglementaire en matière budgétaire n'est qu'un pouvoir d'adaptation et de régularisation, provoqué par des circonstances ou des situations particulières. En revanche, s'agissant de l'exécution de l'autorisation parlementaire, le pouvoir réglementaire retrouve sa pleine justification.

Chapitre 2 › L'EXÉCUTION COMPTABLE DE LA LOI DE FINANCES

› L'essentiel

La question de fond que pose l'exécution de la loi de finances tant en matière de dépenses que de recettes est la suivante : il est impératif que les crédits inscrits dans cette loi soient utilisés conformément à la destination que leur a donnée le Parlement.

Aussi bien, pour assurer une exécution conforme comme pour éviter les risques de gaspillage, le ***décret, plusieurs fois modifié, du 29 décembre 1962 portant règlement général sur la comptabilité publique*** *(RGCP) a prévu l'intervention de deux catégories de personnes, les* ***ordonnateurs*** *et les* ***comptables publics****, qui ont des fonctions complémentaires, mais totalement séparées. C'est la règle de séparation des ordonnateurs et des comptables publics.*

En outre, le décret de 1962 a organisé les opérations de dépenses et les opérations de recettes au sein de procédures cherchant à limiter tout risque d'abus.

Section 1 › LA RÈGLE DE SÉPARATION DES ORDONNATEURS ET DES COMPTABLES PUBLICS

Cette règle n'est que la transposition dans le domaine financier du principe politique de séparation des pouvoirs. Pour éviter que les personnes abusent des pouvoirs que leur confère la disposition de fonds publics, on a confié à deux catégories d'agents publics le soin de procéder aux opérations de dépenses et de recettes – les ordonnateurs et les comptables publics – qui ont des fonctions totalement séparées.

Cette séparation n'est pas nouvelle. Elle figure dans le décret du 31 décembre 1862 et a été reprise dans le décret actuellement en vigueur du 29 décembre 1962 (appelé décret du Centenaire) qui dispose en son article 20 : « Les fonctions d'ordonnateur et celles de comptable public sont incompatibles... Les conjoints des ordonnateurs ne peuvent être comptables des organismes publics auprès desquels lesdits ordonnateurs exercent leurs fonctions ».

Cette séparation, justifiée par les contrôles qu'elle permet, connaît cependant des exceptions.

En cas de violation de la règle, il y a gestion de fait.

§ 1 - Les ordonnateurs

Il convient d'en préciser la notion avant que d'examiner le régime de responsabilité encourue.

A. Notion

« Les ordonnateurs prescrivent l'exécution des recettes et des dépenses... À cet effet, ils constatent les droits des organismes publics, liquident les recettes,

engagent et liquident les dépenses » (art. 5 RGCP). Il ressort de cette disposition que l'ordonnateur est un **décideur :** l'ordonnateur est une autorité administrative qui va prendre la décision de la dépense, en calculer le montant et en ordonner le paiement ; en matière de recettes, il va constater l'existence de créances détenues par les personnes publiques, en fixer le montant et en ordonner le recouvrement.
Son rôle est particulièrement important en matière de dépenses : il dispose ici d'un certain pouvoir discrétionnaire, dès lors qu'il peut décider du caractère opportun de la dépense, du moment où elle naîtra, de son montant (dans la limite de l'enveloppe budgétaire qui lui est allouée).

Catégories :

• Les **ordonnateurs principaux** (des recettes et des dépenses du budget général, des comptes spéciaux et des budgets annexes) sont les *ministres.* Ils émettent des *ordonnances de paiement.*

• Mais étant donné que les ministres ne peuvent engager toutes les dépenses prévues au budget de leur ministère, il y a des **ordonnateurs secondaires** qui sont affectés à une circonscription territoriale déterminée : depuis les lois de décentralisation de 1982, ce sont les *préfets* de département et de région, qui sont ordonnateur secondaire unique des services extérieurs des administrations civiles de l'État dans le département et la région (mais quelques ordonnateurs secondaires spécifiques subsistent dans certains ministères : Défense, Justice, Éducation). Les ordonnateurs secondaires émettent, non plus des ordonnances de paiement, mais des *mandats de paiement.*

• En outre, les ordonnateurs, principaux ou secondaires, peuvent par une délégation de signature constituer des ordonnateurs **délégués.** Tel semble être le cas des **responsables de programme** et des **responsables de budgets opérationnels de programme** (BOP), mis en place dans les ministères depuis l'entrée en vigueur de la LOLF.
Le responsable de programme, désigné par le ministre et placé sous son autorité, le plus souvent choisi parmi les directeurs ou secrétaires généraux d'administration centrale, a la charge de l'élaboration et de la mise en œuvre d'un programme et de son projet annuel de performances (PAP). Chaque programme fait l'objet d'une subdivision soit par actions prévues dans le programme, soit par territoire (régions, départements), et donne lieu à l'établissement d'un BOP, lui-même géré par un responsable de BOP. Le responsable de programme rend compte au ministre dont il dépend de sa gestion ainsi que des résultats obtenus dans le rapport annuel de performances (RAP).

• Il existe également des ordonnateurs **suppléants**, qui sont chargés de remplacer les ordonnateurs en cas d'absence ou d'empêchement.

• Enfin, les collectivités territoriales et les établissements publics ont des ordonnateurs principaux qui leur sont propres : maire, président de conseil général, président de conseil régional, président ou directeur d'établissement public.

B. Responsabilité

S'ils ne respectent pas les limitations que leur imposent la loi de finances et les décrets de répartition, les ordonnateurs encourent des responsabilités variées. Mais

cette responsabilité est difficile à organiser, car très souvent la méconnaissance des règles budgétaires a eu pour objet, non pas de détourner des fonds à leur profit, mais de contourner les lenteurs et rigidités des procédures administratives. À titre d'exemple, le ministre de la Justice de Charles X, M. Peyronet, avait acheté, sans disposer de crédits, une salle à manger qui est d'ailleurs toujours présente dans les locaux du ministère. Cet achat irrégulier entraîna la chute du ministère en 1829 et ce fut le roi Charles X qui fut dans l'obligation de payer sur un fonds particulier cette dépense non couverte par des crédits budgétaires.
La responsabilité diffère selon qu'il s'agit des ministres ordonnateurs ou des autres ordonnateurs.

1. La responsabilité des ministres ordonnateurs

Une triple responsabilité (politique, civile et pénale) pèse sur les ministres, ordonnateurs principaux.
a) La **responsabilité politique**, traditionnelle, est expressément prévue à l'article 9 du décret de 1962 : « Les ministres, ordonnateurs principaux de l'État, encourent à raison de l'exercice de leurs attributions, les responsabilités que prévoit la Constitution ». Par conséquent, les députés peuvent déposer une motion de censure en cas d'irrégularité budgétaire commise par le Gouvernement ou l'un de ses ministres. Cette responsabilité, lourde de conséquences, n'est dans les faits jamais mise en œuvre.
b) La **responsabilité civile** conduit au paiement par le ministre, sur ses deniers personnels, de la dépense irrégulière. Organisée par de très nombreuses lois, signe de leur inapplicabilité, elle n'est, là encore, jamais mise en œuvre, et cela pour des raisons tant juridiques que pratiques : difficulté de déterminer la juridiction compétente pour engager la responsabilité civile du ministre, disproportion entre le patrimoine du ministre et les sommes irrégulièrement dépensées.
c) La **responsabilité pénale** des ministres est prévue tant par la Constitution (art. 68-1) que par la loi du 10 août 1922 relative à l'organisation du contrôle des dépenses engagées (art. 9). Cette dernière loi interdit aux ministres d'engager des dépenses en violation des règles sur le contrôle financier (dépassement de crédits...) à peine de *forfaiture*, sanctionnée par la dégradation civique ! Bien que cette incrimination ait disparu du Code pénal en 1994, aucun ministre n'a fait, à un moment quelconque, l'objet de poursuites pénales pour infraction à la légalité budgétaire.

2. La responsabilité des autres ordonnateurs

Les autres ordonnateurs (secondaires, délégués) sont toujours des fonctionnaires. Ils encourent eux aussi une triple responsabilité (disciplinaire, civile et pénale). Mais, compte tenu de l'inefficacité révélée par ces divers régimes de responsabilité, ils peuvent être déférés à une juridiction spécialisée, la Cour de discipline budgétaire et financière.
a) La **responsabilité disciplinaire** expose le fonctionnaire qui a méconnu les règles budgétaires à être frappé de sanctions disciplinaires (retard dans l'avancement, suspension, révocation...). Ces sanctions sont cependant rarement prononcées, hormis les cas où l'irrégularité aurait été commise par le fonctionnaire dans son *intérêt personnel* (cela est peu fréquent, car dans la plupart des cas l'irrégularité a été commise dans l'intérêt du service).

b) La **responsabilité civile**, si elle est juridiquement possible, connaît les mêmes difficultés que celles rencontrées à propos des ministres : les ressources des fonctionnaires sont insuffisantes pour rembourser les sommes irrégulièrement dépensées.

c) La **responsabilité pénale**, organisée elle aussi par la loi du 10 août 1922 (forfaiture...), est d'une efficacité similaire à celle rencontrée à propos des ministres.

d) Enfin, les fonctionnaires qui ont commis des infractions à la légalité budgétaire *peuvent* être traduits devant la **Cour de discipline budgétaire et financière,** juridiction créée en 1948 qui peut leur infliger des **amendes** allant de 150 € au montant de leur traitement brut annuel (v. *infra*, Titre 4).

§ 2 - Les comptables publics

Il convient là encore d'en préciser la notion, puis le régime de responsabilité encourue.

A. Notion

Le comptable public est un agent dont l'activité essentielle consiste dans le **maniement des fonds publics** (recouvrement des recettes et paiement des dépenses, art. 11 RGCP) et qui est **nommé par le ministre des Finances** ou avec son agrément (art. 16 RGCP).

Les comptables qui participent directement à l'exécution du budget se répartissent en deux catégories :

1. Les comptables directs du Trésor

Ils exécutent toutes les opérations de recette et de dépense du budget général et des comptes spéciaux, toutes opérations de trésorerie et d'une manière générale toutes opérations financières dont l'État est chargé (art. 68 RGCP) et ont donc une compétence générale.

Il existe des comptables principaux et des comptables secondaires.

a) Les **comptables principaux** sont les comptables qui rendent directement leur compte au juge des comptes (Cour des comptes). Ils centralisent les opérations faites par les comptables secondaires. Les comptables principaux sont les *trésoriers-payeurs généraux* qui siègent dans chaque département.

b) Les **comptables secondaires** sont les comptables dont les opérations sont centralisées par un comptable principal. Du fait de cette centralisation de leurs comptes auprès du TPG dont ils dépendent, ils ne rendent pas leur compte à la Cour des comptes. Les comptables secondaires sont les *trésoriers principaux*, les *receveurs des finances*, les *receveurs-percepteurs*, selon la circonscription qui leur incombe (arrondissement, commune...).

2. Les autres catégories de comptables

a) Les **comptables spéciaux du Trésor** n'ont qu'une compétence d'attribution et n'exécutent que des opérations particulières de recettes et de dépenses. Ainsi, de la trésorerie générale des créances spéciales du Trésor, sise à Châtellerault, chargée du recouvrement de créances particulières (amendes prononcées par la Cour de discipline budgétaire et financière, débets...).

b) Les **comptables des budgets annexes** procèdent aux opérations de recettes, de dépenses et de trésorerie découlant de l'exécution de ces budgets.

c) Les **comptables des administrations financières** (receveurs des **impôts** et receveurs des **douanes**) sont chargés du recouvrement des impôts, taxes, droits et redevances ; leurs opérations sont centralisées par le trésorier-payeur général.

B. Responsabilité

Les comptables publics sont des fonctionnaires, soumis à un régime particulier de responsabilité. Alors que la responsabilité d'un fonctionnaire ordinaire n'est engagée que pour les fautes personnelles qu'il a pu commettre dans l'exercice de ses fonctions, la responsabilité d'un comptable public est engagée quelle que soit la nature de la faute qu'il a pu commettre. Le comptable public est en effet **pécuniairement et personnellement** responsable de toute opération dont il est chargé (art. 19 RGCP et art. 60 de la loi du 23 févr. 1963 portant loi de finances pour 1963).

1. Champ d'application de la responsabilité

Le comptable exerce trois missions à l'occasion desquelles sa responsabilité peut être engagée :

– il est *gardien des fonds publics :* à ce titre, il est chargé non seulement du recouvrement des recettes et du paiement des dépenses, mais également des mouvements de fonds qui lui ont été confiés ;

– il *tient la comptabilité* du poste comptable qu'il dirige et doit conserver les pièces justificatives des opérations effectuées ;

– il est tenu d'assurer les *contrôles* en matière de recettes, de dépenses et de patrimoine.

Cette responsabilité pécuniaire est engagée, sans qu'il soit nécessaire que le comptable ait commis une quelconque faute dans l'exercice de ses fonctions. Il suffit que sa caisse présente un déficit ou qu'une dépense ait été irrégulièrement payée pour que soit présumée l'existence d'une faute, auquel cas le comptable doit verser immédiatement sur ses fonds personnels le montant de la somme qui manque.

Cette responsabilité s'étend à toutes les opérations que le comptable a effectuées depuis la date de son installation jusqu'à la date de cessation de ses fonctions.

C'est donc un régime de responsabilité très lourd qui pèse sur le comptable. Compte tenu de sa rigueur, il a été nécessaire à la fois de garantir la responsabilité du comptable et de prévoir des assouplissements.

2. La garantie de responsabilité

Pour se prémunir contre le risque d'insolvabilité du comptable public, le Trésor exige du comptable un certain nombre de garanties :

– lorsqu'il entre en charge, le comptable doit verser un **cautionnement** près la Caisse des dépôts et consignations, qui ne lui sera restitué que lorsqu'il quittera ses fonctions et aura reçu *quitus* pour sa gestion. Ce cautionnement, d'un montant souvent important, conduisait à recruter les comptables au sein de la bourgeoisie aisée. Pour démocratiser le recrutement, Joseph Caillaux a remplacé le cautionnement par une affiliation à *l'Association française de cautionnement mutuel*, association agréée par le ministre des Finances : les comptables versent à cette association une cotisation annuelle égale à 1 % du montant garanti ; si le comptable mis en débet ne peut pas payer sur ses fonds personnels, l'association lui avance les fonds et les récupère ensuite sur l'intéressé et sur les mutualistes. Les comptables peuvent également souscrire une *assurance personnelle* volontaire couvrant leurs déficits de caisse, moyennant le paiement d'une prime ;

– le Trésor dispose d'un **privilège sur les biens meubles** du comptable et d'une **hypothèque légale sur ses immeubles** et ceux de son conjoint lorsqu'ils ont été acquis après la nomination dans le poste comptable, sauf si le conjoint les a acquis avec ses deniers propres.

3. Les assouplissements du régime de responsabilité

La rigidité du régime de responsabilité a été assouplie par plusieurs mécanismes :

– lorsqu'un comptable n'a pu recouvrer une recette pour des causes indépendantes de ses diligences (débiteur insolvable, débiteur disparu autrement que par décès...), il peut être déchargé de responsabilité par les procédures suivantes : *cotes irrecouvrables, admission en non valeur...* ;

– lorsque le comptable paye une dépense sur *réquisition* régulière de l'ordonnateur, sa responsabilité ne peut être engagée ;

– en cas de *force majeure* (guerre, vol, incendie...) le ministre des Finances **doit** décharger le comptable de la responsabilité qu'il encourt (si le ministre refuse, la décision de refus peut être annulée par un recours pour excès de pouvoir formé devant le Conseil d'État) ;

– le comptable peut demander au ministre des Finances une *remise gracieuse de débet*, en invoquant sa bonne foi et la disproportion existant entre ses ressources et le montant du débet ; cette remise, qui n'est pas de droit, dépend de la **bienveillance** du ministre. Il peut également solliciter du ministre un *sursis de versement* des sommes dont il a été déclaré débiteur, sursis qui peut lui être accordé pour une durée d'un an.

NB : Si le comptable peut être « protégé » par le ministre des Finances dans certaines hypothèses (force majeure), en revanche il ne l'est pas par la Cour des comptes. Les comptables principaux (trésoriers-payeurs généraux) ont l'obligation de déposer tous les ans leurs comptes auprès de la Cour des comptes. Or, selon un adage constamment vérifié, « la Cour des comptes juge les comptes, elle ne juge pas les comptables ». En d'autres termes, la Cour des comptes juge les comptes d'une manière objective, sans prendre en considération les circonstances particulières qui auraient conduit à la mise en débet du comptable. Un exemple significatif de cette rigueur est fourni par l'affaire *Nicolle* (CE 12 juill. 1907, concl. Romieu). M. Nicolle, trésorier-payeur général de la Corse, a été mis en débet pour avoir versé des primes aux éleveurs de vers à soie, sans avoir au préalable fait toutes les diligences nécessaires pour s'assurer de la réalité du bien-fondé de la dépense (les pièces justificatives que lui avaient adressées les maires étaient en apparence régulières, mais étaient en réalité fausses, les cocons ayant été souvent remplacés par des cailloux).

§ 3 - La violation de la règle : la gestion de fait

La gestion de fait est le fruit d'une construction jurisprudentielle de la Cour des comptes, initiée par l'arrêt *Ville de Roubaix* (Cour des comptes, 23 août 1834), puis reprise par l'article 60-XI de la loi de finances du 23 février 1963, qui dispose : « Toute personne qui, sans avoir la qualité de comptable public ou sans agir sous contrôle et pour le compte d'un comptable public, s'ingère dans le recouvrement de recettes affectées ou destinées à un organisme public doté d'un poste comptable ou dépendant d'un tel poste doit, nonobstant les poursuites qui pourraient être engagées devant les juridictions répressives, rendre compte au juge financier de l'emploi des fonds ou valeurs qu'elle a irrégulièrement détenus ou maniés.

Il en est de même pour toute personne qui reçoit ou manie directement ou indirectement des fonds ou valeurs extraits irrégulièrement de la caisse d'un organisme public et pour toute personne qui, sans avoir la qualité de comptable public, procède à des opérations portant sur des fonds ou valeurs n'appartenant pas aux organismes publics, mais que les comptables publics sont exclusivement chargés d'exécuter en vertu de la réglementation en vigueur.

Les gestions de fait sont soumises aux mêmes juridictions et entraînent les mêmes obligations et responsabilités que les gestions régulières. Néanmoins, le juge des comptes peut, hors le cas de mauvaise foi ou d'infidélité du comptable de fait, suppléer par des considérations d'équité à l'insuffisance des justifications produites.

Les comptables de fait pourront, dans le cas où ils n'ont pas fait l'objet pour les mêmes opérations des poursuites au titre du délit prévu et réprimé par l'article 433-12 du Code pénal, être condamnés aux amendes prévues par la loi. »

Ainsi des personnes qui ne sont pas des comptables publics patents (ou de droit), mais qui se sont comportées comme si elles l'étaient (**comptables de fait**), peuvent être attirées devant les juridictions financières et être soumises aux mêmes obligations et sanctions que les comptables publics.

A. La notion

Les **opérations constitutives de gestion de fait** consistent soit dans le recouvrement illégal de créances publiques (par exemple, encaissement direct par le maire d'une commune de droits de place, de redevances ou de participations... sans qu'ils soient reversés à la caisse du comptable public), soit dans le maniement direct ou indirect de fonds et valeurs extraits irrégulièrement d'une caisse publique, autrement dit dans la réalisation de dépenses illégales : ainsi de l'octroi d'une **subvention** à une association qui sera qualifiée de « transparente », dans la mesure où elle n'est que le prolongement de l'action de l'administration et se confond avec elle, dans le but d'échapper aux règles contraignantes de la comptabilité publique ou des marchés publics ; ainsi encore de la rémunération de prestations fictives sur la base d'un **mandat fictif :** ce mandat qui, en la forme, a toutes les apparences de la régularité, mais ne correspond pas à la réalité du service fait (fausse facture), permet de financer des opérations irrégulières (rémunération par la collectivité d'un employé de maison, financement d'une campagne électorale...).

B. Les comptables de fait

Les **personnes** qui peuvent être déclarées comptables de fait sont des **personnes physiques**, qui peuvent avoir la qualité d'ordonnateur (*ministre*, tel M. Christian Nucci dans l'affaire Carrefour du développement, Cour comptes, 30 sept. 1992 ; *maire*, tel Jacques Médecin, maire de Nice...) ou être des agents de l'administration, voire même de simples particuliers. Mais il s'agit souvent d'**associations** de la loi de 1901, qui sont des personnes morales de droit privé. La plupart du temps, personnes physiques et personnes morales sont déclarées comptables de fait de manière conjointe et solidaire. Ces personnes sont déclarées gestionnaires de fait *de brève main*, lorsqu'elles ont manié personnellement les fonds publics, et *de longue main*, lorsqu'elles ont conçu et organisé la gestion de fait, directement ou par personne interposée, ou ont couvert les opérations irrégulières.

C. La procédure

Les comptables de fait sont soumis aux **mêmes obligations** que les comptables patents : ils doivent produire devant le juge financier un compte, assorti des pièces justificatives.

Le juge financier procède au jugement du compte, comme s'il s'agissait du compte d'un comptable patent. Toutefois, ici il n'est pas seulement juge du compte, il est également **juge de la personne** : le comptable de fait peut en effet ne pas avoir agi dans son intérêt personnel ou dans un intérêt privé, il peut avoir agi dans l'intérêt du service, il peut encore avoir agi par erreur, maladresse ou ignorance. Tous ces facteurs peuvent conduire le juge du compte à assouplir sa décision, notamment à ne pas prononcer **l'amende pour gestion de fait** qu'il est habilité à infliger. Enfin, le comptable de fait ne sera mis en débet que si l'assemblée délibérante de la collectivité concernée par l'extraction irrégulière de fonds publics (Parlement pour l'État, conseil municipal pour la commune...) ne reconnaît pas **l'utilité publique** des dépenses provoquées par la gestion de fait ; cette régularisation rétroactive est fréquemment utilisée (pour l'État, elle figure dans la loi de règlement).

La comptabilité de fait peut donner lieu à d'autres sanctions, dès lors que la règle *non bis in idem* (qui interdit qu'une personne soit condamnée deux fois pour les mêmes faits) est respectée : sanctions pénales, si les faits constitutifs de la gestion de fait peuvent être qualifiés d'*usurpation de fonctions* (art. 433-12 C. pén.) ; *amendes* prononcées par la Cour de discipline budgétaire et financière, si ces mêmes faits constituent des infractions relevant de sa compétence.

La règle de séparation des ordonnateurs et des comptables publics, pierre angulaire du droit de la comptabilité publique, permet de comprendre le déroulement des opérations tant de dépenses que de recettes.

Section 2 › L'EXÉCUTION DES DÉPENSES

Il existe plusieurs procédures d'exécution des dépenses : une procédure *normale*, qui est lourde et complexe, mais aussi des procédures *simplifiées*, qui sont justifiées par l'urgence ou par le faible montant des dépenses. Enfin, pour éviter que les créanciers de l'État ne réclament indéfiniment leur créance, a été instaurée une *prescription quadriennale*.

§1 - La procédure normale

Elle comprend quatre opérations successives : engagement, liquidation, ordonnancement et paiement. Ces opérations se décomposent en deux phases, l'une administrative et l'autre comptable, qui correspondent à la règle de séparation des ordonnateurs et des comptables.

A. La phase administrative

Elle correspond aux trois premières opérations dont on rappellera qu'elles ne peuvent que se dérouler de manière successive – engagement, liquidation, ordonnancement – et, comme on peut le concevoir, elles sont de la responsabilité du seul ordonnateur.

1. L'engagement

C'est « l'acte par lequel un organisme public crée ou constate à son encontre une obligation de laquelle il résultera une charge » (art. 29 RGCP).

L'engagement est le fait générateur de la dépense, qui va rendre l'État débiteur.

L'engagement est d'abord *comptable*, en ce sens qu'il rend les crédits indisponibles pour une autre dépense, puis est suivi de l'engagement *juridique* qui est l'acte (ou le fait) créateur de la dépense. Cet acte est en effet le plus souvent volontaire (par exemple, lorsque l'État conclut un contrat avec un tiers), mais peut être involontaire (par exemple, lorsque l'État est condamné à réparer un dommage suite à une décision de justice).

L'engagement n'est possible que si le contrôleur financier (aujourd'hui contrôleur budgétaire et comptable ministériel) a apposé son **visa**, tant au niveau de l'engagement comptable que juridique.

2. La liquidation

« La liquidation a pour objet de vérifier la réalité de la dette et d'arrêter le montant de la dépense » (art. 30 RGCP).

L'ordonnateur doit vérifier d'une part que la **règle du service fait** a été respectée (les travaux ont bien été réalisés, conformément à la commande publique), d'autre part que les **pièces justificatives** de cette exécution lui ont été transmises. Ce n'est qu'à ce moment-là qu'il pourra **fixer le montant** de la dépense.

Ces règles pouvant entraîner des difficultés de trésorerie pour les entreprises ayant conclu des marchés de travaux publics, dans la mesure où elles ne pourraient être payées qu'une fois les travaux achevés, le Code des marchés publics a prévu la possibilité de leur verser des *acomptes* au fur et à mesure de l'exécution des travaux.

3. L'ordonnancement

L'ordonnancement « est l'acte administratif donnant conformément aux résultats de la liquidation, *l'ordre de payer* la dette de l'organisme public » (art. 31 RGCP).

Les *ordonnances de paiement* (ou *mandats de paiement* pour les ordonnateurs secondaires) constituent des ordres de payer adressés au comptable public. Elles doivent être accompagnées des pièces justificatives et avoir été soumises préalablement au **visa** du contrôleur budgétaire et comptable ministériel (ex-contrôleur financier). Notons que le créancier de l'État a la possibilité de former un recours pour excès de pouvoir contre la décision de refus d'ordonnancement, quel qu'en soit le motif (insuffisance de crédits, irrégularité budgétaire ou comptable...).

B. La phase comptable : le paiement

Le paiement constitue la dernière phase de l'opération de dépense et est effectué par le comptable. Le RGCP (art. 33) le définit comme « l'acte par lequel l'organisme public se libère de sa dette ».

Avant de payer, le comptable **vérifie la régularité** de la dépense : il contrôle la qualité de l'ordonnateur, la disponibilité des crédits, l'exacte imputation de la dépense et la validité de la créance (justification du service fait, exactitude des calculs de liquidation, existence des visas du corps du contrôle budgétaire et comptable ministériel).

Il s'assure ensuite que le paiement a un **caractère libératoire** ; à cet effet, il vérifie la qualité du créancier et règle la dépense selon les modalités prévues par le décret de 1962 (espèces, chèque, mandat ou virement bancaire).

Notons qu'il peut opposer la **compensation** au créancier ; en effet, si une personne publique détient une créance sur une personne privée, le comptable peut opérer une compensation entre la créance à payer et la dette du créancier et ne payer que la différence entre ces deux sommes. En revanche, la compensation ne peut jamais être opposée par le créancier d'une personne publique.

§ 2 - Les procédures simplifiées

La procédure normale est lente, complexe et mal adaptée à des opérations qui nécessitent une certaine rapidité. Des procédures plus simples ont été instaurées : le paiement sans ordonnancement préalable et la régie d'avance.

A. Le paiement sans ordonnancement préalable (art. 31 RGCP)

Pour les dépenses urgentes ou répétitives, des entorses à l'ordonnancement peuvent être pratiquées :

– tantôt l'ordonnancement peut intervenir *après paiement*, à titre de régularisation ; ainsi pour les dépenses urgentes et de faible montant (avances sur frais de mission liés à des déplacements impératifs) ;

– tantôt *l'ordonnancement disparaît totalement ;* cela vise les dépenses dont le principe, le montant et l'échéance sont fixés par la loi : dépenses de la dette publique, pensions, ainsi que les dépenses répétitives telles que les rémunérations des agents de l'État.

B. La régie d'avances (art. 18 RGCP)

La régie d'avances est la procédure par laquelle un comptable public charge un agent public, appelé *régisseur,* d'effectuer certaines dépenses pour son compte. Le régisseur, qui n'est ni comptable, ni ordonnateur, reçoit du comptable l'avance de sommes nécessaires au paiement de dépenses limitées dans leur montant et dans leur durée ; il s'agira par exemple de la rémunération de vacations, de dépenses de petites fournitures de bureau, du remboursement de frais de mission... (ce sont les dépenses « à bon compte » que l'on rencontre au ministère de la Défense).

Les régies d'avances sont créées par arrêté conjoint du ministre chargé des Finances et du ministre intéressé; une fois créées, le régisseur est nommé par l'ordonnateur, mais avec l'agrément du comptable.

La particularité de la régie d'avances réside dans le fait que l'ordre normal de l'opération de dépenses est inversé, le paiement intervenant d'abord, les opérations relevant de la compétence de l'ordonnateur n'intervenant qu'*a posteriori*, à titre de régularisation.

§ 3 - La prescription quadriennale

Pour éviter l'accumulation de dettes non payées, les droits des créanciers de l'État sont prescrits au bout d'un délai de 4 ans (loi du 31 déc. 1968, art. 1er). Mais, en fixant le point de départ du délai de 4 ans au 1er janvier de l'exercice qui suit l'année d'acquisition des droits, cette prescription se rapproche d'une prescription de 5 ans.

La prescription peut faire l'objet d'interruption ou de suspension.

• L'*interruption* résulte d'une réclamation écrite relative au paiement adressée par le créancier à l'administration, de l'émission par l'administration d'un moyen de paiement ou d'un recours juridictionnel; elle a pour effet d'annuler la partie du délai déjà écoulé et de faire courir un nouveau délai de 4 ans.

• La *suspension* résulte de l'empêchement d'agir du créancier, empêchement qui peut être légal ou de fait; pendant cette période le délai de 4 ans est suspendu, il ne recommence à courir qu'une fois la cause de la suspension disparue.

La prescription n'est pas d'ordre public: elle doit être invoquée en cas de litige par l'ordonnateur compétent, qui en principe ne peut renoncer à l'invoquer.

Cependant, le créancier de l'État peut être relevé de la prescription si des circonstances particulières le justifient, par décision conjointe du ministre ordonnateur de la dépense et du ministre chargé des Finances.

Section 3 › L'EXÉCUTION DES RECETTES

Les recettes publiques, que les administrations ont l'obligation de recouvrer, connaissent elles aussi une phase administrative et une phase comptable et sont soumises à une prescription.

§ 1 - La phase administrative

Elle se déroule sous l'autorité de l'ordonnateur et comprend trois étapes successives: constatation des droits, liquidation et émission d'un ordre de recette.

A. La constatation des droits

Cette opération consiste à déterminer la **matière** soumise à prélèvement autoritaire, conformément aux dispositions contenues dans les textes en vigueur, et à identifier les **personnes** qui entrent dans son champ d'application. En matière fiscale, on parle d'*assiette* de l'impôt. Le problème posé par l'assiette étant de savoir sur quelle base doit être établi l'impôt, deux questions fondamentales doivent être résolues : qui sera contribuable ? quelle sera la matière imposable (revenu ou consommation) ?

B. La liquidation

La liquidation consiste à calculer le montant de la créance publique ou, si l'on préfère, le montant de la dette des redevables. En matière fiscale, la liquidation est faite soit par l'administration (impôt sur le revenu et impôts locaux), soit par le contribuable lui-même (TVA), soit par un tiers (retenue à la source pour les revenus de capitaux mobiliers), le tout sous le contrôle éventuel du juge.

C. L'émission d'un ordre de recette

L'ordre de recette est constitué par une décision de justice, un arrêté de débet ou, plus fréquemment, un titre de perception émis par l'ordonnateur. En matière d'impôts directs, l'ordre de recette prend la forme du **rôle nominatif**, qui comporte la liste des contribuables, l'assiette de l'impôt et son montant ; le rôle nominatif est rendu exécutoire par arrêté préfectoral (le plus souvent, le préfet délègue ce pouvoir au directeur des services fiscaux).

§ 2 - La phase comptable : le recouvrement

Le recouvrement consiste dans le règlement auprès du comptable public, par le débiteur d'une créance publique, de sa dette. Le recouvrement peut être spontané (il est alors dit amiable) ou forcé, auquel cas le comptable public met en œuvre des procédures d'exécution forcée à l'encontre du débiteur récalcitrant (avis à tiers détenteur, saisie...).
En matière fiscale, les comptables publics chargés du recouvrement sont désormais les comptables de la Direction générale des Finances publiques (qui regroupent les comptables directs du Trésor et les comptables de la DGI) et qui ont compétence pour la plupart des impôts tant d'État (IR, IS, TVA, droits d'enregistrement...) que locaux (taxes foncières, taxe d'habitation, taxe professionnelle).

§ 3 - La prescription des créances publiques

Les créances publiques sont en principe soumises au droit commun de la prescription, c'est-à-dire à la prescription trentenaire.
Si tel est le cas pour les créances étrangères à l'impôt et au domaine, il n'en va pas de même dans la matière fiscale. En effet, la plupart des impôts sont soumis à une prescription abrégée, beaucoup plus courte, se situant aux alentours de 4 ans (mais pouvant être portée à 10 ans).

Chapitre 3 › L'EXÉCUTION FINANCIÈRE DE LA LOI DE FINANCES

› L'essentiel

Exécuter la loi de finances, c'est ***mettre en application*** *la politique budgétaire et financière, voire la politique économique, dont cette loi est un instrument.*

Cette exécution est assurée par un appareil complexe dont le ***Trésor*** *est le centre, mais qui bénéficie de l'aide d'un certain nombre d'alliés.*

Pour exécuter ses diverses fonctions, le Trésor dispose d'un large éventail de ***ressources****, qui sont d'abord fiscales et ensuite d'emprunts.*

Section 1 › L'APPAREIL FINANCIER DE L'ÉTAT

L'appareil financier de l'État comprend d'une part **le Trésor**, d'autre part les **alliés du Trésor**. Le Trésor présente la particularité de ne pas avoir de personnalité juridique distincte de celle de l'État : « il ne possède qu'une personnalité comptable », selon la formule de Louis Trotabas. Quant aux alliés du Trésor, qui viennent à l'appui du Trésor pour participer à l'exécution financière de la loi de finances, ce sont principalement la Banque de France et la Caisse des dépôts et consignations.

§ 1 - Le Trésor

De par son absence de personnalité juridique distincte de celle de l'État, le Trésor peut être défini comme **l'État dans ses responsabilités financières.** Il est vrai que le Trésor s'est développé en même temps que l'État développait et affermissait son autorité, en multipliant et diversifiant ses interventions dans le domaine économique.

Dès 1806, le Comte Mollien, ministre du Trésor, réalise l'unité de caisse en créant la Caisse de service qui centralise toutes les caisses des agents locaux du Trésor ; en 1814, le Baron Louis, ministre des Finances, institue le « mouvement général des fonds », service qui assure la compensation géographique des mouvements de fonds entre toutes les caisses locales ; en 1857, l'État transfert les fonds sur un compte courant auprès de la Banque de France, qui va assurer les tâches matérielles de mouvement et de centralisation des fonds ; enfin, en 1940, la Direction du mouvement général des fonds prend le nom de Direction du Trésor.

Le Trésor est en fait constitué par un ensemble de services qui est soumis à des principes d'organisation financière.

A. L'organisation administrative du Trésor

Le Trésor comprend deux sortes d'organes : des organes de conception et de décision et des organes de gestion ou d'exécution.

1. Les organes de conception

Avec l'aide de la Direction du Budget et de la Direction générale des Finances publiques, la **Direction générale du Trésor et de la politique économique**

(DGTPE) est le principal acteur de l'exécution des lois de finances. Selon la formule de l'un de ses anciens directeurs (J.-Y. Haberer), elle est le « chef d'orchestre » de l'ensemble de ces services, elle en est le chef d'état-major. Initialement la Direction du Trésor avait un effectif réduit (300 fonctionnaires) ; aujourd'hui, depuis 2004, à la suite de la fusion de trois anciennes directions (Trésor, Relations économiques extérieures, Prévision et analyse économique), la DGTPE est devenue un organisme complexe, exerçant des activité multiples et évoluant au gré des modalités d'intervention de l'État. Les missions actuelles de la DGTPE (ci-après Trésor) sont au nombre de quatre :

a) Le Trésor assure la **gestion de la dette et de la trésorerie de l'État**. Il s'agit là de la fonction classique et historique du Trésor. Cette gestion est confiée à l'Agence France Trésor (AFT), qui est un service rattaché au directeur du Trésor, mais qui dispose d'une réelle autonomie. Dans cette fonction, l'AFT est assistée d'un Comité stratégique, qui établit les grandes orientations de la politique d'émission d'emprunts par l'État. L'AFT gère le compte de commerce « Gestion de la dette et de la trésorerie de l'État », qui décrit l'ensemble des flux budgétaires découlant de cette gestion.

b) Le Trésor participe à la **direction de la politique économique nationale ;** en charge des prévisions économiques, il veille au financement de l'économie en participant à l'élaboration des réglementations concernant les marchés financiers, le secteur bancaire et les assurances.

c) Le Trésor exerce la **tutelle financière** sur les entreprises du secteur public par l'intermédiaire de l'un de ses services, l'Agence des participations de l'État (APE) ; à ce titre, il représente l'État dans leur conseil d'administration et gère les variations du périmètre public, entre nationalisations et privatisations.

d) Enfin, le Trésor assure la **représentation internationale** de la France en matière économique et commerciale. À l'échelon européen, il prépare les réunions des ministres des Finances de l'Union européenne (Conseil Ecofin) et de la zone euro (Eurogroupe). À l'échelon international, il a la charge de la représentation de la France et des négociations dans les organisations économiques et financières internationales (FMI, Banque mondiale, BERD, BEI, OCDE, OMC). C'est encore lui qui gère la zone franc, qui promeut les entreprises françaises à l'étranger, qui participe à l'aide au développement (octroi d'aides, restructuration de la dette publique).

2. Les organes de gestion

Ils comprennent des services de l'administration centrale (Bercy) et des services extérieurs, implantés à l'échelon local.

a) À l'échelon central, la **Direction générale des Finances publiques** (DGFP, créée par le décret du 3 avril 2008), issue de la fusion de deux services (Direction de la Comptabilité publique et Direction générale des Impôts) est pour partie chargée de gérer matériellement les décisions prises par le Trésor : elle a pour mission de rédiger à l'usage de ses agents les instructions permettant d'assurer le paiement des dépenses de l'État et de tenir la comptabilité de l'État. Mais au-delà de cette fonction, elle est chargée d'élaborer la législation et la réglementation relatives à la fiscalité (ce qui en fait un organe de conception), d'établir l'assiette des impôts et d'en effectuer le contrôle. Elle regroupe 130 000 agents dont la plupart sont implantés sur l'ensemble du territoire.

b) À l'échelon local, elle dispose d'un réseau étendu de 5 000 installations. Les réseaux existants, pour s'en tenir au seul échelon du département, sont constitués d'une part par les directions départementales des services fiscaux (qui regroupent les agents des impôts) et les trésoreries générales (qui regroupent les comptables publics). Ces réseaux sont appelés à fusionner progressivement jusqu'en 2012 pour ne former qu'une seule entité ayant pour nom « Direction départementale des finances publiques ». Actuellement, les agents des impôts calculent et contrôlent l'impôt des particuliers et des entreprises, et assurent la perception de certains d'entre eux (IS, TVA) ; quant aux comptables publics, ils assurent le recouvrement des impôts dus par les particuliers (IR, impôts locaux), payent les dépenses de l'État, perçoivent les recettes et payent les dépenses des collectivités territoriales.

B. Les principes d'organisation financière

Ils sont au nombre de deux : unité de caisse et unité de trésorerie.

1. L'unité de caisse

L'unité de caisse signifie que tous les fonds publics sont regroupés dans une caisse unique qui est le compte courant du Trésor à la Banque de France. Cette unité se rencontre à plusieurs niveaux :
– au niveau de *chaque poste comptable*, la compensation entre encaissements et décaissements limite les mouvements de fonds aux soldes,
– au niveau du *réseau des comptables publics*, ces derniers versent leurs excédents sur le compte courant du Trésor et retirent les fonds nécessaires à la couverture de leurs besoins,
– au niveau *central*, des comptables publics (avant 2008, il s'agissait de l'Agent comptable central du Trésor) centralisent les opérations et vérifient contradictoirement avec la Banque de France le niveau du compte courant.

2. L'unité de trésorerie

L'unité de trésorerie instaure une **solidarité de trésorerie** en mettant les fonds de chacun à la disposition de tous, selon des degrés variables :
– dans certains cas, il y a unité de caisse pure et simple : c'est le cas des collectivités territoriales qui doivent obligatoirement déposer leurs fonds au Trésor public,
– dans d'autres cas, il y a seulement une relation en compte courant entre le Trésor et certains « correspondants » (établissements publics nationaux) qui doivent porter sur le compte courant qu'ils détiennent auprès du Trésor d'une part les mouvements financiers qu'ils effectuent avec l'État, d'autre part une partie variable des liquidités dont ils disposent,
– enfin, certains organismes sont tenus de déposer au Trésor, en attendant de les utiliser, les fonds qu'ils ont empruntés ou que l'État leur a prêtés.
De ces principes découle l'existence de **correspondants du Trésor :** ce sont des particuliers ou des organismes de droit public ou privé qui déposent, volontairement ou obligatoirement (collectivités territoriales et leurs établissements publics, établissements publics nationaux), tout ou partie de leurs liquidités disponibles au Trésor.

§ 2 - Les alliés du Trésor

Ce sont la Banque de France et de nombreuses institutions spécialisées, dont la principale est la Caisse des dépôts et consignations.

A. La Banque de France

Traditionnellement, la Banque de France était l'institut d'émission et la banque de l'État, assurant le financement de la vie économique nationale par la gestion de la monnaie. Aujourd'hui, sous l'influence de la construction communautaire (traité de Maastricht), elle a subi de profondes transformations qui ont conduit à affirmer d'une part son **indépendance**, d'autre part sa **subordination** à l'égard de la Banque centrale européenne (BCE). Ses missions classiques ont été en conséquence passablement altérées.

1. Évolution historique

Créée en 1800 sous la forme d'une société par actions, la Banque de France reçut ses premiers « statuts fondamentaux » par un décret impérial de 1808. Ayant le privilège d'émission de la monnaie, la Banque était dirigée par un gouverneur, assisté de deux sous-gouverneurs, tous nommés par décret et révocables *ad nutum*. Les actionnaires (plus de 40 000 porteurs) étaient représentés dans deux instances : l'assemblée générale, composée uniquement des 200 plus gros actionnaires (« les 200 familles ») et un conseil général, composé de 15 régents, eux-mêmes contrôlés par trois censeurs, tous désignés par l'assemblée générale ; le conseil général était censé constituer le conseil d'administration sans en avoir les pouvoirs.

Évolution : ce système fut modifié en cinq étapes :

1. la loi du 24 juillet **1936**, adoptée par le Gouvernement de Front populaire, procéda à l'**étatisation** de la Banque. Sans qu'il fût porté atteinte à son statut, les représentants des actionnaires furent écartés de sa gestion : le conseil général est désormais composé de 20 conseillers, désignés pour le plus grand nombre (17) par le Gouvernement ;

2. la loi du 2 novembre **1945 nationalisa** la Banque. Elle demeurait une société anonyme, mais l'État en devenait l'actionnaire unique ;

3. la loi du 3 janvier **1973** en modifia les statuts ; tout en proclamant l'indépendance de la Banque, elle ne fit en réalité qu'accroître les pouvoirs du Gouvernement sur sa gestion ;

4. la loi du 4 août **1993** instaura enfin **l'indépendance** de la Banque de France à l'égard de l'exécutif, et cela pour deux raisons :

• une **raison économique**, marquée par l'influence de l'école américaine des « choix publics », selon laquelle la politique monétaire – qui a pour objet de contrôler l'inflation – doit être élaborée non par les politiques (dont les comportements sont inflationnistes pour des motifs de réélection), mais par un organisme totalement indépendant d'eux ; cette indépendance serait une garantie de stabilité de la monnaie et donc d'une monnaie forte,

• une **raison politique**, liée à l'application du traité de Maastricht qui prévoit la création du Système européen de Banques centrales (SEBC) ; ce système fédère autour de la Banque centrale européenne (BCE), qui est indépendante, les banques centrales nationales, à la condition qu'elles soient elles-mêmes indépendantes. L'indépendance de la Banque de France vis-à-vis des politiques se manifeste au travers de l'indépendance de ses organes directeurs : gouverneurs et sous-gouverneurs, conseil de la politique monétaire, conseil général ;

5. la loi du 12 mai **1998** apporte au statut de 1993 les **modifications** nécessitées par l'entrée de la France, à compter du 1er janvier 1999, dans la troisième phase de l'Union économique et monétaire (passage du franc à l'euro). Elles se traduisent par des transferts de compétences au profit de la BCE.

Enfin, diverses lois ultérieures (2007, 2008) ont précisé les missions de la Banque. L'ensemble de ces dispositions sont codifiées aux articles L. 141-1 et suivants du Code monétaire et financier.

2. Organisation

Les organes directeurs de la Banque de France sont les suivants :

a) Le **gouverneur**, assisté de deux sous-gouverneurs, auxquels il peut déléguer certaines de ses fonctions. Tous trois sont nommés par décret en Conseil des ministres pour une durée de 6 ans, renouvelable une fois et sont **irrévocables**, de façon à assurer leur indépendance. Le gouverneur préside le Conseil général et met en œuvre ses décisions ;

b) Le **Conseil général**, composé du gouverneur et des deux sous-gouverneurs, auxquels s'ajoutent 7 personnes, désignées pour leurs compétences : 2 membres nommés par le président de l'Assemblée nationale, 2 membres nommés par le président du Sénat, 2 membres nommés en Conseil des ministres et un représentant élu des salariés. Le Conseil général administre la Banque : il établit les budgets, arrête le bilan, répartit le bénéfice et fixe le dividende revenant à l'État. Un *censeur*, nommé par le ministre chargé de l'Économie, assiste aux séances et dispose d'un droit de veto.

3. Missions

La Banque de France, comme toute banque centrale nationale, exerce deux types de missions : d'une part des missions d'exécution de la politique monétaire définie dans le cadre du Système européen des banques centrales (SEBC) et de l'Eurosystème (qui réunit 15 États de la zone euro autour de la Banque centrale européenne ou BCE), d'autre part des missions d'intérêt général que l'on peut qualifier de classiques.

a) La Banque de France, le SEBC et l'Eurosystème

• **L'Eurosystème** est chargé de définir et de mettre en œuvre la politique monétaire unique, pour tous les États ayant adopté l'euro. Il se compose de la BCE, créée le 1er juin 1998, et des banques centrales nationales des États ayant adopté l'euro, dont la Banque de France.

Les décisions sont centralisées au niveau du Conseil des gouverneurs, qui regroupe les membres du directoire de la BCE et les gouverneurs des banques centrales nationales de la zone euro ; quant à la mise en œuvre de ces décisions, elle est décentralisée au niveau de chaque banque centrale nationale.

• Mais, étant donné que plusieurs États membres de l'Union européenne n'ont pas encore adopté l'euro, le **SEBC** rassemble la BCE et toutes les banques centrales des

États membres, dont là encore la Banque de France. Aux termes de l'article 127 CE (ex-article 105), le Système européen de banques centrales (SEBC), qui a pour objectif principal de maintenir la stabilité des prix, exerce les missions fondamentales suivantes :
« – définir et mettre en œuvre la politique monétaire de l'Union ;
– conduire les opérations de change ;
– détenir et gérer les réserves officielles de change des États membres ;
– promouvoir le bon fonctionnement des systèmes de paiement. »
En d'autres termes, la Banque de France participe non seulement à l'élaboration de la politique monétaire (qui a pour objectifs la gestion du taux de change et des taux d'intérêt ainsi que l'orientation des comportements des établissements de crédit), mais aussi à sa mise en œuvre concrète sur le territoire national.
Pour ce faire, la Banque de France est habilitée, après autorisation ou sous le contrôle de la BCE :
– à fabriquer et mettre en circulation la **monnaie fiduciaire** (billets et pièces en euros), mais aussi à la gérer (retrait des faux billets, remplacement des billets usagés...),
– à détenir et gérer les **réserves de change** en or et en devises de l'État, ainsi qu'à gérer une partie des réserves de change de la BCE,
– à veiller au **bon fonctionnement et à la sécurité des moyens de paiement** (chèques, cartes bancaires, services en ligne...) et des systèmes d'échanges : elle tient les comptes des établissements de crédit (banques...) et participe à la gestion du système européen TARGET (qui permet le règlement sécurisé des paiements d'un montant élevé et donc le bon fonctionnement du marché interbancaire de la zone euro) ; elle s'assure de la sécurité et de l'efficacité des moyens de paiement.

b) Les missions d'intérêt général traditionnelles

Orientées vers la recherche de la stabilité financière, elles se traduisent par un pouvoir de régulation, un pouvoir d'information et un pouvoir de gestion.

• En premier lieu, la Banque de France participe à la **réglementation** et à la surveillance des activités bancaires et financières au travers de trois organismes :
– le **Comité consultatif de la législation et de la réglementation financière** (CCLRF) ; il donne un avis sur tous les projets de textes de portée générale dans le domaine bancaire, financier et de l'assurance ; présidé par le ministre chargé de l'Économie, le gouverneur de la Banque de France est l'un de ses 14 membres,
– le **Comité des établissements de crédit et des entreprises d'investissement** (CECEI) ; il délivre les agréments et autorisations nécessaires lors de l'accès aux activités de banque ou d'investissement ; il est présidé par le gouverneur de la Banque de France ;
– la **Commission bancaire ;** elle s'assure, par des vérifications comptables, que les établissements de crédit respectent bien la réglementation en vigueur et, en cas de manquements constatés, peut infliger des sanctions ; elle est présidée par le gouverneur de la Banque de France.

• En deuxième lieu, grâce à ses succursales, la Banque de France diffuse des **informations** d'ordre financier et bancaire, ce qui la fait apparaître comme une précieuse banque de données ; elle gère un nombre considérable de fichiers (incidents de remboursement des crédits consentis aux particuliers, de sorte que c'est elle qui assure le secrétariat des commissions de surendettement...), les plus importants étant :

– le **fichier central des chèques** (et des cartes bancaires) (FCC), qui centralise les interdictions bancaires et judiciaires d'émettre des chèques ;

– le **fichier national des chèques irréguliers** (FNCI), qui recense et diffuse auprès des commerçants et prestataires de services des informations, notamment sur les chèques perdus ou volés, permettant de vérifier la régularité des chèques ;

– le **fichier bancaire des entreprises** (FIBEN), qui indique l'endettement bancaire des entreprises ainsi que leur notation par la Banque de France.

• En troisième et dernier lieu, la Banque de France est un **allié du Trésor**. À ce titre, jusqu'en 1994, elle pouvait accorder des avances, appelées « concours au Trésor », pour un montant maximum de 20,5 milliards de francs (dont 10,5 milliards non rémunérés). Ces avances (remboursées intégralement fin 2003) sont aujourd'hui totalement prohibées, en raison de l'indépendance que lui imposent ses statuts. La Banque de France reste cependant la banque de l'État et rend au Trésor deux services :

– elle tient (gratuitement) le **compte courant du Trésor**, c'est-à-dire le compte unique et central qui retrace toutes les opérations effectuées quotidiennement par les comptables du Trésor sur l'ensemble du territoire ;

– elle participe (contre rémunération) à la **gestion de la dette publique**, en mettant ses guichets à la disposition du Trésor pour le placement des emprunts et en organisant les séances d'adjudication à la hollandaise lors de l'émission de titres émis par le Trésor (OAT...).

B. La Caisse des dépôts et consignations (CDC)

Créée en 1816 pour gérer, dans une structure indépendante de l'État, les consignations judiciaires et certains fonds publics, afin de rétablir la confiance dans le crédit de l'État (sa devise est « Foi publique »), la Caisse des dépôts et consignations est à elle seule une « catégorie d'établissement public », eu égard au particularisme des règles de tutelle et de contrôle qui découlent de son statut (Cons. const. 29 déc. 1989, n° 89-268 DC, LF pour 1990).

Elle connut une étape importante dans son développement lorsque, sur l'initiative de Lamartine, elle reçut en 1837 la mission de gérer les fonds déposés dans les **caisses d'épargne**.

Devenue la banque centrale de grandes institutions d'épargne et de prévoyance, disposant par là même de ressources importantes (220 milliards € en 2007), elle bénéficie d'un statut qui lui garantit une certaine indépendance, tout en assurant de nombreuses missions d'intérêt général.

1. Organisation

La CDC est « placée, de la manière la plus spéciale, sous la surveillance et la garantie de l'autorité législative », c'est-à-dire du Parlement (art. 115 du titre X de la loi du 28 avril 1816).

Sans doute est-elle dirigée par un **directeur général**, nommé par décret du président de la République pour 5 ans, renouvelable une fois ; mais ce directeur général, qui a des pouvoirs de gestion étendus dispose d'une grande autonomie vis-à-vis de l'exécutif qui ne peut le relever de ses fonctions autoritairement : il ne peut être révoqué que sur demande motivée de la Commission de surveillance adressée au président de la République.

L'organe clé est en effet la **Commission de surveillance**, dans laquelle les parlementaires sont représentés et que préside l'un d'entre eux.

La Commission de surveillance compte treize membres : trois députés, deux sénateurs, trois personnalités qualifiées, dont deux nommées par le président de l'Assemblée nationale et une par le président du Sénat ; un représentant du Conseil d'État ; deux représentants de la Cour des comptes ; le gouverneur de la Banque de France ; le directeur général du Trésor et de la Politique économique.

La Commission de surveillance a pour rôle d'exercer son contrôle sur les décisions majeures, les orientations stratégiques, les prises de participation, la gestion des Fonds d'épargne et la vérification des comptes de la Caisse des Dépôts. Elle adresse chaque année, avant le 2 juillet, un rapport au Parlement sur la direction morale et la situation matérielle de la Caisse des dépôts au cours de l'année expirée.

2. Missions

La CDC exerce des missions d'intérêt général, en appui des politiques publiques conduites par l'État et les collectivités territoriales, et quelques activités concurrentielles (art. L 518-1 C. mon. fin.).

a) Missions d'intérêt général

Ces missions sont les suivantes :

– recevoir les consignations de toute nature (dépôts des offices de notaires, sommes consignées à l'occasion d'un procès...),

– gérer l'épargne populaire (livrets A des banques),

– gérer les caisses et fonds de retraite (dont le Fonds de réserve pour les retraites ou FRR),

– gérer la trésorerie de la Sécurité sociale (banquier de l'Agence centrale des organismes de sécurité sociale ou ACOSS),

– consentir des prêts aux collectivités territoriales (logement social, développement territorial, environnement) et aux PME.

b) Activités concurrentielles

Ces activités, étroitement liées aux précédentes et exercées par l'intermédiaire d'un nombre important de filiales implantées dans le monde (*Icade* dans le secteur immobilier, *Egis* dans le secteur des services...), concernent les activités de **banque** (prêts, conseils en financement, gestion de portefeuille, placements) et d'**assurance** (Caisse nationale de Prévoyance, devenue CNP Assurances).

Enfin, la CDC est actionnaire majoritaire du FSI (Fonds stratégique d'investissement), qui est une société anonyme créée avec l'État en décembre 2008 pour faire face à la crise économique apparue à l'automne 2008. Sa vocation est de prendre des participations dans les entreprises françaises porteuses de projets créateurs de valeur et de compétitivité pour l'économie.

Section 2 › LES RESSOURCES DU TRÉSOR

Les ressources du Trésor conditionnent l'exécution de la loi de finances : sans elles, la loi de finances ne pourrait être exécutée.

Exemple : loi de finances pour 2009. Cette loi prévoit un montant net de dépenses évalué à 277 milliards € (le montant est net, après déduction des remboursements et dégrèvements d'impôts). Ce chiffre comprend des dépenses obligatoires et inéluctables, qui sont de trois ordres :

1. charges de la dette : près de 43 milliards € de dépenses, nécessitées par le versement des *intérêts des emprunts* contractés par l'État. L'encours de ces emprunts (c'est-à-dire le montant total cumulé des emprunts émis par l'État) s'élève à plus de 1 000 milliards € ; il s'agit là de dépenses impératives, car liées à l'exécution d'un contrat, qui représentent 15 % des recettes nettes du budget général ;

2. dépenses de personnel : environ 120 milliards €, affectés à la rémunération des agents publics de l'État (2 120 830 emplois, répartis entre les divers ministères, les plus grands « employeurs » étant les ministères de l'Éducation nationale et de l'Enseignement supérieur, suivis par le ministère de la Défense et celui de l'Intérieur) ;

3. dépenses de fonctionnement : environ 39 milliards €, nécessités par l'entretien du matériel (d'un coût élevé au ministère de la Défense) et des ouvrages publics (routes...) et par l'activité administrative (maintenance du matériel, location d'immeubles...).

Ces dépenses, quasiment incompressibles, représentent environ 203 milliards € (sur un total de 277), soit près des 3/4 des dépenses inscrites au budget.

Quelles qu'elles soient, les dépenses totales qui s'élèvent à 277 milliards € doivent être **financées**. Or, ces dépenses ne sont couvertes par des recettes définitives, c'est-à-dire par des **recettes fiscales**, qu'à hauteur d'environ 211 milliards €. Le déficit qui en résulte (prés de 67 milliards €) doit en conséquence être financé par des ressources de trésorerie, c'est-à-dire par **l'emprunt** (Voir l'article d'équilibre de la loi de finances, article 70 LF pour 2009). Signalons que ces chiffres, issus de la seule loi de finances pour 2009, doivent être revus à la hausse, suite aux deux lois de finances rectificatives intervenues en février et mars 2009 : le déficit budgétaire est ainsi porté à 103,8 milliards €, portant le besoin de financement de l'État à 215, 8 milliards €.

Le financement du budget s'effectue par conséquent par deux types de recettes : les impôts et l'emprunt.

Ce sont ces deux types de recettes qu'il convient d'étudier.

§ 1 - Les recettes fiscales

L'examen de l'article d'équilibre de la loi de finances pour 2009, complété par l'état annexé A, fait apparaître un certain nombre de données :

1. Les ressources sont composées de *recettes fiscales* et de *recettes non fiscales*.

Les **recettes non fiscales** sont d'un montant peu élevé (22,6 milliards €) ; elles correspondent notamment aux *dividendes* perçus par l'État en tant qu'actionnaire d'entreprises, aux *produits du domaine de l'État* (revenus du domaine public, cessions d'immeubles), aux *produits de la vente de biens et services* (frais d'assiette et de recouvrement des impôts locaux), aux *remboursements et intérêts des prêts et avances* (consentis à des banques et à des États étrangers), aux *amendes* (police de la circulation, autorité de la concurrence...)...

2. Les recettes fiscales sont évaluées d'abord pour leur *montant brut* (361 milliards €) ; pour en obtenir le *montant net*, il faut déduire d'une part le montant des **remboursements et dégrèvements d'impôts** (102 milliards €), d'autre part les **prélèvements sur recettes au profit des collectivités territoriales et des Communautés européennes** (71 milliards €).

Les **remboursements** d'impôts sont des restitutions d'impôts liées aux techniques d'imposition (TVA) ou à la conjoncture (IS) ; quant aux **dégrèvements** d'impôts, ce sont des allégements des bases d'imposition ou des exonérations d'impôts, qui visent principalement les impôts directs locaux (taxe professionnelle).

En ce qui concerne les **prélèvements sur recettes**, la LOLF (art. 6) les définit comme des rétrocessions directes opérées sur les recettes de l'État au profit des collectivités territoriales ou des Communautés européennes « en vue de couvrir des charges incombant à ces bénéficiaires ou de compenser des exonérations, des réductions ou des plafonnements d'impôts établis au profit des collectivités territoriales ».

Cela posé, il convient de présenter les notions fondamentales du droit fiscal, puis le système fiscal français.

A. Les notions fondamentales du droit fiscal

Elles ont trait à la définition de l'impôt, aux finalités qu'il poursuit et à la technique fiscale.

1. Définition de l'impôt

Le terme « impôt » vient du verbe « imposer », qui implique une obligation de faire. L'impôt peut dès lors être défini comme un **prélèvement pécuniaire obligatoire et sans contrepartie directe, opéré sur une personne par voie de contrainte au profit d'une collectivité publique**. Pour atténuer l'idée de contrainte, inhérente à l'impôt, un impôt peut très bien prendre le nom de « contribution ». Tel est le sens des formules utilisées par les Révolutionnaires dans la Déclaration des Droits de l'Homme et du Citoyen du 26 août 1789, qui prévoit « la nécessité de la contribution publique » (art. 14) et son caractère « indispensable » et « également répartie entre tous les citoyens en raison de leurs facultés » (art. 13), ce qui implique une certaine justice sociale. Ce terme est aujourd'hui repris lors de la création d'impôts nouveaux, tels la *Contribution* sociale généralisée (CSG) ou la *Contribution* au remboursement de la dette sociale (CRDS), qui ne sont rien d'autre que des impôts.

La terminologie peut encore fluctuer, sans pour autant ôter aux prélèvements qui portent un autre nom leur caractère d'impôt. On peut citer les taxes qui portent sur la consommation (taxe sur la valeur ajouté ou TVA) ou les taxes locales (taxe d'habitation, taxe professionnelle...). En dépit du mot utilisé (taxe), ce sont là encore des impôts.

Cependant l'analyse juridique fait abstraction de l'abondance des termes utilisés en matière fiscale (impôt, contribution, taxe, droits...) pour opérer une distinction entre trois catégories de prélèvements : à côté de l'impôt, il y a de vraies taxes, ainsi que des redevances.

Si l'impôt se caractérise par sa vocation à n'offrir aucune contrepartie directe, visible – en effet, il existe bien une contrepartie qui est l'existence de services publics mis à la disposition des citoyens, mais cette contrepartie est diffuse dans la mesure où les contribuables ne peuvent les utiliser qu'occasionnellement : police, justice, éducation... –, la **taxe**, elle, est tout aussi obligatoire que l'impôt, mais elle est **perçue à l'occasion de la prestation offerte par un service public.** Les exemples de taxes entendues au sens juridique du terme sont peu nombreux. L'exemple le plus connu est la *taxe d'enlèvement des ordures ménagères* qui est due par toute personne résidant dans une commune, et cela même si cette personne n'utilise pas, pour quelque motif que ce soit, le service en cause.

La **redevance** se rapproche de la taxe, puisqu'elle est perçue à l'occasion d'une prestation fournie par un service public. Mais elle s'en distingue nettement dès lors qu'elle n'est due que par **l'usager** *réel* de ce service, alors que la taxe, par son caractère obligatoire, est due par toute personne, y compris l'usager virtuel. *La redevance est en fait le prix d'un service rendu par une personne publique à un client qui utilise ledit service* (prix d'entrée dans un musée ou dans une piscine, tarif d'une crèche, péage d'autoroute...). La redevance est en principe proportionnelle au service rendu, car elle doit permettre au service public concerné d'équilibrer ses comptes.

2. Les finalités de l'impôt

L'impôt poursuit un objectif premier, essentiel, qui est strictement **financier** : la couverture des charges publiques, c'est-à-dire l'alimentation des caisses de l'État, pour que l'État puisse accomplir ses missions. C'est ce que rappelle l'article 13 de la Déclaration des Droits de 1789 : « Pour l'entretien de la force publique et pour les dépenses d'administration, une contribution commune est indispensable. »

Mais en dehors de cet objectif purement financier, l'impôt peut également viser des objectifs sociaux ou des objectifs économiques. L'impôt traduit alors une volonté d'**interventionnisme fiscal**.

L'impôt peut tout d'abord être utilisé à des fins de *redistribution sociale*. Dans cette hypothèse, le poids de l'impôt pèsera très fortement sur les contribuables riches et l'État utilisera une partie des sommes ainsi prélevées pour améliorer le sort des personnes pauvres. Des politiques fiscales aussi généreuses ont été tentées dans certains pays. Ainsi, en Grande-Bretagne, en 1945, le Gouvernement travailliste de Clement Attlee a souhaité procéder à un nivellement social en instaurant des impôts progressifs sur les revenus et sur les successions, en détaxant les produits de première nécessité et en surtaxant les objets de luxe. Mais cette politique n'a pas obtenu les résultats escomptés : les capitaux ont fui, les personnes riches se sont « délocalisées » dans des États à fiscalité plus clémente.

Ensuite, sous l'influence de la pensée de Keynes, l'impôt peut être utilisé à des *fins économiques conjoncturelles*. Tantôt il s'agit de lutter contre l'inflation : à cet effet sont instaurés des prélèvements exceptionnels (par exemple, majoration exceptionnelle d'impôt sur le revenu intervenue en 1973), ayant pour but d'éponger le pouvoir d'achat excédentaire des contribuables. Tantôt, il s'agit, par des incitations fiscales ou des avantages fiscaux (taux d'imposition réduits), de favoriser ou d'encourager un secteur d'activité donné, par exemple la recherche.

Mais le courant dominant, d'inspiration néo-libérale sur le plan économique, tend à rechercher la *neutralité* de l'impôt. L'impôt neutre est l'impôt qui reste sans influence sur le choix des agents économiques, ces derniers prenant leurs décisions en fonction d'une rationalité économique et non pas sous l'influence de tel ou tel avantage fiscal.

3. La technique fiscale

L'impôt dû par les contribuables obéit à un processus logique qui comprend trois étapes : l'assiette, la liquidation et le recouvrement.

a) L'assiette

L'assiette consiste à **déterminer la matière imposable**. En pratique, deux questions se posent au législateur, seul compétent en matière fiscale : – qui va être contribuable ? – quelle va être la matière imposable ?

Le **choix du contribuable** est évidemment un choix politique, qui va permettre de désigner les personnes (physiques ou morales) qui vont supporter l'impôt. À cet effet, il convient de distinguer le redevable *légal* et le redevable *effectif*. Le **redevable légal** est la personne qui supporte la charge juridique de l'impôt et qui doit l'acquitter. Le **redevable effectif** est la personne qui supporte le poids de l'impôt, alors même que cet impôt sera payé par un autre que lui. Ainsi, en matière d'impôt sur le revenu (IR), la même personne est à la fois redevable légal et redevable effectif. Mais, en matière de taxe sur la valeur ajoutée (TVA), le redevable légal est le commerçant, alors que le redevable effectif est le consommateur.

Une fois précisées les personnes assujetties à l'impôt, le législateur va s'intéresser à la **fixation de la matière imposable**. Cette dernière pourra porter soit sur le **revenu**, soit sur la **dépense** ou la consommation, soit sur le **capital** ou la fortune, toutes notions qu'il convient de définir. Le *revenu* n'est pas seulement le fruit régulier d'une source permanente, telle le travail, le revenu consiste dans l'enrichissement constaté chez le contribuable durant une période déterminée (généralement un an, car l'impôt est annuel). L'impôt sur la *dépense* frappe toutes les dépenses liées à la consommation, par exemple tous les achats qu'une personne peut faire tant pour sa consommation courante que pour ses investissements. Enfin, l'impôt peut frapper le *capital*, c'est-à-dire l'ensemble ou une partie des biens que peut posséder une personne.

L'assiette est essentiellement déterminée selon ces trois critères économiques : Revenu, Dépense, Capital. Il n'empêche qu'elle s'accompagne souvent d'une distinction juridique, ancienne, mais toujours en vigueur : il s'agit de la distinction *impôts directs* et *impôts indirects*. Les impôts directs sont les impôts « directement » payés par le contribuable (c'est le cas de l'IR), alors que les impôts indirects sont acquittés par des tiers, mais supportés par le contribuable (c'est le cas de la TVA).

b) La liquidation

La liquidation permet de calculer la note d'impôt due par chaque contribuable. Ce calcul s'effectue en deux étapes : dans un premier temps il convient d'évaluer l'assiette, dans un second temps il convient d'évaluer le montant de la dette fiscale.

Tout d'abord, l'assiette imposable peut être évaluée selon **plusieurs méthodes**, qui sont marquées par l'histoire :

– la **méthode indiciaire** permet à l'administration fiscale de déterminer l'impôt à partir de signes extérieurs, incontestables, dont l'exemple le plus connu fut le nombre de portes et fenêtres dont disposait l'habitation d'un contribuable au XIXe siècle ;

– la **méthode forfaitaire** consiste pour l'administration à proposer au contribuable une imposition approximative, car fixée selon des moyens empiriques, permettant d'approcher la vérité d'une situation économique sans pour autant l'atteindre ;

– la **méthode de la déclaration contrôlée** est aujourd'hui la plus utilisée ; l'impôt est liquidé à partir des déclarations que fait le contribuable, et l'administration peut exercer un contrôle *a posteriori* sur ces déclarations pour s'assurer de leur sincérité.

Ensuite, une fois l'assiette évaluée, pour obtenir le montant de la cotisation d'impôt due par le contribuable, il convient d'appliquer à cette assiette le **taux** de l'impôt. Le taux de l'impôt peut être *spécifique* ou *ad valorem*. Le taux est spécifique lorsqu'il est exprimé en unités monétaires par unité d'assiette, exprimant des quantités (X € par hectolitre ou par quintal). Le taux est « ad valorem » lorsqu'il est exprimé en pourcentage de l'assiette fixée en valeur. Ainsi, le taux normal de la TVA est de 19,6 % de la valeur du produit que l'on achète. Inutile de dire que la plupart des impôts actuels sont des impôts « ad valorem ».

Le taux de l'impôt peut en même temps être *proportionnel* ou *progressif*. L'impôt proportionnel est un impôt dont le taux est constant, qui ne varie pas avec la valeur plus ou moins grande de l'assiette. C'est le cas de la TVA, impôt sur la dépense, qui a un taux normal de 19,6 %, quelle que soit la valeur du bien acheté. L'impôt progressif est un impôt dont le taux va s'élever avec la quantité de matière imposable. Autrement dit, plus la matière imposable est élevée, plus le taux augmentera. La progressivité est généralement conçue par tranches : l'assiette est découpée en tranches successives, auxquelles on applique un taux de plus en plus élevé au fur et à mesure que l'on atteint les tranches supérieures. Le système est utilisé pour l'impôt sur le revenu.

c) Le recouvrement

L'impôt une fois liquidé et le montant de la note d'impôt calculée, il reste à faire payer le contribuable. C'est le **recouvrement**.

Le plus souvent, l'administration fiscale adresse au contribuable un **avis d'imposition** (c'est le cas pour l'IR et pour les impôts locaux). Parfois, le paiement est **spontané**, la loi ayant mis à la charge du redevable une obligation de liquidation (c'est le cas pour la TVA). Parfois enfin, le recouvrement est effectué par un tiers, chargé de procéder à une **retenue à la source** sur les sommes qu'il verse (c'est le cas pour les employeurs de la plupart des pays européens, mais non de ceux de France).

Si le contribuable ne s'exécute pas, le comptable public doit mettre en œuvre des procédures de **recouvrement forcé** pour obtenir le règlement de l'impôt, le tout sous le contrôle du juge.

B. Le système fiscal français

Fruit d'une lente évolution, le système fiscal français se caractérise à la fois par le profond déséquilibre qui existe entre ses composantes (revenu, dépense, capital) et par une certaine inégalité dans la répartition de la charge fiscale qui peut accréditer chez certains l'idée d'une certaine injustice. Pour la clarté du propos, il est nécessaire d'envisager d'abord les impôts perçus par l'État, puis les impôts perçus par les collectivités territoriales, et enfin d'en montrer les principales caractéristiques.

1. Les impôts d'État

Leur présentation impose de reprendre la classification économique déjà évoquée : revenu, dépense, capital.

a) Les impôts sur le revenu

Les impôts sur le revenu sont dissociés en deux catégories : d'une part, l'impôt sur le revenu classique (IR), qui a une assiette relativement étroite, auquel se rattache l'impôt sur les sociétés (IS), d'autre part deux contributions récentes, à l'assiette beaucoup plus large, la Contribution sociale généralisée (CSG) et la Contribution au remboursement de la dette sociale (CRDS).

• **L'impôt sur le revenu** (IR) : il est payé par les **personnes physiques** résidant en France, quelle que soit leur nationalité. Il frappe la totalité des revenus qu'elles perçoivent (salaires, honoraires, bénéfices tirés des activités industrielles et commerciales, revenus fonciers...), après déduction des dépenses engagées en vue de leur acquisition et de leur conservation. Les revenus sont retenus dans le cadre du « foyer fiscal », qui correspond à la famille (parents, enfants), ce qui conduit à la personnalisation de l'impôt (système du quotient familial). L'IR est un impôt progressif par tranches, dont le taux varie de 0 à 40 %.

• **L'impôt sur les sociétés** (IS) : l'IS frappe les bénéfices réalisés par les sociétés de capitaux (sociétés anonymes, sociétés à responsabilité limitée...). Le bénéfice est globalement constitué par la différence entre le bilan de clôture et le bilan d'ouverture. Il correspond au résultat comptable, mais ce dernier fait l'objet de rectifications en raison de l'existence de règles fiscales qui dérogent aux règles comptables. Le taux normal de l'IS est de 33,33 %.

• **Les contributions sociales** (CSG et CRDS) : elles viennent en complément de l'IR. Leur particularité est leur affectation, non pas à l'État, mais à la nébuleuse qu'est la Sécurité sociale. Il s'agit de la CSG (créée en 1991) et de la CRDS (créée en 1996).
Ces contributions ont une assiette très large, beaucoup plus large que celle de l'IR. Elles frappent trois types de revenus : les revenus d'activité et de remplacement, les revenus du patrimoine et les placements à revenu fixe.
Sont assujetties à ces contributions toutes les personnes physiques fiscalement domiciliées en France.
Ces deux contributions sont associées à un *prélèvement social de 2 %* et à un *prélèvement RSA de 1,1 %.* qui ont une assiette moins large puisqu'ils ne frappent pas les revenus d'activité et de remplacement.
La particularité de cet ensemble de prélèvements sociaux réside dans le fait qu'ils font, pour l'essentiel, l'objet d'une retenue à la source, opérée par les employeurs et les établissements financiers. Si l'on additionne leurs taux, on aboutit à un taux global de 12,1 %...ce qui en fait des impôts très rentables.

b) Les impôts sur la dépense

La **dépense** est imposée sous deux formes : d'une part, un impôt général (la TVA), d'autre part des droits indirects. Les impôts sur la dépense ont été harmonisés entre les États membres de l'Union européenne, pour éviter les distorsions de concurrence auxquelles de tels impôts pouvaient conduire.

• La **taxe sur la valeur ajoutée** (TVA) constitue la principale recette de l'État (50 % des recettes fiscales). Elle frappe toutes les opérations de ventes de biens ou de services (à l'exception des activités médicales) et est supportée par l'acheteur final, c'est-à-dire le consommateur. Ainsi, l'achat d'un livre comprend le prix du livre proprement dit, auquel s'ajoute le montant de la TVA, montant qui doit figurer sur la facture (prix TTC) que reçoit le client. La TVA est en conséquence collectée par le vendeur, c'est-à-dire le commerçant, qui sera chargé de la reverser au Trésor public. Mais – et c'est là la pièce maîtresse du mécanisme instauré – ce même commerçant peut déduire de la TVA qu'il a collectée la TVA qu'il a lui-même payée lors des achats qu'il a effectués pour exercer son activité, en l'espèce celle de libraire (achats de rayonnages, de présentoirs, d'électricité...). Ce mécanisme ingénieux assure la neutralité économique de cette taxe sur le chiffre d'affaires.

• Les **droits indirects** (appelés encore **droits d'accise**) sont des impôts sur la consommation qui se surajoutent à la TVA. Ils sont justifiés tant par des raisons historiques que par des objectifs économiques ou sociaux. On peut citer, à titre d'exemples, les droits sur les alcools, sur les tabacs et sur les huiles minérales, parmi lesquelles on trouve la célèbre « taxe intérieure sur les produits pétroliers » (TIPP).

c) Les impôts sur le capital

Enfin, l'imposition du **capital** est en France plutôt plus lourde que dans la plupart des autres pays d'Europe. Elle peut prendre deux formes : les droits d'enregistrement et l'impôt sur la fortune.

• Les **droits d'enregistrement** sont des impôts exigibles occasionnellement, lors de la rédaction de certains actes : ouverture d'une succession, donation, ventes d'immeubles, création de sociétés... Le patrimoine est alors imposé lorsqu'il est transmis à titre gratuit (donation, succession) ou lorsqu'il est transmis à titre onéreux (vente d'immeubles, création ou augmentation de capital d'une société...).

• L'**impôt de solidarité sur la fortune** (ISF) est, quant à lui, annuel. Il est dû par les personnes physiques qui sont propriétaires d'un patrimoine (biens meubles et immeubles) dont la valeur nette excède un certain montant, fixé à 790 000 € pour 2009. Son taux, progressif par tranches, va de 0 à 1,8 %.

2. Les impôts locaux

Il s'agit de quatre contributions issues de la Révolution française et toujours en vigueur, avec maintes adaptations. De là leur nom de « Quatre Vieilles ». Très critiquées, car assises davantage sur des indices (valeur locative cadastrale, qui est le rendement théorique d'une propriété évalué par l'administration) que sur des valeurs économiques, ces taxes n'en continuent pas moins d'être pérennisées, car elles alimentent les caisses des collectivités territoriales (commune, département, région).

a) La taxe professionnelle

C'est l'impôt local qui a le plus grand rendement. Elle est due par les personnes physiques (professions libérales) ou morales (sociétés) qui exercent en France, à titre habituel une activité professionnelle non salariée.

b) La taxe d'habitation

La taxe d'habitation est due par toute personne qui occupe, au 1er janvier de l'année d'imposition, un local d'habitation dans la commune.

c) Les taxes foncières

Elles se subdivisent en deux éléments : la **taxe foncière sur les propriétés bâties**, qui est due par les propriétaires d'immeubles bâtis (constructions élevées au-dessus du sol) situés en France ; la **taxe foncière sur les propriétés non bâties**, qui est due par les propriétaires de terrains non construits.

3. Les principales caractéristiques

Hormis les droits d'enregistrement qui ne sont perçus qu'à l'occasion de certains événements, tous les impôts évoqués sont perçus **tous les ans** (principe d'annualité de l'impôt).

Tous les impôts cités sont des **impôts déclaratifs**, en ce sens qu'ils font l'objet d'une déclaration de la part de l'assujetti, tel qu'il est défini par la loi (à l'exception des impôts locaux). Bien évidemment, cette déclaration est contrôlée par l'administration fiscale, le tout sous la surveillance du juge de l'impôt.

Pour éviter les dérives provoquées par certains impôts (personnes physiques disposant de très faibles revenus, mais acquittant un important ISF) a été instauré depuis 2006 un « bouclier fiscal » : les personnes physiques ne peuvent être imposées au titre des impôts directs (IR, ISF, impôts locaux) et des contributions sociales (CSG-CRDS) au-delà de 50 % de leur revenu.

Enfin, le système fiscal décrit a tendance à se rapprocher des systèmes fiscaux étrangers, et cela sous la double influence de l'Union européenne (qui a réalisé partiellement l'harmonisation des impôts sur la dépense) et du développement des échanges internationaux (qui ont conduit la France à conclure avec près de 100 États des conventions fiscales bilatérales destinées à éviter la double imposition).

Remarque : les recettes fiscales prévues dans la loi de finances pour 2009 étant insuffisantes pour couvrir l'ensemble des dépenses autorisées, le déficit de 66,9 milliards € prévu dans la LF pour 2009 doit être couvert par des ressources de trésorerie.

§ 2 - L'emprunt

Pour faire face à ses dépenses qui ne sont pas couvertes par les ressources budgétaires classiques (impôts, produits du domaine...), tout comme pour assurer la soudure entre des rentrées fiscales qui ne sont pas régulières et des dépenses qui, elles, le sont, l'État est contraint d'émettre des emprunts.

Il convient d'en étudier d'abord la technique pour analyser ensuite la dette publique, puis se prononcer sur sa nature juridique.

A. La technique de l'emprunt

Les emprunts sont de deux sortes : à long et moyen terme et à court terme.

1. Les emprunts à long et moyen terme

Ils sont toujours largement utilisés, mais leurs modalités ont profondément changé. Certaines techniques ont aujourd'hui disparu : les emprunts perpétuels et les emprunts amortissables.

• Les **emprunts perpétuels** présentaient la particularité de ne pas rembourser aux souscripteurs le capital qu'ils avaient souscrit, mais de leur servir une *rente perpé-*

tuelle indéfiniment. Concevables dans un État libéral classique, ces emprunts furent condamnés par l'instabilité monétaire. Le dernier emprunt perpétuel a été émis en 1949 et remboursé en 1987.

• Les **emprunts amortissables** avaient une très longue durée, pouvant se situer entre 50 ans et 75 ans. Pour les rendre attractifs, l'État devait leur accorder des avantages importants, notamment fiscaux. Eu égard à leur caractère onéreux pour les finances publiques, ils ont aujourd'hui disparu. Le dernier exemple est l'emprunt Pinay 1952-1958, ainsi nommé car ayant été émis en deux tranches, qui était indexé sur une pièce d'or, le Napoléon, et était exonéré de droits de succession ; il fit l'objet d'une conversion en 1973 sous le nom d'emprunt Giscard, puis remboursé par anticipation en 1988.

Ces emprunts à long terme, bien qu'ils fussent directement placés dans le public, se révélant particulièrement coûteux, furent par la suite émis à la fois pour une durée plus courte (10 à 15 ans) et selon une technique nouvelle, dite de *syndication* : les emprunts étaient pris en charge par un syndicat d'établissements bancaires en contrepartie d'une commission versée par le Trésor, lesdits établissements se chargeant par la suite de les placer dans le public. Cette nouvelle modalité, qui permettait de connaître le degré de confiance que les épargnants et investisseurs avaient dans l'État, se révéla peu adaptée à l'évolution des marchés financiers. En outre, certains grands emprunts d'État apparurent très coûteux : ainsi l'emprunt Giscard, issu de la conversion de l'emprunt Pinay, et indexé sur le lingot d'or, qui avait rapporté 1 milliard € en 1973, coûta à son échéance en 1988 plus de 13 milliards, dont plus de 8 milliards au titre du remboursement du capital.

Aujourd'hui l'État émet des emprunts à long terme pour des durées variables, généralement plus courtes. Ces emprunts prennent principalement deux formes : les OAT et les BTAN.

a) Les obligations assimilables du Trésor (OAT)

Créées en 1985 pour remédier à la diversité des caractères des emprunts émis par l'État (durée, montant du coupon...), ces obligations sont dites « assimilables » en raison de la possibilité de les rattacher à une tranche d'emprunt émise antérieurement et dont elles reprennent les caractéristiques. Si la plupart sont émises pour une durée variant de 7 à 15 ans, certaines le sont pour une durée beaucoup plus longue, allant jusqu'à 30 ou même 50 ans, dans le but d'attirer de gros investisseurs institutionnels souscrivant des volumes importants en vue de répondre à une demande pressante de la société civile (par exemple, la constitution d'une épargne en vue de la retraite).

Les OAT sont généralement à *taux fixe ;* elles sont parfois à *taux variable*, notamment lorsqu'elles sont indexées sur des éléments aussi divers que l'indice des prix à la consommation, l'inflation européenne ou les taux d'intérêt à long terme.

Les OAT sont émises selon la technique de « l'adjudication à la hollandaise » (ou adjudication à prix demandé). Cette technique met en concurrence des souscripteurs (banques nationales ou/et étrangères...) qui font chacun des offres de prix (taux d'intérêt, commission) par rapport aux sommes que le Trésor souhaite emprunter ; le Trésor retient les offres qui présentent les meilleures conditions, soit en premier lieu celles qui ont le taux d'intérêt le plus bas, puis en deuxième lieu

celles qui ont le taux d'intérêt qui est immédiatement supérieur et ainsi de suite jusqu'à épuisement du montant global proposé pour l'émission.
Au 30 avril 2009, l'encours des OAT était de 687 milliards €.

b) Les bons du Trésor à taux fixe et à intérêts annuels (BTAN)
Les BTAN sont des titres émis pour couvrir les besoins de financement à moyen terme, pour une durée de 2 à 5 ans. Ils sont émis dans des conditions quasi-identiques à celles des OAT. Fin avril 2009, l'encours des BTAN s'élevait à 211 milliards €.
Dans la loi de finances pour 2009, l'article d'équilibre fait apparaître le besoin de financement de l'État, qui est estimé à 179,6 milliards € et devrait être couvert par des OAT et des BTAN à hauteur de 135 milliards €. Cela montre l'importance de ces deux types d'emprunt dans la couverture des charges publiques.

2. Les emprunts à court terme

Les **bons du Trésor à taux fixe et à intérêts précomptés**, c'est-à-dire payés à l'avance (BTF), sont des emprunts à court terme, émis pour 3 mois, 6 mois ou 1 an. Leur durée, très courte, indique que ces emprunts sont destinés à couvrir les besoins de trésorerie de l'État, notamment ses besoins infra-annuels, nécessités par l'obligation de payer les dépenses alors que les recettes fiscales sont insuffisantes. L'encours des BTF varie tout au long de l'année, il est fort en été et diminue en fin d'année, grâce aux rentrées fiscales. Au 30 avril 2009, il était de 174 milliards €.

B. La dette publique

L'ensemble des emprunts émis par l'État constitue la dette publique ; elle est gérée par un service du ministère des Finances, **l'Agence France Trésor (AFT)**.
Il existe une **dette négociable**, c'est-à-dire contractée sous forme d'instruments financiers échangeables sur les marchés financiers (obligations et bons du Trésor) et une **dette non négociable**, qui concerne les dépôts des *correspondants du Trésor*. Ce sont « les organismes ou particuliers qui, soit en application des lois ou règlements, soit en vertu de conventions, déposent à titre obligatoire ou facultatif des fonds au Trésor » (art. 118 du décret de 1962 portant RGCP). Les correspondants à titre obligatoire, qui sont principalement les collectivités territoriales et les établissements publics tant nationaux que locaux, représentent 90 % du volume total des dépôts des correspondants.
Fin avril 2009, l'encours de la dette négociable s'élevait à plus de 1 000 milliards € (1 075 milliards contre environ 50 milliards € pour la dette non négociable), soit environ 52 % du PIB. À titre indicatif, ce chiffre représente 15 000 € par habitant, 25 000 € par foyer fiscal et 33 000 € par actif !
Les chiffres qui précèdent correspondent au seul poids de la dette de l'État. Ils ne sont pas à confondre avec la dette de l'ensemble des acteurs publics (entendus comme les autorités publiques bénéficiant de prélèvements obligatoires) retenue par les critères européens et fixée à 60 % du PIB qui inclut, outre la dette de l'État, la dette de l'ensemble des administrations publiques (organismes divers d'administration centrale *ODAC*, administrations publiques locales *APUL*, administrations de sécurité sociale *ASSO*).

DÉCOMPOSITION PAR SECTEUR
DE L'AUGMENTATION DE LA DETTE PUBLIQUE EN 2008 *(en points de PIB)*
Dette publique à la fin 2007 63,9 %
Contribution de l'État + 2,0
Contribution des ODAC – 0,5
Contribution des APUL + 0,1
Contribution des ASSO – 0,2
Variation totale de la dette publique + 1,3
Dette publique à la fin 2008 65,3 %
Source : ministère du Budget, des comptes publics et de la fonction publique.

L'endettement public devait atteindre 66 % du PIB à la fin 2009 ; ce chiffre a été revu à la hausse au cours de l'année 2009 et devrait être porté à 74 %. Ce dérapage inquiétant pour la santé des finances publiques a été stigmatisé par le rapport Pébereau dès décembre 2005.

L'AFT a pour mission de gérer de manière active la seule dette de l'État, si possible en en réduisant le coût et la durée de vie, qui est actuellement de 6 ans et 261 jours. Cette gestion active se traduit par l'utilisation de deux instruments : les contrats d'échange des taux d'intérêt (swaps) et les rachats de dette (rachats de gré à gré et adjudications à l'envers).

À cet effet, l'AFT intervient sur le **marché financier** qui se compose d'un marché primaire, sur lequel s'offrent et se demandent les titres lors de leur émission, et d'un marché secondaire, où s'échangent les titres déjà émis. Pour faciliter tant l'émission que l'échange de titres, l'AFT est assistée par des *spécialistes en valeurs du Trésor* (SVT) qui sont des établissements financiers et des banques de réseau tant français (BNP Paribas, Société générale...) qu'étrangers (Crédit suisse...) actuellement au nombre de 20. Les SVT ont des missions importantes sur le marché primaire : ils conseillent l'Agence sur la conduite de sa politique d'émission, ils ont en charge le placement des titres d'État, ils participent aux adjudications et ont l'obligation d'acquérir au moins 2 % des titres émis, qu'il s'agisse des OAT, des BTAN ou des BTF. Mais la mission principale des SVT est de garantir la liquidité du marché secondaire des valeurs du Trésor, en assurant leur cotation en Bourse.

C. La nature juridique de l'emprunt

L'emprunt émis par l'État s'analyse en un contrat conclu entre le souscripteur, qui peut être une personne physique ou une personne morale, et l'État (ou le Trésor public). Les caractéristiques de l'emprunt (durée, taux, modalités de remboursement...) étant fixées unilatéralement par l'État, il s'agit d'un contrat d'adhésion.

Dans le silence de décisions juridictionnelles sur ce point, la doctrine s'accorde à considérer qu'il s'agit d'un *contrat administratif* en raison soit de l'existence de clauses exorbitantes du droit commun, fréquentes par le passé (indexation, garanties...), soit de sa soumission à un régime exorbitant du droit commun : l'emprunt est autorisé par la loi de finances, ses caractéristiques sont définies par décret, ses modalités techniques sont établies par arrêté du ministre des Finances. Toutefois, en raison de la banalisation des titres émis par l'État (qui sont quasi-identiques aux emprunts émis par de grandes entreprises), il est permis de douter que ces conditions de forme soient suffisantes pour que la qualification de contrat administratif soit retenue.

Il est en effet important de noter que les emprunts émis par les collectivités territoriales sont des contrats de droit privé, faute de comporter des clauses exorbitantes du droit commun ou de faire participer le cocontractant à une mission de service public (CE 6 déc. 1989, *SA Calif, Rec.* T, 542 ; CAA Lyon 2 mars 1994, *Commune d'Allos, Rec.* T, 852).

Pour réduire son endettement, l'État est conduit à utiliser des **techniques** qui révèlent l'importance des prérogatives de puissance publique dont il dispose : la conversion, qui lui permet de réduire les intérêts de la dette, et l'amortissement anticipé, qui lui permet de réduire le capital de la dette.

• La **conversion** consiste à donner au souscripteur le choix entre le remboursement anticipé de ses anciens titres et leur échange avec de nouveaux, assortis d'un intérêt moindre ou bénéficiant d'avantages réduits. L'opération, pour réussir, ne doit pas pénaliser le souscripteur, alors même qu'elle doit être avantageuse pour l'État. Ainsi l'emprunt Pinay 1952-1958 a été converti en emprunt Giscard en 1973 : les avantages du Pinay ont été supprimés (exonération des droits de succession), mais remplacés par une indexation des titres sur la pièce d'or (ce qui se révéla onéreux).

• L'**amortissement anticipé** n'a plus pour objet de réduire la charge des intérêts, il a pour objet de réduire le capital en le remboursant par anticipation. Outre le fait qu'il suppose que l'État dispose de ressources suffisantes pour le réaliser, il ne peut être imposé aux porteurs que s'il a été expressément prévu lors de l'émission. Ainsi, l'emprunt Giscard, qui devait être intégralement remboursé en 1988, avait prévu un remboursement anticipé par tranches à partir de 1983.

• Enfin, il convient de signaler l'existence **d'emprunts forcés**, desquels est absente la volonté des souscripteurs. À titre d'exemple, on peut citer l'emprunt libératoire institué par la loi du 29 octobre 1976, destiné à financer les indemnités payées aux agriculteurs victimes de la sécheresse de l'été 1976, communément appelé « impôt sécheresse ».

POUR ALLER PLUS LOIN

THÈMES DE RÉFLEXION :

› Le devenir de la règle de séparation des ordonnateurs et des comptables publics
› Les actes comptables d'exécution des recettes et des dépenses
› La dette publique et son évolution

BIBLIOGRAPHIE :

› F. Akhoune, *Le statut du comptable en droit public financier*, LGDJ, 2008
› R. Hertzog (dir.), *La dette publique en France*, Economica, 1990
› J. Magnet, *Éléments de comptabilité publique*, LGDJ, 2001
› P. Jurgensen et D. Lebègue, *Le Trésor et la politique financière*, Montchrestien, 1988

Titre 4

LE CONTRÔLE DE L'EXÉCUTION DES LOIS DE FINANCES

Le contrôle de l'exécution des lois de finances est une nécessité absolue. Le principe d'un tel contrôle ressort de la Déclaration des Droits de l'Homme et du citoyen de 1789, qui dispose dans son article 14 que tous les citoyens ont le droit de « *suivre l'emploi* de la contribution publique » et dans son article 15 que « la Société a le droit de *demander compte* à tout Agent public de son administration ».

Ce contrôle, indispensable pour s'assurer de la manière dont les lois de finances sont exécutées, a connu et continue à connaître une profonde évolution. Initialement, le contrôle portait essentiellement sur la **régularité budgétaire**, c'est-à-dire sur le respect de l'autorisation budgétaire donnée par le Parlement par les personnes chargées de son exécution, et sur la **légalité budgétaire**, c'est-à-dire sur le respect des règles de droit tant administratif que comptable par ces mêmes personnes. Actuellement, sous l'influence du droit et des techniques anglo-saxonnes, le contrôle s'oriente vers un **contrôle de gestion**, ayant pour objectif d'évaluer la **qualité** de la gestion financière publique. Ce nouveau courant se traduit dans les textes contemporains, qu'il s'agisse évidemment de la LOLF ou, plus encore, du règlement financier des Communautés européennes du 25 juin 2002 qui pose un principe de « bonne gestion financière » décliné en trois éléments (économie, efficience, efficacité).

Cette évolution affecte peu à peu les divers types de contrôle que connaît la matière financière. Ces contrôles sont en effet exercés tantôt *a priori*, tantôt en cours d'exécution, tantôt *a posteriori*. Pour les étudier, il convient de prendre en considération les **organes** qui exercent ces contrôles, ce qui conduit à distinguer trois sortes de contrôles : les contrôles administratifs, les contrôles juridictionnels et le contrôle parlementaire.

Chapitre 1 › LES CONTRÔLES ADMINISTRATIFS

› L'essentiel

Les contrôles administratifs sont effectués par des agents du ministère des Finances, soit a priori *(contrôleur budgétaire et comptable), soit* a posteriori *(inspection générale des finances). Les premiers contrôlent les ordonnateurs, alors que les seconds ont compétence sur les comptables publics. Appartiennent à la première catégorie les contrôles effectués par les comptables publics sur les actes des ordonnateurs, déjà étudiés (v.* supra*, l'exécution comptable).*

Section 1 › LE CONTRÔLE BUDGÉTAIRE ET COMPTABLE MINISTÉRIEL

À la fin du XIXe siècle, le ministère des Finances constate d'importants dépassements de crédits dans les ministères lors de la phase de l'engagement. Pour y remédier, la loi du 10 août 1922 crée dans chaque ministère un « contrôleur des dépenses engagées », qui est un haut fonctionnaire nommé par le seul ministre des Finances et choisi parmi les membres de son administration centrale. Ce contrôleur s'appellera par la suite (décret du 23 janv. 1956) « contrôleur financier ». Personnage redouté dans les ministères, puisqu'il exerçait un contrôle rigoureux sur l'engagement et l'ordonnancement des dépenses (son visa était obligatoire, faute de quoi le comptable ne pouvait effectuer le paiement), le contrôleur financier apparaissait davantage comme un agent de Bercy, donc comme un empêcheur de dépenser, que comme un conseiller financier du ministre. Avec la mise en œuvre de la LOLF, le décret du 18 novembre 2005 a remplacé le contrôleur financier par un « contrôleur budgétaire et comptable ministériel ». Ce contrôleur, nommé pour 3 ans (renouvelables une fois), choisi parmi les anciens Trésoriers-payeurs généraux ou certains hauts fonctionnaires, relève exclusivement de l'autorité du ministre chargé des Finances. Il exerce la double mission de contrôleur financier et de comptable public, et dirige par conséquent deux départements :

§ 1 - Le « département de contrôle budgétaire »

Il exerce le contrôle financier sur l'ordonnateur principal.

Cette fonction, dans son sens classique, consistait à examiner la régularité des projets d'engagement de dépense (ce qui incluait l'examen de leurs incidences financières), l'engagement n'étant juridiquement possible que si le contrôleur financier avait apposé son visa. Ce contrôle était critiqué, car il était souvent perçu comme un contrôle non pas de la régularité budgétaire, mais comme un contrôle d'opportunité, révélant une véritable tutelle de la part du ministère des Finances. De même, le contrôleur financier devait apposer son visa, au moment de l'ordonnancement, sur les ordres de paiement, faute de quoi le comptable était dans l'obligation de refuser de payer.

Attributions : désormais, le contrôleur budgétaire et comptable exerce trois missions, à la fois plus souples et plus vastes que celles qui étaient auparavant dévolues au contrôleur financier (décret du 27 janv. 2005) :

1. le contrôleur examine les **programmes budgétaires**, avant leur mise en œuvre, et vérifie la sincérité des prévisions de dépenses et d'emplois, en s'assurant de leur compatibilité avec les objectifs de maîtrise de la dépense publique ; puis il vise le document annuel de **programmation budgétaire** établi obligatoirement par chaque ministre au plus tard 1 mois avant le début de l'exercice concerné, étant précisé que ce visa permet la mise en place auprès des gestionnaires des administrations de l'État des crédits ouverts à chaque programme ; enfin, dans le souci de prévenir les risques financiers, il constitue, en tant que de besoin, une réserve de crédits destinée à prévenir une détérioration de l'équilibre budgétaire ;

2. en cours d'exécution, le contrôleur d'une part vise les projets de modification de la répartition des crédits qui tendent à diminuer la **réserve de crédits**, d'autre part émet un avis préalable sur un certain nombre de changements envisagés (diminution des crédits de dépenses de personnel, demandes de nouveaux crédits) ;

3. le contrôleur **contrôle** un certain nombre d'actes d'exécution de la dépense (**engagement** et **ordonnancement**), mais dans des conditions nettement plus souples qu'auparavant. En effet, le contrôleur financier devait apposer son visa sur tous les actes d'engagement et d'ordonnancement, l'absence de visa ayant pour effet de bloquer la procédure, ce qui entraînait des effets pervers tels que l'allongement des délais de paiement. Désormais, ce régime rigoureux est largement assoupli : seuls certains actes nécessitent un **visa** (il ne peut être passé outre au refus de visa que sur autorisation du ministre du Budget saisi par le ministre concerné), d'autres actes ne nécessitent qu'un **avis préalable**, qui n'a aucun caractère contraignant. Visas et avis préalables doivent être fournis dans les 15 jours de la demande, faute de quoi l'ordonnateur peut engager la dépense projetée.

§ 2 - Le « département comptable »

Il permet au contrôleur budgétaire et comptable ministériel d'exercer ses fonctions de comptable assignataire, chargé de contrôler la régularité des ordres de dépenses et de recettes de l'ordonnateur principal.

Il est important de noter que l'organisation que l'on vient de décrire à l'échelon ministériel se retrouve pratiquement à l'identique à l'échelon des **autorités administratives déconcentrées** de l'État : le contrôle budgétaire (appelé ici financier) est assuré par le **trésorier-payeur général de région** et exercé sur les actes des ordonnateurs secondaires (principalement les préfets) ; quant au contrôle comptable, il est assuré de façon classique par les services du Trésor, placés sous l'autorité du trésorier-payeur général du département.

Section 2 › L'INSPECTION GÉNÉRALE DES FINANCES (IGF)

Succédant à l'Inspection générale du Trésor mise en place en 1801, l'Inspection générale des finances, créée en 1816, prend sa physionomie actuelle dans l'ordonnance du 10 mars 1831 ; son statut est fixé par le décret du 14 mars 1973, modifié par le décret du 4 octobre 2006.

Les membres de ce prestigieux corps de l'État, directement rattaché aux deux ministres de l'Économie et du Budget, sont recrutés parmi les majors de l'ENA (un tiers au tour extérieur) et généralement appelés à de brillantes carrières dans les domaines les plus variés (politique, administratif, international) : ainsi de Valery Giscard d'Estaing, Michel Rocard, Jean-Yves Haberer, Alain Juppé, Jean-Marie Messier, Jean-Claude Trichet, Pascal Lamy... Ce corps comprend environ 270 membres, dont la plupart sont en détachement (cabinet ministériel, direction d'administration centrale, direction d'entreprises publiques, semi-publiques, voire privées), seuls 70 inspecteurs exerçant leurs fonctions à l'Inspection.

À la différence des autres corps d'inspection spécifiques à chaque ministère (IGAS au ministère des Affaires sociales, IGS au ministère de l'Intérieur...), l'IGF a une vocation interministérielle et a une compétence de principe à l'égard de **tous les comptables publics** (à l'exception des comptables militaires, pour lesquels a été institué un corps spécial, les *Contrôleurs des armées*, en raison du secret défense).

L'inspection d'un poste comptable public a lieu de manière inopinée, à l'improviste, elle se déroule sur place ; tantôt elle est effectuée par un inspecteur seul (tournée), tantôt elle est effectuée par une équipe de jeunes inspecteurs sous la direction d'un inspecteur général, chef de brigade (brigade de vérification).

En arrivant chez le comptable, l'inspecteur fait arrêter les activités du service (situation de caisse, recensement des fonds et valeurs détenus par lui...) et peut exiger tous renseignements nécessaires au contrôle. En général, l'inspecteur ne prend aucune mesure immédiate, sauf exception (en cas d'urgence, il peut suspendre immédiatement le comptable, par exemple si sa caisse présente un déficit, et en rendre compte le plus rapidement possible au ministre). L'inspecteur se borne à **constater** et, à partir de ses constatations, à rédiger un **rapport contradictoire** qui comprend plusieurs colonnes, dans lesquelles vont figurer : les observations de l'inspecteur, la réponse du comptable vérifié, la réplique de l'inspecteur, les observations du supérieur hiérarchique de l'agent contrôlé, puis les conclusions de l'inspecteur des finances. Ce rapport est adressé au ministre qui prendra les mesures qui s'imposent (arrêté de débet...).

Ce contrôle est relativement rare : en moyenne, la comptabilité d'un trésorier-payeur général est inspectée tous les 7 ou 8 ans par l'IGF ; quant aux petits postes comptables (bureaux de poste, par exemple), ils ne risqueraient d'être inspectés que tous les 200 ans !

Cette mission première de l'IGF est complétée par d'autres missions qui touchent à un nombre considérable d'activités administratives et économiques exercées sur le territoire national.

L'IGF a compétence pour contrôler, sur pièces, les comptabilités administratives de **tous les ordonnateurs secondaires** de l'État.

L'IGF exerce un contrôle, sur pièces et sur place, des organismes bénéficiant d'**avantages financiers** consentis par les autorités publiques nationales et/ou communautaires (subventions, prêts, avances, garanties d'emprunt, redevances), tout comme sur divers organismes (Sécurité sociale, Caisses d'épargne...).

Ces diverses fonctions de contrôle ont pour finalité de vérifier le bon emploi des fonds publics, mais aussi de **proposer des réformes** en vue de supprimer les dysfonctionnements constatés, ainsi que d'évaluer l'efficacité des organismes et procédures contrôlés.

Au travers de ces diverses missions, l'IGF exerce en fait et en droit une activité de **conseil** des pouvoirs publics. À la demande du ministre des Finances, elle effectue des études et rédige des rapports, qui peuvent déboucher sur des projets de réforme. Ces rapports peuvent être rendus publics, mais ne le sont pas toujours pour des raisons tenant au secret (pénal, fiscal, des affaires, défense) de tout ou partie de leur contenu. À titre d'exemples de rapports publiés, on peut citer le rapport relatif à la réorganisation de l'administration fiscale (2000) ou le rapport sur la gestion de la prime pour l'emploi (2007).

Chapitre 2 › LES CONTRÔLES JURIDICTIONNELS

› L'essentiel

Ce sont des contrôles externes à l'administration, exercés a posteriori *après exécution de la loi de finances. Dans certains pays, notamment les pays anglo-saxons, le contrôle des finances publiques est assuré par une Institution supérieure de contrôle indépendante, généralement rattachée au Parlement* (General Accounting Office *aux États-Unis;* National Audit Office *au Royaume-Uni). Dans la plupart des États d'Europe continentale, ce contrôle est assuré par des juridictions financières dont certaines n'ont le pouvoir que d'émettre des avis (Allemagne, Pays-Bas) alors que d'autres exercent un véritable pouvoir juridictionnel (Italie, Espagne). Tel est le cas de la France, qui dispose de 3 juridictions financières ayant une compétence juridictionnelle: la Cour des comptes, les chambres régionales des comptes et la Cour de discipline budgétaire et financière; elles sont régies par le Code des juridictions financières (CJF), apparu à partir de 1994.*

Section 1 › LA COUR DES COMPTES

Issue des juridictions financières de l'Ancien Régime, notamment de la Chambre des comptes de Paris installée en 1303 et organisée par l'ordonnance de Philippe V dit Le Long de Vivier-en-Brie en 1320, la Cour des comptes est créée par la loi du 16 septembre 1807. Elle constitue une juridiction administrative, dont l'indépendance par rapport au pouvoir législatif et au pouvoir exécutif est garantie par la Constitution (Cons. const. 25 juill. 2001, nº 2001-448 DC, LOLF). Ses missions ont connu l'évolution générale que connaissent les contrôles, son activité se déplaçant de plus en plus du contrôle vers l'évaluation des politiques publiques.

§ 1 - Organisation

L'organisation de la Cour est nettement inspirée de celle des juridictions judiciaires. D'ailleurs, la Cour « prend rang immédiatement après la Cour de cassation et jouit des mêmes prérogatives » (art. 7 de la loi de 1807). Elle comprend des magistrats du siège et un ministère public.

A. Les magistrats du siège

La Cour est composée de **magistrats inamovibles**, nommés par décret du président de la République (pris en Conseil des ministres pour les postes les plus importants, à savoir le Premier président, le Procureur général, les présidents de chambres et les conseillers-maîtres). Actuellement au nombre d'environ 400, seulement la moitié est effectivement en poste auprès de la Cour; les autres magistrats sont soit présidents de chambre régionale des comptes, soit en détachement (cabinets ministériels, administrations), soit en disponibilité (fonctions électives ou politiques). La hiérarchie dans la carrière est la suivante: *auditeurs*, recrutés parmi les mieux classés à la sortie de l'ENA ; *conseillers référendaires* (1/4 au tour extérieur) ; *conseillers-maîtres* (1/3 au tour extérieur).

Ces magistrats bénéficient de l'aide de personnel extérieur : rapporteurs extérieurs (choisis parmi des hauts fonctionnaires ou des magistrats judiciaires), assistants de vérification (inspecteurs des impôts...), personnel administratif (greffe...).

La Cour des comptes est présidée par le **Premier président**. Il peut très bien être originaire du corps (ainsi de Pierre Joxe en 1993 ou de l'actuel Premier président, M. Philippe Séguin), comme ne pas l'être (ainsi de M. Chandernagor en 1983 ou de M. Arpaillange en 1990). Il dirige la juridiction, définit l'organisation générale des travaux et les répartit entre les sept chambres qu'elle comporte.

La Cour est en effet divisée en **7 chambres**, ayant à leur tête un **Président** (nommé parmi les conseillers-maîtres ayant exercé plus de trois années de service à la Cour). Les chambres sont spécialisées dans le contrôle de plusieurs ministères et organismes qui relèvent de la compétence de ces derniers, contrôle qui est ainsi réparti :

– *1re chambre* : finances et budget, ensemble des circuits financiers publics

– *2e chambre* : défense, industrie, énergie, tourisme, commerce extérieur, commerce et artisanat, entreprises et organismes publics industriels

– *3e chambre* : éducation, culture et recherche, jeunesse et sports, secteur public de l'audiovisuel

– *4e chambre* : activités régaliennes de l'État (justice, intérieur, affaires étrangères), jugement des appels des chambres régionales des comptes

– *5e chambre* : emploi, travail, formation professionnelle, logement et affaires sociales, organismes faisant appel à la générosité publique

– *6e chambre* : santé et sécurité sociale, organismes de sécurité sociale

– *7e chambre* : équipement, transports et aménagement du territoire, agriculture et pêche, environnement.

En 2007, les chambres ont procédé à l'examen de 1291 rapports.

Il existe également des formations spéciales, dont les plus remarquables sont :

– la **Chambre du Conseil** ; composée du Premier président, des présidents de chambre et des conseillers-maîtres, elle délibère sur les documents administratifs les plus importants (rapports publics, y compris le rapport sur l'exécution des lois de finances et sur la certification des comptes),

– les **Chambres réunies** ; composées du Premier président, des présidents de chambre et de deux conseillers-maîtres élus dans chaque chambre par leurs pairs, elles assurent l'unité de la jurisprudence de la Cour.

B. Le ministère public

Le **Parquet** de la Cour des comptes (qui est distinct de la Cour elle-même) comprend un **Procureur général**, nommé de manière discrétionnaire par décret en Conseil des ministres et révocable par le Gouvernement, lui-même assisté d'un Premier avocat général et de trois avocats généraux choisis parmi les magistrats de la Cour.

Le Procureur général exerce le ministère public, c'est-à-dire veille au respect de la légalité (production des comptes par les comptables publics dans les délais, appels, gestions de fait, amendes). Il exerce son ministère par voie de *réquisitions* (dans le cadre du contrôle juridictionnel, il peut requérir une amende) et par voie de *conclusions* (qui sont des observations sur les projets de rapports qui lui sont transmis par les chambres).

Cette organisation permet à la Cour des comptes d'assurer ses fonctions traditionnelles de juge des comptes et ses missions nouvelles de contrôleur et de conseil.

§ 2 - Le contrôle juridictionnel de la Cour des comptes

Selon un adage classique, la Cour « juge les comptes des comptables publics » et non les comptables eux-mêmes. Cela signifie que le jugement des comptes opéré par la Cour est un **jugement objectif**, ne prenant pas en considération les circonstances spéciales ayant pu entraîner l'irrégularité des comptes (concl. Romieu sur CE 12 juill. 1907, *Nicolle, TPG de la Corse, Rec.* 656, à propos d'une fraude à des primes à l'élevage des vers à soie). Cette analyse est constamment rappelée par le Conseil d'État : « ...la Cour des comptes ne peut légalement fonder les décisions qu'elle rend dans l'exercice de sa fonction juridictionnelle que sur les éléments matériels des comptes soumis à son contrôle, à l'exclusion de toute appréciation du comportement personnel des comptables intéressés » (CE Ass. 20 nov. 1981, *Maréchal, Morel et Rispail, Rec.* 434 ; CE Ass. 23 juin 1989, *Vèque et autres, Rec.* 151). Tout au plus, la Cour peut-elle « se prononcer sur le point de savoir si un comptable public s'est livré aux différents contrôles qu'il lui appartient d'assurer et notamment... s'il a exercé dans les délais appropriés **toutes diligences requises**... lesquelles diligences ne peuvent être dissociées du jugement du compte » (CE Ass. 27 oct. 2000, *Mme Desvigne, RFDA* 2001, 737, concl. Seban).

Les comptables publics principaux ont en effet l'obligation de déposer leurs comptes (qui incluent les comptes des comptables secondaires qui relèvent de leur autorité), pour chaque exercice, avant le 31 juillet de l'année qui suit l'exécution de la loi de finances, auprès de la Cour des comptes. Outre les comptes des comptables *patents*, la Cour reçoit également les comptes des comptables *de fait*, qui sont les personnes ayant manié des deniers publics sans y avoir été habilitées. Ces comptes sont accompagnés des **pièces justificatives** des opérations effectuées par le comptable, qui sont regroupées en *liasses* (l'ensemble des liasses parvenant à la Cour chaque année représente plus de 500 tonnes !). La Cour reçoit ainsi plus de 1100 comptes par an. Chaque compte est alors affecté à un **rapporteur** qui vérifie le compte et examine tout ou partie des pièces justificatives, puis rédige un rapport dans lequel il consigne les résultats de l'instruction qu'il a conduite. Un **contre-rapporteur**, choisi parmi les conseillers-maîtres, s'assure du bien-fondé des observations et propositions du rapporteur, et éventuellement complète l'instruction. Le rapport est communiqué au Procureur général, qui formule des conclusions strictement juridiques. Le rapport est ensuite transmis à la chambre compétente qui délibère au vu des documents.

A. Procédure

Caractéristiques : la procédure suivie devant la Cour présente quatre caractères :

1. la procédure est **écrite :** les échanges entre le rapporteur et le comptable public se font par questionnaires ou demandes de pièces complémentaires, même si le rapporteur peut se rendre sur place afin de l'entendre,

2. la procédure est **inquisitoire :** elle est en effet entièrement dirigée par la Cour qui dispose de larges pouvoirs d'investigation (elle peut se faire communiquer tous les documents nécessaires au contrôle, les rapporteurs peuvent procéder à des investigations sur pièces et sur place),

3. la procédure est **contradictoire :** le rapporteur communique avec le comptable, avant de rédiger son rapport d'instruction, ce rapport faisant lui-même l'objet d'un contre-rapport,

4. la procédure n'est plus totalement **secrète :** le caractère secret de la procédure se limitait à l'instruction, qui n'était pas publique. Sous l'influence de la jurisprudence issue de l'article 6-1 de la Convention européenne des droits de l'homme (Conv. EDH), relatif au droit au procès équitable (ce qui implique notamment la publicité des audiences, un délai raisonnable de procédure et l'impartialité du tribunal), la procédure suivie devant la Cour a connu une évolution notable qui s'est concrétisée en partie avec la loi du 28 octobre 2008 relative à la Cour des comptes et aux chambres régionales des comptes.

Tout d'abord, le fait, pour la Cour, d'avoir formulé dans son rapport public annuel des observations conduisant à une qualification de gestion de fait, irrégularité sur laquelle la Cour devra ultérieurement se prononcer sur le plan juridictionnel, constitue un pré-jugement de nature à entacher d'irrégularité le jugement ultérieurement rendu, dans la mesure où il méconnaît la présomption d'innocence (CE Ass. 23 févr. 2000, *Labor Metal, Rec.* 83).

Ensuite, la règle du « double arrêt » (un arrêt *provisoire*, enjoignant le comptable de fournir des explications dans un certain délai, à l'expiration duquel la Cour rend un arrêt *définitif*) a été supprimée, suite à la condamnation de la France pour longueur excessive des procédures contentieuses (CEDH 7 oct. 2003, *Mme Richard Dubarry c/ France, RFDA* 2004, 378). Désormais, la Cour rend un **arrêt unique**.

En outre, l'audience devant la Cour des comptes est aujourd'hui **publique** (CEDH 12 avril 2006, *Martinie c/ France, RFDA* 2006, 577).

De plus, lorsque le Procureur général conclut à l'absence de charges sur le compte du comptable, ce dernier peut être déchargé de sa gestion par une simple ordonnance du président de chambre. Au contraire, si le Parquet conclut à l'existence de charges, il doit prendre un **réquisitoire** qui doit être communiqué au comptable concerné pour qu'il puisse connaître les reproches qui lui sont adressés et, par là même, organiser sa défense.

Enfin, si la chambre chargée de statuer sur le compte délibère en secret, l'arrêt qu'elle rend est lu en audience publique.

Les arrêts que prononce la Cour (390 arrêts en 2008) sont de trois sortes :

– arrêt de *décharge*, lorsque le compte du comptable est régulier,

– arrêt de *quitus*, lorsque le comptable, dont le compte est là encore régulier, quitte ses fonctions,

– arrêt de *débet*, lorsque le compte est irrégulier et se traduit par un déficit de caisse, provenant soit de dépenses payées à tort, soit de recettes non recouvrées (39 arrêts de débet rendus en 2008). Compte tenu de sa responsabilité personnelle et pécuniaire, le comptable est condamné à rembourser les sommes manquantes, assorties des intérêts ; s'il ne s'acquitte pas de sa dette, le recouvrement forcé est poursuivi sur le cautionnement, puis sur ses biens propres. En cas de décès du

comptable, ce sont les héritiers qui sont tenus au paiement des sommes manquantes.
Mais, le comptable peut demander à être déchargé de sa responsabilité par une demande formulée auprès du ministre des Finances. En cas de **force majeure** (vol, incendie, guerre...), le ministre est tenu de lui accorder la décharge sollicitée, son refus pouvant être attaqué par la voie du recours pour excès de pouvoir devant le Conseil d'État. Le comptable peut également adresser au ministre une demande de **remise gracieuse**, totale ou partielle, que ce dernier peut lui accorder pour des motifs d'opportunité (situation familiale, disproportion entre le débet et l'irrégularité commise...), la décision du ministre étant ici insusceptible de recours contentieux.

B. Voies de recours

Le comptable mis en débet dispose de **deux voies de recours juridictionnels** :
1. le **recours en révision**, qui intervient lorsque des pièces justificatives nouvelles peuvent être produites (par exemple, le comptable retrouve ultérieurement des pièces qui justifient la sortie de fonds pour laquelle il avait été mis en débet),
2. le **recours en cassation** devant le Conseil d'État, pour incompétence, vice de forme et violation de la loi. Si le Conseil d'État casse l'arrêt, le compte est renvoyé devant les Chambres réunies de la Cour des comptes, qui ont l'obligation de se conformer à la chose jugée par le Conseil d'État.
Il convient de noter que la Cour des comptes est également **juge d'appel** des jugements rendus par les chambres régionales des comptes, qui sont juges des *comptables publics des collectivités territoriales* (42 appels en 2008 pour plus de 9 000 jugements). L'appel doit intervenir dans les 2 mois de la notification du jugement.
Pour importante que soit l'activité juridictionnelle de la Cour, elle ne représente qu'une faible part de ses missions, ses attributions administratives s'étant particulièrement développées, au point de représenter plus de 80 % de son activité.

§ 3 - Les contrôles administratifs de la Cour des comptes

Ils peuvent se décliner autour des deux thèmes suivants : contrôle de gestion d'une part, assistance et information d'autre part.

A. Le contrôle de gestion

La Cour des comptes contrôle la gestion des ordonnateurs, les comptes et la gestion des entreprises publiques, les organismes de sécurité sociale ainsi que les organismes bénéficiant de fonds publics ou faisant appel à la générosité publique.

1. Le contrôle de la gestion des ordonnateurs (art. L111-3 CJF)

Si la Cour n'a pas juridiction sur les ordonnateurs, elle « vérifie sur pièces et sur place la régularité des recettes et des dépenses décrites dans les comptabilités publiques et **s'assure du bon emploi des fonds et valeurs** gérés par les services de l'État... et par les autres personnes morales de droit public » (art. L 111-3 CJF).
Ainsi, à l'occasion du jugement des comptes des comptables publics, les rapporteurs ont l'occasion de relever des irrégularités commises par les ordonnateurs

dans la gestion de leurs crédits. Ces irrégularités de gestion sont portées à la connaissance des autorités compétentes selon trois procédures dont la solennité varie en fonction de la gravité des fautes de gestion constatées :

– s'agissant des fautes les plus graves, le Premier président, à la demande des présidents de chambre, adresse un **référé**, contenant observations et suggestions de réforme, au ministre concerné qui doit répondre dans un délai de 3 mois (52 référés en 2008). Ampliation du référé est adressée au ministre des Finances. Les référés et les réponses des ministres sont transmis de droit aux commissions des finances des assemblées dans les 3 mois,

– les **communications du Procureur général** (ex-notes du Parquet) sont des lettres adressées par le Procureur général, à la demande des présidents de chambre, aux directeurs et chefs de service des organismes contrôlés, leur signalant des irrégularités de nature juridique constatées dans la gestion financière (38 en 2008),

– les **lettres de président de chambre** contiennent les observations arrêtées par une chambre pour attirer l'attention d'un chef de service sur des problèmes aussi variés que la gestion, la réglementation ou l'organisation d'un service (246 en 2008).

2. Le contrôle des entreprises publiques (art. L. 133-1 et s. CJF)

Depuis 1976, date à laquelle elle a succédé à la Commission de vérification des entreprises publiques, composée majoritairement de membres de la Cour, mais également de représentants du ministère des Finances, la Cour contrôle les comptes et la gestion des entreprises publiques (entreprises dans lesquelles l'État possède la majorité du capital social, quel que soit leur statut : EPIC, SEM ou SA) et de leurs filiales à capital public majoritaire – ce qui représente plus d'un millier d'entreprises, représentant plus de 850 000 salariés. À cet effet, après procédure contradictoire entre dirigeants et autorités de tutelle, elle établit un **rapport particulier** adressé au ministre concerné dans lequel elle exprime son avis sur la régularité des comptes et la qualité de la gestion (27 rapports particuliers en 2008, remis également aux commissions des finances des Assemblées et pour certains publiés).

3. Le contrôle des organismes de Sécurité sociale (art. L. 134-1 CJF)

La Cour assure le contrôle des organismes de sécurité sociale, qu'il s'agisse des établissements publics nationaux (CNAF, CNAM, CNAV) ou des caisses primaires ou régionales, organismes de droit privé, assurant un régime légal d'assurance obligatoire (maladie, maternité, prestations familiales, vieillesse...), ce qui représente plus de 1 000 organismes.

Le contrôle des comptes est assuré par les **Comités départementaux et régionaux d'examen des comptes** (CODEC, COREC), présidés par le TPG, qui émettent un avis, transmis à la Cour et qui peut faire l'objet d'une seconde vérification par elle-même. Les comités transmettent à la Cour des **rapports annuels** qui résument leurs observations sur la gestion des organismes de leur ressort. La Cour fait la synthèse des avis et rapports communiqués dans son rapport annuel sur la Sécurité sociale, transmis au Parlement en septembre de chaque année et institué depuis la loi du 25 juillet 1994.

4. Le contrôle des organismes bénéficiant d'un concours financier public (art. L. 133-3 CJF)

Le Premier président de la Cour peut décider de faire contrôler les organismes qui bénéficient de la part d'une autorité publique (État, Communauté européenne, collectivité territoriale...) d'un concours financier sous quelque forme que ce soit : subvention, aide en nature, prélèvements obligatoires de type redevances... Le contrôle s'exerce sur l'ensemble des comptes ou sur le seul compte d'emploi du concours, selon que le concours financier dépasse ou ne dépasse pas la moitié des ressources de l'organisme.

5. Le contrôle des organismes faisant appel à la générosité publique (art. L 111-8 CJF)

Ces organismes doivent tenir un compte d'emploi des fonds collectés, dont la Cour peut vérifier le caractère caritatif de l'utilisation. La Cour vérifie en effet la conformité des dépenses effectuées au regard des objectifs poursuivis par l'appel à la générosité publique.
La Cour a produit plusieurs rapports sur ce thème : rapport sur l'Association de recherche sur le cancer (mars 1996), qui a conduit à des poursuites pénales, rapports sur le Secours catholique et sur ATD Quart Monde (mars 2007), rapport sur la Fondation d'Auteuil (mars 2009).

B. La mission d'assistance et d'information

Aux termes de l'article 47-2 de la Constitution : « La Cour des comptes *assiste* le Parlement dans le contrôle de l'action du Gouvernement. Elle assiste le Parlement et le Gouvernement dans le contrôle de l'exécution des lois de finances et de l'application des lois de financement de la sécurité sociale ainsi que dans l'évaluation des politiques publiques. Par ses rapports publics, elle contribue à *l'information* des citoyens. »
Cette mission d'assistance et d'information se traduit en pratique par des **rapports** adressés aux autorités publiques, qui sont pour la plupart publiés.

1. L'assistance au Parlement

Elle est variée, prenant la forme soit de demandes émanant du Parlement lui-même, soit de communications obligatoires de la Cour.
Tout d'abord, les rapports particuliers relatifs au contrôle des comptes et à la gestion des *entreprises publiques,* qui ne sont pas publics, sont communiqués non seulement aux ministres de tutelle, mais également aux deux commissions des finances du Parlement. Ces mêmes commissions reçoivent du Premier président toutes les **communications** de la Cour auxquelles les ministres n'ont pas répondu dans les 6 mois.
Ensuite, les commissions parlementaires qui sont saisies du *projet de loi de financement de la sécurité sociale* peuvent demander à la Cour de procéder à des enquêtes sur les organismes soumis à son contrôle (loi organique du 2 août 2005 relative aux lois de financement de la sécurité sociale, art. 14).
Enfin, les commissions des finances de chaque assemblée peuvent demander à la Cour de procéder à des **enquêtes** portant sur les finances publiques, dont les

conclusions doivent être déposées dans un délai de 8 mois (art. 58 LOLF) ; ainsi, une enquête sur l'Imprimerie nationale a été réalisée en 2007 à la demande du Président de la commission des finances de l'Assemblée nationale.

Mais la Cour reste totalement indépendante du Parlement ; la LOLF avait prévu que la Cour des comptes devait transmettre pour avis son programme annuel de contrôles aux Présidents et rapporteurs généraux des commissions des finances, mais le Conseil constitutionnel a considéré que cette disposition n'était pas conforme à la Constitution dans la mesure où elle portait atteinte à l'indépendance de cette juridiction (Cons. const. 25 juill. 2001, n° 2001-448 DC, LOLF).

2. L'assistance au Parlement et au Gouvernement

Cette assistance est importante, puisqu'elle porte sur le **contrôle de l'exécution** des lois de finances ainsi que sur le **contrôle de l'application** des lois de financement de la sécurité sociale.

Lors du dépôt de chaque projet de **loi de règlement**, la Cour remet un rapport qui analyse, sous un angle critique, les modalités d'exécution de la loi de finances de l'année précédente. Ce rapport est accompagné de la **certification des comptes** de l'État, instaurée par la LOLF et en vigueur depuis 2006. Véritable **Commissaire aux comptes de l'État**, la Cour certifie la régularité, la sincérité et la fidélité des comptes de l'État ; cette certification peut être assortie de réserves (12 réserves ont été émises pour les exercices 2006 et 2007).

De plus, s'agissant des lois de financement de la sécurité sociale, la Cour en contrôle l'application. À cet effet, elle produit un **avis sur la cohérence** des tableaux d'équilibre par branche (maladie…) et un **rapport de certification** de la régularité, de la sincérité et de la fidélité des comptes des organismes nationaux du régime général.

3. L'information des citoyens

Cette information est assurée par la publication du rapport public annuel et de rapports thématiques.

a) Le rapport public annuel

Le rapport public annuel au président de la République est le document le plus solennel. Issu d'une longue tradition (remontrances adressées au Roi par les Chambres des comptes, sous l'Ancien Régime), publié par les Journaux officiels depuis 1938, il fait la synthèse des principales observations sélectionnées par la Cour et les chambres régionales des comptes, dans le cadre du Comité du rapport public, et présente les réponses faites par les administrations « épinglées ».

Le rapport, largement repris par la presse après sa publication, fait état des multiples gaspillages (construction d'un aéroport inutilisable en Antarctique), irrégularités ou fautes de gestion constatés (cessions par l'État de ses immeubles). Il n'est toutefois pas inutile de rappeler la jurisprudence *Labor Metal* (CE Ass. 23 févr. 2000), aux termes de laquelle « tant le principe d'impartialité que celui des droits de la défense font obstacle à ce qu'une décision juridictionnelle prononçant la gestion de fait soit régulièrement rendue par la Cour des comptes alors que celle-ci a précédemment évoqué cette affaire dans un rapport public en relevant l'irrégularité des faits ».

La structure du rapport est évolutive. Actuellement (rapport public 2009, publié en févr.), le rapport comprend deux parties : la première est consacrée aux *observations* des juridictions financières (subdivisées en 4 points, représentant près de 800 pages : situation des finances publiques, services de l'État, secteur local, politiques publiques), la seconde aux *suites* données aux observations des juridictions financières (comprenant 2 rubriques : suites données aux rapports sur les lois de finances et sécurité sociale, suites données aux observations de la Cour des comptes, soit plus de 300 pages).

b) Les rapports thématiques

Les rapports publics thématiques sont des rapports particuliers, publiés par la Cour depuis 1991, qui portent sur des sujets importants choisis par la Cour. Comme le rapport public annuel, ils sont accompagnés des réponses des administrations et services concernés. Au nombre d'une quarantaine, ils traitent des sujets les plus divers : « gestion de la dette et de la trésorerie des collectivités locales » (nov. 1991), « la politique autoroutière française » (juill. 1999), « la Poste » (oct. 2003), « le réseau ferroviaire, une réforme inachevée, une stratégie incertaine » (avril 2008), « les communes et l'école de la République » (déc. 2008).

Section 2 › LES CHAMBRES RÉGIONALES ET TERRITORIALES DES COMPTES (CRTC)

Les CRTC ont été créées par la loi du 2 mars 1982 relative aux droits et libertés des communes, des départements et des régions. Elles sont régies par le Livre II du CJF. La métropole comprend 22 chambres régionales des comptes (CRC), dont les effectifs varient de 3 à plus de 50 magistrats en fonction de l'importance des régions ; les Départements d'Outre-mer en comptent 4, soit une CRC par département ; la Polynésie française et la Nouvelle-Calédonie disposent chacune d'une chambre territoriale des comptes (CTC), qui est composée des mêmes magistrats. Leur organisation et leurs attributions sont très largement calquées sur celles de la Cour des comptes.

§ 1 - Organisation

Comme à la Cour des comptes, les CRTC comprennent des magistrats du siège et un parquet.

• Les **magistrats du siège** sont des magistrats inamovibles (conseillers, premiers conseillers, présidents de section), nommés par décret et recrutés par la voie de l'ENA ou au tour extérieur. Ils sont assistés par des rapporteurs et des assistants de vérification, qui n'exercent aucune fonction juridictionnelle. Le Président est toujours un membre de la Cour des comptes (conseiller-maître ou conseiller référendaire), détaché pour une durée de 7 ans non renouvelable dans la même chambre.

• Le **Parquet** est représenté par des commissaires du Gouvernement, qui sont des magistrats chargés de veiller à l'application de la loi. Ils sont les correspondants du Procureur général de la Cour des comptes.

Ce personnel représente près de 700 personnes, sur lesquelles la Cour des comptes exerce une influence et un droit de regard (il existe à la Cour une mission permanente d'inspection des CRTC).

§ 2 - Le contrôle juridictionnel des CRTC

Il s'exerce sur les comptes des seuls **comptables publics locaux**, qu'il s'agisse des comptables publics en poste (comptables patents) ou des comptables de fait, à l'exclusion des comptables publics d'État.

La procédure présente les mêmes caractères que celle suivie devant la Cour des comptes : elle est écrite, inquisitoire et contradictoire.

Les décisions prononcées par les CRTC sont des jugements de décharge, de quitus ou de débet. Ces derniers peuvent être frappés d'appel devant la Cour des comptes dans les 2 mois de leur notification.

Près de 10 000 comptes ont été jugés en 2008.

§ 3 - Le contrôle administratif des CRTC

Les CRTC exercent deux sortes de contrôle : un contrôle de gestion et un contrôle budgétaire.

A. Le contrôle de gestion

Ce contrôle porte sur la « bonne gestion financière » locale, pratiquée dans le secteur public local par les ordonnateurs locaux (maire, Président de Conseil général, Président de Conseil régional). Aux termes de l'article L. 211-8 du CJF, « l'examen de la gestion porte sur la régularité des actes de gestion, sur l'économie des moyens mis en œuvre et sur l'évaluation des résultats atteints par rapport aux objectifs fixés par l'assemblée délibérante ou l'organe délibérant. L'opportunité de ces objectifs ne peut faire l'objet d'observations. »

Cette définition, qui diffère de celle retenue pour la Cour des comptes chargée de vérifier « le bon emploi des crédits, fonds et valeurs », a été retenue pour éviter les errements constatés dans certaines CRTC, qui avaient tendance à contester l'opportunité de certaines dépenses... ce qui n'était pas sans incidences politiques et électorales.

Ce contrôle conduit les CRTC à présenter aux organismes contrôlés (collectivité territoriale ou établissement public local) des *observations*, assorties des réponses formulées par leurs destinataires, dont certaines sont reprises dans le rapport public annuel de la Cour des comptes. En 2008, le nombre de rapports d'observations définitives était de 683.

Là encore, le modèle est la Cour des comptes.

B. Le contrôle budgétaire

Il s'agit d'un mécanisme instauré par la loi du 2 mars 1982, destiné à remplacer la tutelle financière exercée jusqu'alors par les ministres ou le préfet, et qui n'a pas d'équivalent à la Cour des comptes.

Dans trois hypothèses (retard dans l'adoption du budget primitif, budget en déséquilibre, refus d'inscrire dans le budget des dépenses obligatoires), la CRTC, saisie par le préfet, adresse un avis (valant mise en demeure) à la collectivité considérée qui, s'il n'est pas suivi d'effet, est rendu exécutoire par le préfet (ce qui a pour effet de le transformer en décision administrative susceptible de recours contentieux).

Le nombre d'avis rendus par les CRTC au titre du contrôle des actes budgétaires est toujours élevé, mais en décroissance constante : 862 en 2004, 660 en 2008.

Section 3 › LA COUR DE DISCIPLINE BUDGÉTAIRE ET FINANCIÈRE (CDBF)

L'absence de sanctions efficaces contre les irrégularités financières commises par les ordonnateurs a conduit à la création de la Cour de discipline budgétaire et financière par la loi du 25 septembre 1948, plusieurs fois modifiée, aujourd'hui intégrée au Livre III du CJF. Toutefois, eu égard à l'étroitesse des personnes justiciables de la Cour, cette juridiction n'a qu'une faible activité qui n'emporte pas la conviction.

§ 1 - Organisation

La Cour a une composition **mixte**. Elle est composée de membres de la Cour des comptes et du Conseil d'État.

Le président est le Premier président de la Cour des comptes, le vice-président est le Président de la section des Finances du Conseil d'État ; elle comprend en outre 5 conseillers d'État et 5 conseillers-maîtres à la Cour des comptes.

Le ministère public est assuré par le Procureur général près la Cour des comptes, assisté d'un avocat général.

L'instruction des affaires est confiée à des rapporteurs, en principe choisis parmi les membres du Conseil d'État et de la Cour des comptes, mais en fait le plus souvent parmi ces derniers.

D'ailleurs, le siège de la Cour est fixé dans les locaux de la Cour des comptes, à Paris, rue Cambon.

§ 2 - La compétence de la Cour

La Cour exerce sa compétence sur un certain nombre de personnes, limitativement énumérées, à raison des irrégularités financières qu'elles auraient commises.

A. Les personnes justiciables de la Cour

Si leur nombre est important, il ne doit pas faire illusion puisque sont exclus de sa compétence les principaux responsables.

En effet, sont **exclus** de la compétence de la Cour les *ordonnateurs investis d'un pouvoir politique* ; ce sont les membres du Gouvernement, c'est-à-dire les ministres (qui sont les ordonnateurs principaux pour le budget de l'État), ainsi que les maires et leurs adjoints, les présidents *élus* des groupements des collectivités territoriales, les présidents de Conseil régional, les présidents de Conseil général, au motif que leur responsabilité peut être engagée sur le plan politique.

On doit noter que le projet de loi relatif à la décentralisation, présenté en 1981 par Gaston Deferre, prévoyait de soumettre les élus locaux à la juridiction de la Cour, en contrepartie de l'extension de leurs pouvoirs ; ce projet – qui est devenu la loi de 1982 – s'étant heurté à l'hostilité du Sénat, n'a pas été retenu. En revanche, un agent élu par un collège restreint sans caractère politique, tel un président d'Université, est justiciable de la CDBF; il en est de même pour un élu local qui serait président d'une société d'économie mixte (CDBF, 13 juin 2003, SEM Sarcelles Chaleur).

Cependant, depuis la loi du 29 janvier 1993 relative à la prévention de la corruption (art. 312-2 CJF), les élus locaux sont justiciables de la Cour dans trois cas :

– inexécution ou exécution tardive d'une décision de justice ayant entraîné la condamnation d'une collectivité à une *astreinte*,

– défaut de *mandatement*, dans les 2 mois, de la somme d'argent que la collectivité a été condamnée à payer par une décision de justice,

– réquisition de paiement d'un comptable public en vue de procurer à autrui un *avantage injustifié*.

Les seuls ordonnateurs susceptibles d'être déférés devant la CDBF sont : les membres des cabinets ministériels, les fonctionnaires ou agents civils de l'État et des collectivités territoriales, les représentants, administrateurs ou agents des organismes soumis au contrôle de la Cour des comptes ou des CRTC (associations bénéficiant de fonds publics), ce qui fait un nombre considérable de personnes.

Toutefois, ces personnes ne peuvent faire l'objet d'aucune sanction si elles excipent d'un *ordre écrit de l'autorité supérieure*, dont la responsabilité se substitue alors à la leur (à supposer que cette autorité supérieure soit justiciable de la Cour).

B. Les infractions sanctionnées

Catégories : les infractions sanctionnées sont de trois ordres :

– octroi à autrui d'avantages injustifiés (versements irréguliers d'indemnités, de rémunérations ou d'avantages en nature)

– non-respect des décisions de justice (astreintes...)

– surtout, les infractions à la légalité financière (engagements et ordonnancements irréguliers, dépassements de crédits, règlement de sommes indues, absence de recouvrement de recettes...) et de manière plus générale « les infractions aux règles d'exécution des recettes ou dépenses... ou de gestion des biens » (art. L 313-4 CJF).

§ 3 - La procédure

La CDBF doit être saisie par des autorités limitativement énumérées ; une fois saisie, l'instance se déroule selon un schéma dans lequel l'aspect répressif n'est pas absent ; quant aux sanctions qu'elle prononce, elles consistent dans des *amendes*.

A. La saisine

La Cour ne peut se saisir d'office, à la différence de la Cour des comptes ; elle ne peut être saisie que par trois catégories de personnes :

– tout *créancier d'une personne morale de droit public*, qu'une décision juridictionnelle passée en force de chose jugée aura condamné au paiement d'une somme d'argent et qui ne se sera pas exécutée dans les 2 mois de la notification de cette décision,

– les *autorités financières*: le Premier ministre, les Présidents de chacune des Assemblées, les ministres, plus particulièrement le ministre des Finances,
– les *juridictions financières*: la Cour des comptes, le Parquet de la Cour et les CRTC.

Dans la pratique, ce sont essentiellement les juridictions financières (parfois le ministre des Finances) qui saisissent la CDBF.

La saisine ne peut intervenir que dans un **délai de 5 ans** qui court à compter du jour où l'infraction a été constatée; au-delà de ce délai, il y a prescription.

B. Le déroulement du procès

La procédure est très marquée par le caractère répressif de la Cour et a, de ce fait, subi l'influence de la CEDH.

L'affaire est transmise au **Procureur général** de la Cour des comptes qui est totalement maître des poursuites puisqu'il peut décider de *classer* l'affaire aux trois stades de la procédure: après saisine, soit il classe le dossier, soit il le renvoie au président de la Cour; le dossier est alors instruit par un rapporteur désigné par ce dernier et, là encore, le Procureur peut décider du classement du dossier ou le transmettre au ministre des Finances et au ministre concerné, qui disposent d'un délai minimal d'1 mois pour émettre un avis; le dossier est à nouveau transmis au Procureur, qui peut décider de classer le dossier par une décision motivée ou au contraire le renvoyer devant la juridiction.

Les **droits de la défense** sont bien respectés: les personnes mises en cause ont accès au dossier, elles doivent produire un mémoire écrit dans le délai d'un mois et peuvent se faire assister par un avocat.

L'audience est désormais publique (CE Sect. 30 oct. 1998, *Lorenzi, Rec.* 374), le rapporteur ne participe plus au délibéré. En outre, conformément à la jurisprudence *Labor Metal,* relative au principe d'impartialité, la CDBF ne peut statuer si elle comprend parmi ses membres une personne qui aurait eu à apprécier des faits qui auraient été précédemment dénoncés dans son rapport public (CE Ass. 4 juill. 2003, *Dubreuil, Rec.* 313). La CDBF est alors contrainte de se déclarer incompétente et de renvoyer l'affaire au Conseil d'État, compétent « dans le cadre de ses pouvoirs généraux de régulation de l'ordre juridictionnel administratif » (CDBF 15 juin 2004, *CHS Paul Guiraud de Villejuif*).

C. Les sanctions prononcées

Comme une juridiction répressive, la Cour peut prononcer la *relaxe* du fonctionnaire soumis à sa juridiction, si les faits ne sont pas avérés, ou le condamner à une **amende** si les faits reprochés sont établis.

Cette amende peut varier dans son montant, selon que la Cour aura tenu compte de *circonstances* atténuantes ou aggravantes. L'amende se situe dans une fourchette allant de 150 € au traitement brut annuel de la personne reconnue coupable des faits qui lui sont reprochés (l'amende peut être portée jusqu'à 2 années de traitement brut dans des cas exceptionnels).

À ce jour, les amendes les plus fortes ont été infligées à deux dirigeants du Crédit lyonnais pour un montant respectif de 59 000 et 100 000 € (CDBF 24 févr. 2006, *Société Altus Finance*). La Cour peut également donner une certaine publicité aux sanctions infligées, en demandant que l'arrêt rendu soit *publié* au Journal officiel (cas de l'affaire précitée).

Les arrêts rendus par la CDBF ne sont pas susceptibles d'appel. Les seules voies de recours possibles sont le *recours en révision* (pour faits ou documents nouveaux) et le *recours en cassation* devant le Conseil d'État (CE 16 janv. 2008, *Haberer*).

L'activité de la Cour est relativement réduite ; depuis sa création en 1948 elle n'a prononcé qu'un peu plus de 160 arrêts (les 3/4 à partir de 1979).

Chapitre 3 › LE CONTRÔLE DU PARLEMENT

› L'essentiel

*Le contrôle exercé par le Parlement constitue le **contrôle politique** par excellence, fondamental dans son principe : il est en effet légitime et logique que l'organe d'autorisation puisse suivre et vérifier l'exécution de son autorisation.*
Ce contrôle, longtemps considéré comme peu efficace, a été rénové ; d'une part, l'information du Parlement a été renforcée, d'autre part la loi de règlement a été réhabilitée.

Section 1 › LE RENFORCEMENT DE L'INFORMATION DU PARLEMENT

L'information du Parlement en cours d'exécution de la loi de finances s'effectue principalement par l'intermédiaire des commissions des finances, qui ont non seulement le pouvoir de s'informer mais aussi le droit d'être informées.

§ 1 - Le pouvoir de s'informer

Aux termes de l'article 57 de la LOLF, les **commissions des finances** de l'Assemblée nationale et du Sénat suivent et contrôlent l'exécution des lois de finances et procèdent à l'évaluation de toute question relative aux finances publiques. Cette mission est confiée à leur **président**, à leur **rapporteur général** ainsi que, dans leurs domaines d'attributions, à leurs **rapporteurs spéciaux**. À cet effet, ils procèdent à toutes **investigations sur pièces et sur place**, et à toutes **auditions** qu'ils jugent utiles (art. 57 LOLF). Les personnes dont l'audition est jugée nécessaire ont l'obligation de s'y soumettre.
Ce pouvoir d'investigation est complété par le droit de **se faire communiquer** tous renseignements et documents d'ordre financier et administratif, y compris tout rapport établi par les services chargés du contrôle de l'administration, réserve faite des sujets à caractère secret (concernant la défense nationale, la sécurité intérieure ou extérieure, le secret médical...). Lorsque la communication des renseignements demandés ne peut être obtenue au terme d'un délai raisonnable, apprécié au regard de la difficulté de les réunir, les présidents des commissions des finances peuvent demander à la **juridiction administrative, statuant en référé**, de faire cesser cette entrave sous astreinte (art. 59 LOLF).
Ce droit de communication concerne principalement la **Mission d'évaluation et de contrôle** (MEC), créée en 1999 au sein de la commission des finances ; co-présidée par un membre de la majorité et un membre de l'opposition et comprenant 2 représentants de chaque groupe parlementaire, elle établit, après audition de responsables politiques et administratifs, des rapports portant sur les sujets les plus divers (en 2008, financement des projets d'équipement naval militaire, politique immobilière de l'État... environ 4 par an).
À cet effet, les commissions des finances bénéficient de **l'assistance** de la Cour des comptes, à laquelle elles peuvent demander de réaliser des **enquêtes**.

§ 2 - Le droit d'être informé

Les commissions des finances sont informées des **modifications apportées aux crédits,** en cours d'exécution, par le Gouvernement. Ainsi, leur information préalable est requise pour nombre de décrets (virement et transfert, annulation, décrets d'avance pris en cas d'urgence et de nécessité impérieuse d'intérêt national) ; en outre, les décrets d'avance pris en cas d'urgence simple leur sont soumis pour **avis**, cet avis devant être transmis au Premier ministre dans un délai de 7 jours.

En outre, le ministère des Finances adresse, chaque semaine, aux présidents et rapporteurs généraux la **situation budgétaire de l'État**, tous les mois des **situations des dépenses** par titre et par ministère ainsi que des **relevés des rentrées fiscales**, et tous les 3 mois des **situations des dépenses engagées**.

Section 2 › LA RÉHABILITATION DE LA LOI DE RÈGLEMENT

Issue de la « loi des comptes » instituée sous la Restauration par la loi du 15 mai 1818, qui a contribué à la création du régime parlementaire, la loi de règlement est une loi de finances particulière tant par son objet que par son régime juridique.

§ 1 - Objet de la loi de règlement

La loi de règlement (art. 37 LOLF) est une loi de **constat**, qui permet au Parlement d'examiner les **résultats** de l'exécution de la loi de finances. *Elle arrête le montant définitif des recettes et des dépenses du budget auquel elle se rapporte, ainsi que le résultat budgétaire qui en découle.* Par là même, elle fait apparaître les différences qui peuvent exister entre les prévisions (LFI et LFR) et les résultats définitifs.

Son domaine est très large.

Outre le budget, elle arrête diverses opérations : ressources et charges de trésorerie (présentées dans un tableau de financement), compte de résultat découlant de la comptabilité générale de l'État, puis bilan de l'État. Toutes ces opérations sont **certifiées** par la Cour des comptes.

La loi de règlement peut également **ratifier** des opérations que le Parlement n'avait pas autorisées (décrets d'avance, dépassements de crédits...).

Elle peut enfin comporter « toutes dispositions relatives à **l'information et au contrôle** du Parlement sur la gestion des finances publiques, ainsi qu'à la comptabilité de l'État et au régime de responsabilité pécuniaire des agents des services publics » (art. 37-V).

Ici encore, la **Cour des comptes** joue un rôle essentiel. Elle produit un **rapport sur le projet de loi de règlement**, délibéré en Chambre du Conseil, qui met en évidence les pratiques irrégulières constatées et sur lequel les parlementaires s'appuient de manière prépondérante lors de la discussion dudit projet. Rappelons que la Cour procède à la **certification** de la régularité, de la sincérité et de la fidélité des comptes de l'État et que cette certification est annexée au projet de loi de règlement, accompagnée du compte-rendu des vérifications opérées (art. 58-5° LOLF).

§ 2 - Régime juridique de la loi de règlement

La loi de règlement est strictement encadrée tant par la loi organique que par le Conseil constitutionnel.

A. Les documents d'accompagnement

Tout d'abord, l'article 54 prévoit que sont joints au projet de loi de règlement 7 sortes de documents, dont les plus importants sont les annexes explicatives et les rapports annuels de performances.

Les **annexes explicatives** développent, par programme ou par dotation, le montant définitif des crédits ouverts et des dépenses constatées, en indiquant les **écarts** entre l'autorisation initiale et les modifications intervenues en cours d'exécution, tant pour le budget général que pour les budgets annexes ou les comptes spéciaux.

Les **rapports annuels de performances** (RAP) mettent en évidence, par programme, les écarts constatés entre les prévisions et les réalisations ; ils font connaître les objectifs poursuivis par le programme, les résultats attendus et obtenus, les indicateurs de performance et les coûts associés. Calqués sur les projets annuels de performances (PAP) annexés au projet de loi de finances de manière à permettre des comparaisons utiles, ils permettent d'analyser l'efficacité de l'utilisation des crédits, envisagée sous l'angle du citoyen, de l'usager et du contribuable.

B. Délais

Ensuite, la loi de règlement est enfermée dans certains **délais** :

– le projet de loi de règlement est déposé et distribué **avant le 1er juin** de l'année suivant celle de l'exécution du budget auquel il se rapporte (art. 46 LOLF),

– le projet de loi de finances de l'année ne peut être **mis en discussion** devant une assemblée avant le vote, par celle-ci, en première lecture, sur le projet de règlement afférent à l'exercice précédent (art. 41 LOLF).

Ce dispositif permet, grâce aux informations contenues dans le projet de loi de règlement, d'éclairer le débat d'orientation budgétaire de printemps, puis le débat budgétaire d'automne.

Enfin, le Conseil constitutionnel a décidé que les lois de règlement, bien que constituant une catégorie de loi de finances, n'étaient **pas intégralement soumises aux règles posées par les textes organiques** relatifs aux lois de finances : ainsi des **délais d'adoption** des lois de finances (Cons. const. 19 juill. 1983, nº 161 DC), car ces délais ont pour objet unique d'assurer la continuité de la vie nationale, but que ne poursuit pas la loi de règlement ; ainsi de la **procédure d'urgence spéciale** prévue par les textes organiques, la seule procédure d'urgence applicable pour les lois de règlement étant celle prévue à l'article 45 de la Constitution (Cons. const. 24 juill. 1985, nº 85-190 DC).

On peut noter que le contrôle exercé, au fond, par le Conseil constitutionnel sur les lois de règlement est un contrôle restreint (Cons. const. 16 janv. 1986, nº 85-202 DC ; Cons. const. 20 nov. 1991, nº 91-300 DC), dans la mesure où il vérifie seulement que le projet de loi a bien été transmis avec ses documents obligatoires (annexes explicatives, rapport de la Cour des comptes...).

Conclusion : si la loi de règlement a été un élément important dans la construction du régime parlementaire, force est de constater que le Parlement l'a par la suite totalement négligée. Adoptée jadis dans l'indifférence générale après de très brefs débats et avec des retards considérables, supérieurs parfois à 10 ans, voire même à 20 ans (le budget de 1915 a été réglé en 1936), la loi de règlement devient aujourd'hui un élément central de contrôle et d'évaluation de l'État.

POUR ALLER PLUS LOIN

THÈMES DE RÉFLEXION :

- L'efficacité des contrôles de l'exécution des lois de finances
- Les contrôles *a priori* et *a posteriori*
- L'évolution de la Cour des comptes

BIBLIOGRAPHIE :

- I. Bouhadana, *Les commissions des finances des assemblées parlementaires en France : origines, évolutions et enjeux*, LGDJ, 2007
- Ch. Descheemaker, *La Cour des comptes*, La documentation française, 2005
- J. Magnet, *La Cour des comptes*, Berger-Levrault, 1996

Deuxième partie

LES FINANCES DES AUTRES INSTITUTIONS PUBLIQUES

Cette partie a pour objet de présenter les finances d'institutions publiques autres que l'État, c'est-à-dire d'organismes et de mécanismes qui existent dans la société actuelle et qui ont la particularité d'avoir tous une incidence, directe ou indirecte, sur les finances de l'État.

En raison de leur caractère difficilement dissociable des finances étatiques, seront présentées successivement les finances locales, les finances de la Sécurité sociale et les finances de l'Union européenne.

Cependant, eu égard à la spécificité de ces institutions et à l'approfondissement dont leurs finances font l'objet à l'occasion des enseignements particuliers auxquels elles se rattachent, seules seront présentées ici les grandes lignes de leur système budgétaire.

Cette partie traitera des finances locales, des finances de la Sécurité sociale et des finances de l'Union européenne

Titre 1

LES FINANCES LOCALES

Les finances locales sont caractérisées par leur poids croissant dans l'économie. En 2008, les dépenses des *administrations publiques locales* (régions, départements, communes, établissements publics de coopération intercommunale ou EPCI) représentaient 11,2 % du PIB et l'investissement local (essentiellement consacré aux bâtiments et aux travaux publics) représentait 73 % de l'investissement public national.

Cette évolution des finances locales s'explique principalement par la **décentralisation** initiée par les lois des 2 mars et 22 juillet 1982 et précisée par la révision constitutionnelle du 28 mars 2003. En effet, la décentralisation implique un transfert de compétences au profit des collectivités décentralisées, transfert qui induit par lui-même un transfert de charges de l'État vers ces mêmes collectivités. Or, à partir de 1993, de nombreuses lois modifiant la structure des impôts locaux ont eu pour effet de diminuer les recettes fiscales locales, sans organiser nécessairement leur compensation intégrale par des dotations versées par l'État (à titre d'exemple, la vignette automobile due par les particuliers et perçue par les départements, a été supprimée dans sa quasi-totalité en 2001 et n'a été que partiellement compensée au titre de la dotation globale de décentralisation). Dès lors la question de fond se pose de savoir si l'autonomie, qui est inhérente à la décentralisation, peut ne pas être contrariée par une éventuelle insuffisance des ressources locales.

Avant que de procéder à l'étude des budgets locaux, il convient au préalable de s'intéresser à ce problème de fond.

Chapitre 1 › LIBRE ADMINISTRATION ET AUTONOMIE FINANCIÈRE

› L'essentiel

La libre administration est un principe général de la décentralisation. Aux termes de l'article L. 1111-1 du CGCT, « les communes, les départements et les régions s'administrent librement par des conseils élus ». Le corollaire de la libre administration est la capacité de décider et de faire, ce qui implique une autonomie financière.

L'autonomie financière est reconnue par la Constitution, mais elle a du mal à s'affirmer dans un État unitaire, certes décentralisé, mais tout empreint d'une culture centralisatrice, comme en témoigne le problème des ressources propres des collectivités territoriales.

Section 1 › LE PRINCIPE DE L'AUTONOMIE FINANCIÈRE

L'autonomie financière est reconnue par la Constitution depuis la révision constitutionnelle de 2003. L'article 72-2 dispose :

« Les collectivités territoriales bénéficient de ressources dont elles peuvent **disposer** librement dans les conditions fixées par la loi.

Elles peuvent recevoir tout ou partie du produit des impositions de toutes natures. La loi peut les autoriser à en fixer l'assiette et le taux dans les limites qu'elle détermine.

Les recettes fiscales et les autres ressources propres des collectivités territoriales représentent, pour chaque catégorie de collectivités, **une part déterminante** de l'ensemble de leurs ressources. La loi organique fixe les conditions dans lesquelles cette règle est mise en œuvre.

Tout transfert de compétences entre l'État et les collectivités territoriales s'accompagne de l'attribution de **ressources équivalentes** à celles qui étaient consacrées à leur exercice. Toute création ou extension de compétences ayant pour conséquence d'augmenter les dépenses des collectivités territoriales est accompagnée de ressources déterminées par la loi.

La loi prévoit des dispositifs de péréquation destinés à favoriser l'égalité entre les collectivités territoriales. »

Il ressort de cette disposition que les collectivités territoriales :

– disposent librement de leurs ressources,

– peuvent recevoir tout ou partie des impositions de toutes natures et peuvent être autorisées par le législateur à en fixer l'assiette et le taux,

– bénéficient de ressources propres (fiscales et autres) représentant **une part déterminante** de l'ensemble de leurs ressources,

– en cas de transfert de compétences, se voient attribuer par l'État des ressources d'un montant équivalent à celui qui leur était consacré,

– favorisent l'égalité entre elles par des dispositifs de péréquation.

Cette autonomie de principe n'est pas conforme à la réalité. Les libertés financières proclamées sont largement réglementées : la liberté de gestion est entravée par l'existence de dépenses obligatoires, la liberté fiscale se limite au pouvoir très encadré de fixer les taux des impôts locaux (loi du 10 janv. 1980), les recettes compensatoires de transfert de compétences – et donc de charges – dépendent du bon vouloir du législateur...

Section 2 › LES RIGIDITÉS DE L'AUTONOMIE FINANCIÈRE : LES RESSOURCES PROPRES

La loi organique du 29 juillet 2004 (qui était prévue à l'alinéa 3 de l'article 72-2 de la Constitution) a précisé la notion de « ressources propres » ainsi que leur « part déterminante ».

§ 1 - Les ressources propres

Selon l'article 3 de la loi organique (codifié à l'art. LO 1114-2 CGCT), « au sens de l'article 72-2 de la Constitution, les ressources propres des collectivités territoriales sont constituées du *produit des impositions de toutes natures* dont la loi les autorise à fixer l'assiette, le taux ou le tarif..., des *redevances pour services rendus*, des *produits du domaine*, des *participations d'urbanisme*, des *produits financiers* et des *dons et legs* ».

Sont donc exclus de l'assiette des ressources propres les emprunts, les dotations et les subventions.

Il restait à définir la notion de « **part déterminante** » des ressources propres. Tel est l'objet de l'article 4 de la loi organique (codifié à l'art. LO 1114-3 CGCT).

§ 2 - La part déterminante des ressources propres

« Pour chaque catégorie de collectivités, la part des ressources propres est calculée en rapportant le montant de ces dernières à celui de la **totalité de leurs ressources, à l'exclusion** des *emprunts*, des ressources correspondant au *financement de compétences transférées* à titre expérimental ou mises en œuvre par délégation et des *transferts financiers* entre collectivités d'une même catégorie.

Pour chaque catégorie, la part des ressources propres ne peut *être inférieure* au niveau constaté au titre de *l'année 2003*. »

Le législateur organique avait bien tenté de définir la notion de part déterminante des ressources propres, mais de manière tellement tautologique (cette part devait garantir « la libre administration des collectivités territoriales... compte tenu des compétences qui leur sont confiées ») que le Conseil constitutionnel invalida cette définition au motif qu'elle était contraire au principe de clarté et aux objectifs d'intelligibilité et d'accessibilité de la loi (Cons. const. 29 juill. 2004, nº 2004-500 DC, LO relative à l'autonomie financière des collectivités territoriales).

Finalement, la part des ressources propres n'est définie que par un **seuil minimal**, relatif au niveau constaté au titre de l'année 2003. Le plancher des ressources propres est donc un **ratio figé**, qui ne correspond ni à une réalité objective, ni à son évolution : il est de 60, 8 % pour les communes et les EPCI, de 56, 8 % pour les départements et de 39,5 % pour les régions.

Afin de vérifier l'état de ce ratio, le Gouvernement transmet au Parlement, *le 1er juin de chaque année*, un rapport faisant « apparaître, pour chaque catégorie de collectivités territoriales, la part des ressources propres dans l'ensemble des ressources ainsi que ses modalités de calcul et son évolution » (art. LO 1114-4 CGCT).

Chapitre 2 › LA PRÉSENTATION DU BUDGET LOCAL

› L'essentiel

Comme tout budget public, le budget local est l'acte qui prévoit et autorise les recettes et les dépenses pour une année civile. Il est préparé par l'exécutif local (maire, Président du Conseil général, Président du Conseil régional) et approuvé par l'assemblée délibérante de la collectivité concernée (conseil municipal, général, régional). Il est soumis à des principes budgétaires, avec la particularité de devoir être présenté en équilibre réel. Le budget local comprend divers documents, qui ont une structure particulière. Il est alimenté par des ressources variées et complexes.

Section 1 › LES PRINCIPES BUDGÉTAIRES

Ce sont les principes budgétaires classiques qui sont en vigueur pour les budgets locaux.

§ 1 - Annualité

L'exercice budgétaire coïncidant avec l'année civile, le budget commence le 1er janvier et se termine le 31 décembre.

Toutefois, le budget local étant étroitement dépendant du budget de l'État, que ce soit au titre des modifications apportées dans la loi de finances de l'année à la législation relative aux impôts locaux ou aux diverses dotations versées par l'État, le budget doit être **adopté avant le 31 mars de l'année considérée** (ou le 15 avril en cas de renouvellement des organes délibérants). Entre le 1er janvier et le 31 mars, l'exécutif n'est pas démuni : il peut recouvrer les recettes et effectuer des dépenses portant sur la section de fonctionnement.

Si le budget n'est pas adopté avant le 31 mars de l'exercice auquel il s'applique, le préfet saisit sans délai la chambre régionale des comptes qui, dans le mois, et par un avis public, formule des propositions pour le règlement du budget.

Le préfet règle ensuite le budget et le rend exécutoire. S'il s'écarte des propositions de la chambre régionale des comptes, il assortit sa décision d'une motivation explicite (art. L. 1612-2 CGCT).

Le principe d'annualité connaît des **aménagements :**

– l'assemblée délibérante peut apporter en cours d'année des modifications au budget voté (budget primitif) en votant des **décisions modificatives** (DM) ;

– pour la réalisation de projets **pluriannuels**, les textes distinguent d'une part les *autorisations de programme* (qui sont la limite supérieure des dépenses pouvant être engagées pour le financement des *investissements*, et qui sont valables sans limitation de durée, jusqu'à leur annulation, AP) et les *autorisations d'engagement* (qui constituent la limite supérieure des dépenses pouvant être mandatées pour les *dépenses de fonctionnement*, AE), d'autre part les *crédits de paiement* (CP) ;

– des crédits non utilisés peuvent faire l'objet de *report* sur l'exercice suivant ;

– si l'exécution du budget doit se faire dans l'année, il existe une *journée complémentaire*, qui permet de mandater des dépenses de fonctionnement jusqu'au 31 janvier de l'année suivante.

§ 2 - Unité budgétaire

L'unité budgétaire implique que toutes les recettes et toutes les dépenses de la collectivité figurent dans un document unique regroupant toutes ses opérations budgétaires et financières. Le document budgétaire doit en conséquence être accompagné d'un certain nombre d'**annexes**, destinées à améliorer l'information (tableau des emprunts et des dettes, état des amortissements, état des provisions...).
Le principe de l'unité connaît une dérogation avec l'existence des **budgets annexes** : ils ont pour objet de faire apparaître la gestion des services gérés en régie (eau, assainissement...) et sont produits en annexe du budget principal

§ 3 - Universalité budgétaire

L'universalité signifie que l'ensemble des recettes est destiné à financer l'ensemble des dépenses, et cela sans qu'il soit possible d'opérer une quelconque contraction ou compensation entre elles. Les recettes et les dépenses doivent apparaître dans leur intégralité, sans qu'il soit possible d'affecter une recette à une dépense déterminée.
Dérogations : dans deux cas :
– **fonds de concours :** ce sont des fonds qui doivent être utilisés conformément à la volonté de la partie qui les verse ; ainsi des *dons et legs* qui ne peuvent être utilisés que dans un but précis (entretien d'un édifice du culte...) ou des subventions accordées aux collectivités pour une opération déterminée dans le cadre des *fonds structurels européens* (aménagements routiers...) ;
– **impôts et dotations affectés :** certains impôts locaux ont une affectation obligatoire (la *taxe de séjour* est affectée aux dépenses destinées à favoriser la fréquentation touristique) ; de même certaines dotations de l'État sont affectées à des dépenses déterminées (la *dotation spéciale instituteurs* est affectée à leur logement).

§ 4 - Spécialité

Les crédits ont un objet précis et détaillé que l'exécutif doit respecter. Les crédits sont présentés par *articles* qui sont regroupés dans des *chapitres*.
Exceptions : il peut être porté atteinte à ce principe :
– en procédant à des **virements** de crédits entre articles, après accord préalable de l'assemblée délibérante,
– en raison de l'existence de **crédits pour dépenses imprévues**.

§ 5 - Équilibre réel

Aux termes de l'article L. 1612-4 du CGCT, « le budget de la collectivité territoriale est en **équilibre réel** lorsque la section de fonctionnement et la section d'investissement sont respectivement **votées en équilibre**, les recettes et les dépenses ayant été évaluées **de façon sincère**, et lorsque le prélèvement sur les recettes de la section de fonctionnement au profit de la section d'investissement, ajouté aux recettes propres de cette section, à l'exclusion du produit des emprunts, et éventuellement aux dotations des comptes d'amortissements et de provisions, fournit des ressources suffisantes pour couvrir le remboursement en capital des annuités d'emprunt à échoir au cours de l'exercice ».

Les recettes et les dépenses des **deux sections** (fonctionnement et investissement) doivent s'équilibrer exactement et être évaluées de façon sincère, c'est-à-dire de façon plausible et non artificielle.

Le budget qui n'est pas voté en équilibre réel est soumis à un **contrôle** du préfet et de la chambre régionale des comptes, qui est organisé dans les conditions suivantes (art. L 1612-5 CGCT) :

La chambre régionale des comptes, saisie par le préfet dans un délai de 30 jours, constate l'absence d'équilibre réel et propose à la collectivité territoriale, dans un délai de 30 jours à compter de sa saisine, les mesures nécessaires au rétablissement de l'équilibre budgétaire ; puis elle demande à l'assemblée délibérante une nouvelle délibération.

La nouvelle délibération, rectifiant le budget initial, doit intervenir dans un délai d'un mois à partir de la communication des propositions de la chambre régionale des comptes.

Si l'assemblée délibérante ne s'est pas prononcée dans le délai prescrit, ou si la délibération prise ne comporte pas de mesures de redressement jugées suffisantes par la chambre régionale des comptes (qui se prononce sur ce point dans un délai de 15 jours à partir de la transmission de la nouvelle délibération), le budget est réglé et rendu exécutoire par le préfet.

Si le préfet s'écarte des propositions formulées par la chambre régionale des comptes, il assortit sa décision d'une motivation explicite.

Section 2 › LES DOCUMENTS BUDGÉTAIRES

Les documents budgétaires sont constitués du budget primitif, du budget supplémentaire et du compte administratif, qui sont l'équivalent à l'échelon local des diverses lois de finances de l'État (loi de finances de l'année, lois de finances rectificatives et loi de règlement).

§ 1 - Le budget primitif

Il constitue le premier acte obligatoire du cycle budgétaire annuel de la collectivité. Il prévoit et autorise les recettes et les dépenses locales pour une année déterminée. Il doit être voté par l'assemblée délibérante **avant le 31 mars** de l'année à laquelle il se rapporte et doit être **transmis au préfet dans les 15 jours** qui suivent son adoption. Il peut comprendre des budgets annexes.

§ 2 - Les décisions modificatives et budgets supplémentaires

Le budget primitif, acte prévisionnel et donc aléatoire, peut être modifié en cours d'exercice, soit pour procéder à des ajustements, soit pour faire face à des événements non prévisibles.

L'assemblée délibérante adopte généralement ces modifications dans des **décisions modificatives**. Mais elle peut également les adopter en votant un **budget supplémentaire**.

Si le budget supplémentaire permet de rectifier les prévisions initiales, il a surtout pour vocation de reprendre les résultats budgétaires de l'exercice précédent, tels qu'arrêtés dans le compte administratif (excédent ou déficit). Il est établi généralement au second semestre de l'année.

§ 3 - Le compte administratif

Le compte administratif retrace **toutes les opérations effectuées** au cours de l'exercice précédent (*n-1*), du 1er janvier au 31 décembre, auquel on ajoute la période complémentaire (la période complémentaire expire le 31 janvier de l'année *n* qui suit l'exécution du budget, elle se situe dans l'année au cours de laquelle le compte administratif doit être adopté). Le compte administratif est l'équivalent de la loi de règlement du budget de l'État.

Le compte administratif est élaboré par l'ordonnateur (maire...) et doit être adopté par l'assemblée délibérante **avant le 30 juin** de l'année qui suit l'exercice concerné (*n+1*).

Il est confronté avec le **compte de gestion** établi par le comptable public, compte ayant le même objet que le compte administratif et qui doit être déposé au plus tard le 1er juin.

L'ordonnateur (maire...) peut assister à la discussion de l'assemblée délibérante, mais doit se retirer lors du vote. À cette occasion, l'assemblée peut infliger un *blâme* à l'ordonnateur en cas d'irrégularités constatées dans sa gestion.

Si le compte administratif est rejeté par l'assemblée, il est transmis par le préfet à la chambre régionale des comptes qui doit émettre un avis, dans le délai d'1 mois, sur la conformité dudit compte avec le compte de gestion établi par le comptable public.

Section 3 › LA STRUCTURE DU BUDGET LOCAL

Le budget local se présente en deux parties : **section de fonctionnement** et **section d'investissement**. Chacune de ces sections doit être présentée en équilibre, les recettes étant égales aux dépenses.

§ 1 - La section de fonctionnement

La section de fonctionnement retrace les opérations de dépenses et de recettes nécessaires à la **gestion courante** et régulière de la collectivité, celles qui reviennent chaque année.

Les **dépenses** sont les dépenses nécessaires à l'activité courante (dépenses de personnel, dépenses de petit matériel, d'entretien et de nettoyage), ce qui comprend le paiement des intérêts des emprunts.

Les **recettes** sont constituées par les produits des impôts directs locaux (taxes foncières, taxe d'habitation, taxe professionnelle), les produits du domaine et la dotation globale de fonctionnement (DGF).

L'excédent des recettes par rapport aux dépenses est utilisé en priorité pour rembourser le capital emprunté par la collectivité, le surplus constituant **l'autofinancement**, qui fera l'objet d'un virement au profit de la section d'investissement.

§ 2 - La section d'investissement

Cette section présente les programmes d'investissement, nouveaux ou en cours, qui ont pour effet de modifier ou d'enrichir le patrimoine de la collectivité.

Les **dépenses** concernent les gros travaux (construction de bâtiments, acquisitions immobilières, achats de gros matériel...) et le remboursement du capital des emprunts.

Les **recettes** proviennent de l'autofinancement, mais aussi et surtout d'emprunts, du produit de la vente du patrimoine, de subventions, de la dotation globale d'équipement (DGE)...

Le budget local peut être schématisé de la manière suivante :

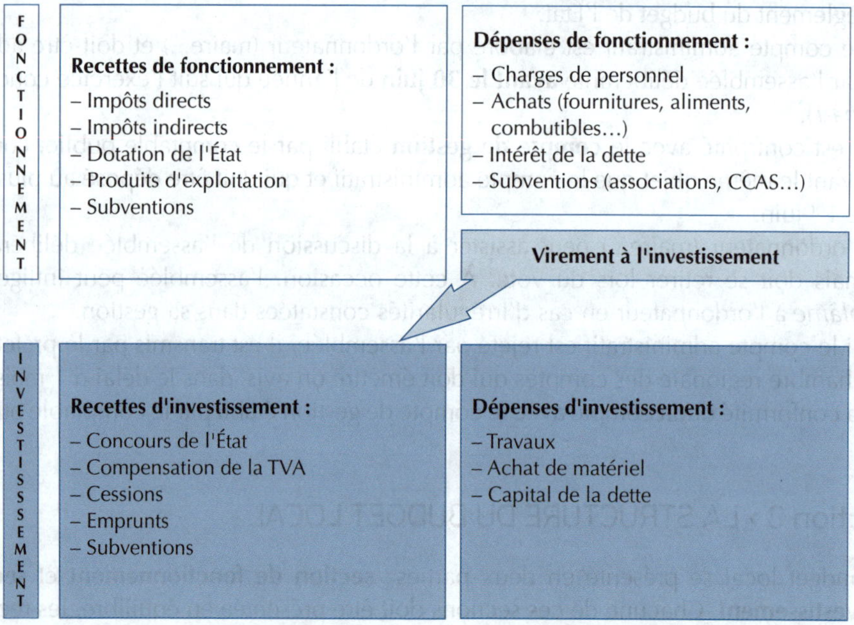

Les dépenses et les recettes de chaque section sont présentées par **chapitres** et **articles**. Les crédits sont votés par chapitre, mais peuvent faire l'objet d'un vote par article si l'assemblée délibérante le demande.

Enfin précisons que les textes ont prévu qu'un certain nombre de dépenses locales ont un caractère **obligatoire** (par exemple, les dépenses d'entretien de l'hôtel de ville sont des dépenses obligatoires pour les communes) ; si ces dépenses ne sont pas inscrites au budget, elles peuvent faire l'objet d'un *mandatement d'office* par le préfet (art. L 1612-16 CGCT).

Section 4 › LES RESSOURCES LOCALES

Elles comprennent des ressources aussi diverses que de faible rendement : *produits du domaine* privé (ventes de coupes de bois) ou public (occupation des trottoirs par les terrasses de café), *redevances* perçues sur les usagers d'un service public local (transports).

Cependant les principales ressources proviennent de trois blocs, qui sont au premier chef les impôts locaux, suivis des concours financiers de l'État, puis de l'emprunt.

§ 1 - Les impôts locaux

Ils constituent la principale ressource locale, tout en étant strictement encadrés par le législateur.

A. La liberté fiscale, une liberté surveillée

En vertu de l'article 34 de la Constitution, la loi fixe les règles relatives à l'assiette, au taux et aux modalités de recouvrement des impositions de toutes natures, ce qui inclut les impôts locaux. Il en résulte que les collectivités territoriales ont un faible pouvoir d'action sur leurs impôts.

En effet, l'assiette des impôts locaux, déterminée par le seul législateur, est identique pour toutes les collectivités. Le recouvrement, lui aussi organisé par le législateur, est assuré par les services fiscaux de l'État. La seule liberté octroyée par le législateur réside dans la liberté accordée aux collectivités de fixer librement les **taux d'imposition** des impôts directs, mais dans des limites strictement encadrées (loi du 10 janv. 1980).

De même, il est fréquent que le législateur consente des *exonérations* ou des *dégrèvements* d'impôts locaux, voire même supprime certains impôts (vignette automobile des particuliers). Dans ces cas l'État accorde des *compensations financières* au titre de ces pertes de ressources par l'intermédiaire de son budget, sous la forme de majorations des subventions accordées.

On le voit, la liberté fiscale est des plus limitées pour les collectivités territoriales, puisqu'elle se limite à la fixation des taux d'imposition des impôts directs.

B. Les impôts directs locaux

À l'origine, ils étaient des impôts additionnels aux impôts d'État. Lorsque l'État a supprimé ces impôts au profit d'impôts fondés sur des valeurs économiques (réformes Caillaux de 1914 et 1917, créant l'impôt sur le revenu), ils ont été maintenus au profit des collectivités territoriales... d'où leur nom de « 4 vieilles ».

Les impôts directs locaux ont pour assiette principale la **valeur locative** des biens qui y sont assujettis (lois du 31 déc. 1973 et du 29 juill. 1975) ; cette valeur locative est évaluée par les services fiscaux en fonction des caractéristiques propres du bien concerné (qualité physique des immeubles, situation géographique, affectation...).

Les impôts directs locaux sont les taxes foncières, la taxe d'habitation et la taxe professionnelle.

1. La taxe foncière sur les propriétés bâties

Elle est due par les **propriétaires d'immeubles bâtis** à la date du 1er janvier de l'année d'imposition.

Établie d'après la valeur locative cadastrale (diminuée de 50 % pour tenir compte des charges diverses : entretien, réparations, assurances), elle comprend de nombreuses exonérations soit permanentes (propriétés publiques de l'État, des collectivités territoriales...), soit temporaires (constructions nouvelles)

La *taxe d'enlèvement des ordures ménagères*, qui permet de financer les dépenses relatives à l'élimination des déchets ménagers, est un impôt additionnel à la taxe foncière.

2. La taxe foncière sur les propriétés non bâties

Elle est due par les **propriétaires de terrains nus** de toute nature (ce qui inclut les mines, les étangs privés...)

L'assiette est la valeur locative cadastrale, diminuée de 20 %.

En sont exonérées les propriétés publiques appartenant à l'État et aux collectivités territoriales.

3. La taxe d'habitation

En sont redevables les **occupants de locaux à usage d'habitation** au 1er janvier de l'année, et cela quel que soit leur statut (propriétaires, locataires ou occupants à titre gratuit).

Le calcul s'effectue par application à la valeur locative du taux d'imposition voté par la collectivité.

Il existe de nombreux abattements et exonérations permettant de personnaliser cet impôt (pour charges de famille...).

4. La taxe professionnelle

Succédant à la patente, créée en 1791, la taxe professionnelle est due par toute personne physique ou morale qui exerce à titre **habituel** une **activité professionnelle non salariée** (art. 1447 CGI).

Elle est assise sur la valeur locative des *immobilisations corporelles* (immeubles et terrains sur lesquels sont implantées les entreprises).

La taxe professionnelle représente près de 50 % des impôts directs locaux. Étant donné l'importance de son rendement, c'est un impôt très contesté tant dans son principe que dans ses modalités.

Remarque : la fiscalité directe locale est profondément critiquée : elle est considérée comme *archaïque*, ses bases d'imposition étant fondées sur des indices de richesse (valeur locative) et non sur la réalité économique de la richesse (revenu, capital) ; elle est considérée comme *complexe*, nombre d'impôts locaux étant optionnels (taxe de balayage) ; enfin, elle est considérée comme *injuste*, tant pour les redevables que pour les collectivités locales elles-mêmes (en raison des disparités existant entre elles).

Outre les impôts directs, les collectivités territoriales perçoivent **quelques impôts indirects**, aussi disparates que peu productifs : taxe de séjour (communes touristiques), taxe sur les cartes grises (régions), droit de licence sur les débits de boisson (communes)...

§ 2 - Les concours financiers de l'État

Ils représentent la deuxième source de financement des budgets locaux. Ils s'analysent comme des **subventions** versées par l'État pour compenser les transferts de charges ou les exonérations et allégements fiscaux décidés par le législateur. Ces concours financiers, très variés et techniques, peuvent être regroupés en subventions de fonctionnement et subventions d'investissement.

A. Les subventions de fonctionnement

Elles sont accordées par l'État pour permettre aux collectivités territoriales de financer leurs dépenses de fonctionnement. Elles figurent à la section de fonctionnement.

1. La dotation globale de fonctionnement (DGF)

L'État avait supprimé en 1968 la *taxe locale* (qui était un impôt indirect perçu au profit des collectivités territoriales) en raison de l'extension de la TVA au commerce de détail. Il avait compensé cette perte de recette en leur affectant la *taxe sur les salaires ;* cette dernière étant devenue un impôt résiduel, l'État créa le VRTS (versement représentatif de la taxe sur les salaires), puis le remplaça en 1977 par la DGF. La DGF est donc un substitut de perte de ressources fiscales.
Mais son mécanisme comprend deux dotations : une **dotation forfaitaire** destinée à compenser les pertes de ressources fiscales, actualisées chaque année, et une **dotation de péréquation**, qui est versée aux collectivités les plus défavorisées sur le plan fiscal ; cette dernière dotation poursuit un objectif évident d'équité et de solidarité en ce qui concerne le niveau des ressources locales.
La DGF est la plus importante des dotations versées par l'État.

2. La dotation globale de décentralisation (DGD)

Son objet est de compenser les augmentations de charges non compensées par la fiscalité et résultant des transferts de charges opérés par les lois de décentralisation de 1982 et 1983.

3. La dotation spéciale instituteurs (DSI)

Elle est affectée aux communes, dans la mesure où ce sont elles qui assurent le logement des instituteurs.

B. Les subventions d'investissement

Elles sont enregistrées à la section investissement du budget local.

1. La dotation globale d'équipement (DGE)

Destinée initialement à globaliser les subventions spécifiques allouées à toutes les collectivités territoriales pour les investissements qu'elles effectuaient (piscine...), elle a subi de profondes transformations au fil du temps qui ont conduit à ne plus l'attribuer qu'aux seuls départements et régions.

2. Le fonds de compensation de la TVA (FCTVA)

Lorsque l'État réalise un investissement, il acquitte la TVA auprès de ses fournisseurs, mais, étant donné que la TVA est un impôt d'État, il la récupère aussitôt ; autrement dit, l'opération d'investissement est pour l'État totalement neutre au regard de la TVA.

Il n'en va pas de même pour les collectivités territoriales : elles acquittent la TVA dans les mêmes conditions qu'un consommateur final, tel un particulier.

Pour rétablir l'égalité entre autorités publiques centrales et décentralisées, toutes deux chargées de missions d'intérêt public, a été institué le FCTVA, qui permet aux collectivités territoriales de récupérer la TVA qu'elles ont acquittée sur leurs investissements, non pas immédiatement, mais avec un décalage de 2 ans, très pénalisant pour leur trésorerie.

§ 3 - Les emprunts

Il s'agit là de la 3e source de financement des collectivités territoriales.

Ces dernières peuvent librement emprunter auprès de n'importe quel établissement financier, mais cette liberté est strictement encadrée : elles ne peuvent pas emprunter pour financer des dépenses de fonctionnement ou pour couvrir le remboursement en capital des annuités d'emprunt.

Chapitre 3 › L'ÉLABORATION ET L'ADOPTION DU BUDGET LOCAL

› L'essentiel

Comme tout budget, le budget local est préparé par l'exécutif local (maire ou président de collectivité) et voté par l'assemblée délibérante.

Section 1 › L'ÉLABORATION DU BUDGET LOCAL

Le projet de budget primitif est préparé par l'exécutif seul ou par les services administratifs compétents de la collectivité concernée (en fonction de son importance), avec l'appui de la commission des finances de l'assemblée délibérante si elle existe.
Les **orientations générales** de ce projet font l'objet d'un **débat** auprès de l'assemblée délibérante ; ce débat doit intervenir dans un délai de 2 mois avant l'examen du budget proprement dit (communes de plus de 3 500 habitants) ou de 10 semaines (conseil général et conseil régional).

Section 2 › L'ADOPTION DU BUDGET LOCAL

Il existe deux procédures d'adoption d'un budget local : une procédure normale et une procédure d'exception.

§ 1 - La procédure normale

Le vote du budget n'est possible qu'après que les membres de l'assemblée délibérante aient été non seulement convoqués, mais aussi correctement informés par une communication préalable des documents budgétaires.
Le délai de **convocation** varie selon les collectivités concernées ; pour les communes de plus de 3 500 habitants, il est de 5 jours francs (mais de 3 jours pour les communes de moins de 3 500 habitants), pour les départements et régions, il est de 12 jours.
La convocation est accompagnée de **documents d'information :** une *note explicative de synthèse*, assortie d'annexes (projet de budget, état des emplois permanents, état des ensembles immobiliers et mobiliers, état des dettes et des créances, état des emprunts).
Les crédits figurant dans chacune des sections (fonctionnement, investissement) sont répartis en **chapitres**, eux-mêmes subdivisés en **articles**. L'unité de vote est en principe le chapitre (mais il peut être l'article, si l'assemblée délibérante le décide).
Le budget est adopté à la **majorité** des membres composant l'assemblée délibérante.
Une fois voté, le budget doit être transmis au **préfet** 15 jours après la date limite légale prévue pour son adoption ; ce n'est qu'après cette transmission que le budget devient exécutoire.

§ 2 - La procédure exceptionnelle : le contrôle budgétaire

Elle concerne trois hypothèses :
1. le budget n'a pas été voté dans les délais prévus (au plus tard, le 31 mars),
2. le budget n'est pas voté en équilibre réel,
3. le budget n'a pas prévu de crédits pour des dépenses obligatoires.

Dans ces hypothèses, le préfet saisit la **chambre régionale des comptes** (CRC) ; à compter de sa saisine, la CRC dispose d'un délai d'1 mois pour rendre un **avis**. Cet avis est ensuite transmis au **préfet**, qui prend en conséquence les mesures qui s'imposent, dans un délai variable selon la situation : 15 jours en cas d'absence de vote, 20 jours pour rétablir l'équilibre réel ou inscrire d'office des dépenses obligatoires.

NB : le **calendrier budgétaire et financier** d'une collectivité territoriale s'établit comme présenté dans le schéma (cf. page suivante).

Conclusion : l'exécution et les contrôles obéissent à des règles quasi-identiques à celles qui régissent le budget de l'État.

L'exécution s'effectue conformément à la **règle de séparation des ordonnateurs et des comptables publics**. L'ordonnateur est, selon le cas, le maire, le président du Conseil général ou le président du Conseil régional. Quant au comptable public local, qui est toujours nommé par le ministre chargé des Finances, il est un comptable direct du Trésor (trésorier principal...). Les opérations de dépenses et de recettes sont réalisées conformément au décret du 29 décembre 1962 portant règlement général sur la comptabilité publique.

Les contrôles associent, dans des hypothèses bien précises, préfet et CRC. Il faut noter que les CRC, hormis les cas évoqués de contrôle de certains actes budgétaires (absence d'équilibre budgétaire réel...), exercent des fonctions identiques à celles qu'exerce la Cour des comptes pour le budget de l'État : d'une part les CRC jugent les comptes des comptables publics locaux, d'autre part les CRC effectuent un contrôle de gestion sur les comptes des collectivités territoriales situées dans leur ressort.

POUR ALLER PLUS LOIN

THÈMES DE RÉFLEXION :

- La crise des finances locales
- Autonomie financière et liberté locale
- Le poids croissant des dotations d'État

BIBLIOGRAPHIE :

- M. Bouvier, *Les finances locales*, LGDJ, coll. "Systèmes", 2006
- F. Labie, *Finances locales*, Dalloz, coll. "Cours", 1995
- R. Muzellec, *Finances locales*, Dalloz, coll. "Mémento", 2005

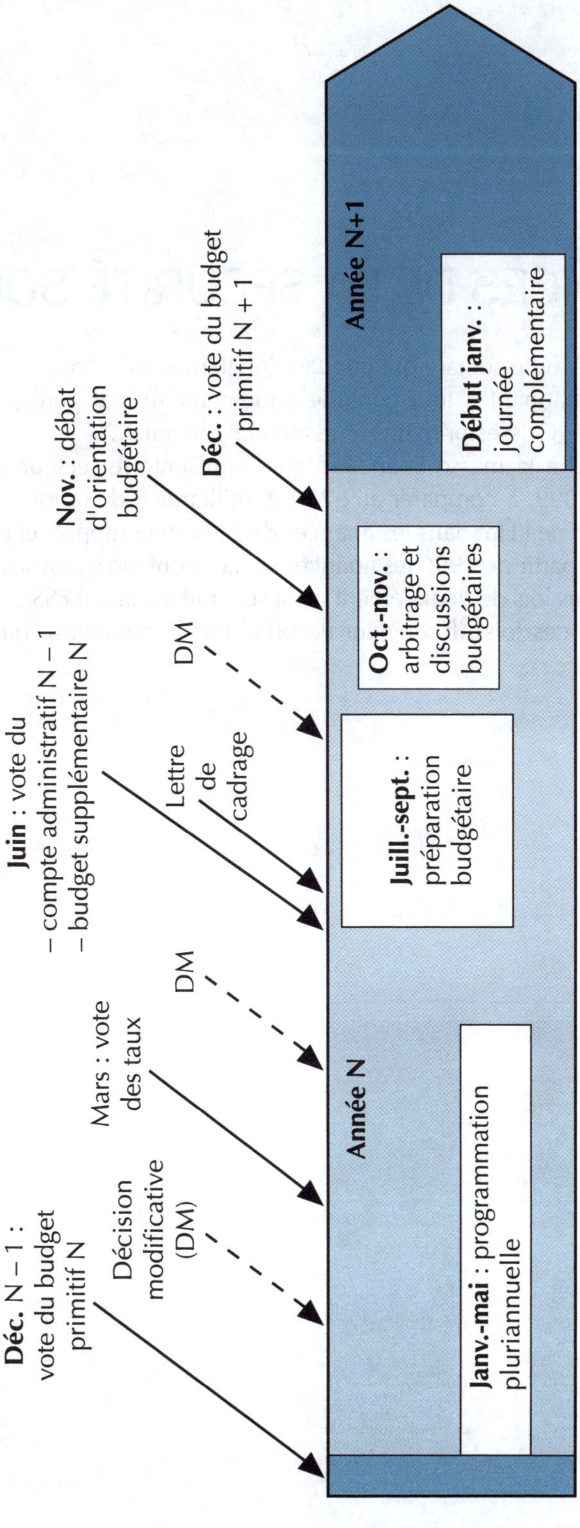

Calendrier budgétaire et financier

Titre 2

LES FINANCES DE LA SÉCURITÉ SOCIALE

Les finances de la Sécurité sociale ont pendant longtemps été considérées comme des finances privées, échappant à tout contrôle parlementaire, car gérées par des organismes de droit privé (Caisses primaires d'assurance maladie...).
Cependant, eu égard à la masse financière que représente le secteur social (plus de 430 milliards € en 2009, à comparer aux 280, 5 milliards € de la loi de finances), eu égard à l'intervention de l'État dans les finances de ce secteur (impôts et taxes affectées, gestion du déficit), à partir de 1996 les finances sociales ont été soumises à autorisation parlementaire dans les lois de financement de la sécurité sociale (LFSS).
Avant que d'étudier ces lois, il convient de présenter la nébuleuse que constitue la Sécurité sociale.

Chapitre 1 › LA SÉCURITÉ SOCIALE

> **› L'essentiel**
> *Il ne s'agit pas tant de présenter l'organisation administrative, plutôt complexe, de la Sécurité sociale que les missions qui lui incombent. À cet effet, il convient de présenter les dépenses puis les recettes.*

Section 1 › LES DÉPENSES

La sécurité sociale comprend des régimes obligatoires de base et des régimes complémentaires de retraite.

§ 1 - Les régimes obligatoires de base

Ils sont les seuls à entrer dans le champ d'application des lois de financement de la sécurité sociale, en raison de leur masse financière et du nombre de leurs assujettis. Ils se répartissent en trois groupes d'inégale importance :

A. Le régime général

Le régime général assure la couverture sociale des salariés du secteur privé ; les prestations sont versées par les caisses de sécurité sociale (caisse primaire, caisse régionale) et les cotisations sont recouvrées par les Unions de recouvrement des cotisations de sécurité sociale et d'allocations familiales (URSSAF), qui sont des organismes mutualistes de droit privé. Ces organismes privés sont eux-mêmes coiffés par cinq établissements publics nationaux correspondant aux cinq branches de couverture sociale :

– assurance maladie (CNAM)
– assurance vieillesse (CNAV)
– allocations familiales (CNAF)
– recouvrement des cotisations par les URSSAF (ACOSS ou Agence centrale des organismes de sécurité sociale)
– autonomie (Caisse nationale de solidarité pour l'autonomie, CNSA)

Ce régime est le plus important.

B. Les régimes particuliers

Ils concernent de manière prépondérante les agents du secteur public et offrent en général des prestations plus généreuses que celles du régime général (EDF-GDF, SNCF, RATP, invalides de la Marine, mineurs, notaires, Banque de France) ; ils sont très nombreux (une centaine).

C. Les régimes autonomes

Créés après 1945, ils ont une organisation propre, assurant des prestations souvent médiocres à leurs affiliés. Ils concernent 2 catégories de personnes :

– les **indépendants**, qui sont des non-salariés exerçant des professions artisanales, commerciales, industrielles et libérales, (à l'exclusion du monde agricole),
– les **agriculteurs**, qui peuvent être salariés ou exploitants agricoles ; le régime des *exploitants agricoles*, longtemps géré par le budget annexe des prestations sociales agricoles (BAPSA), l'est désormais par un établissement public administratif, le *Fonds de financement des prestations sociales des non-salariés agricoles* (FFIPSA) ; le régime des *salariés agricoles* est, quant à lui, géré par la Mutualité sociale agricole (MSA).

§ 2 - Les régimes complémentaires de retraite

Les régimes complémentaires de retraite concernent aussi bien les salariés non agricoles que les fonctionnaires.
Pour les salariés du secteur privé, il s'agit de régimes de droit privé, gérés par les partenaires sociaux, dans le cadre de conventions collectives, aux noms divers : AGIRC pour les cadres, ARRCO pour les non-cadres.
Pour les fonctionnaires des trois fonctions publiques (d'État, locale et hospitalière), existe un Régime de retraite additionnelle de la Fonction publique (RRAFP), géré par un établissement public et par la CDC.

Section 2 › LES RECETTES

Deux modèles coexistent : le modèle de Beveridge, fondé sur un financement des prestations par l'impôt, donc sur la solidarité, et le modèle de Bismarck, fondé sur un financement par le travail, donc sur des cotisations issues de l'activité professionnelle. La France a opté – récemment – pour un système mixte, alliant **cotisations sociales** et **impôt**.

§ 1 - Les cotisations sociales

Ce sont des cotisations obligatoires, affectées au financement des régimes de sécurité sociale, dont la perception n'est pas soumise à l'autorisation préalable du Parlement. Elles sont versées par les employeurs, les salariés et les non-salariés.
Ce ne sont pas des *impositions de toutes natures* au sens de l'article 34 de la Constitution, par conséquent elles ne relèvent pas de la compétence du Parlement. Mais étant donné leur nature de prélèvements obligatoires en matière sociale, leur assiette est fixée par la loi, seul leur taux relevant de la compétence du pouvoir réglementaire.
Leur assiette est variable d'un régime à l'autre (revenu brut pour les salariés ; revenu professionnel net retenu pour l'IR, s'agissant de la plupart des professions libérales). Quant à leur recouvrement, il est marqué par une forte similitude avec le recouvrement que connaît la matière fiscale.
Les cotisations sociales représentent environ 60 % des ressources de la Sécurité sociale. Le reliquat est assuré par la fiscalité.

§ 2 - Les impôts

Ils sont particulièrement nombreux, en raison de la fréquente situation de déficit rencontrée par la Sécurité sociale. Ils peuvent frapper aussi bien des produits (alcools, tabac...) que des entreprises, sous les formes les plus diverses : contribution sociale de solidarité des sociétés et contribution additionnelle, taxe annuelle sur les médicaments, droits sur les alcools et sur les tabacs, prélèvement de 2 % sur les revenus des capitaux et valeurs mobilières...
Cependant, les plus importants sont la CSG et la CRDS. S'y ajoutent des contributions publiques versées principalement par l'État.

A. La CSG

La **Contribution sociale généralisée** (CSG) est un impôt qui frappe **tous les revenus**, quelle qu'en soit l'origine : revenus tirés de l'activité professionnelle (avec une assiette plus large que celle retenue en matière d'IR) et revenus de remplacement (retraites, pensions...), revenus du patrimoine (revenus et plus-values fonciers), revenus des produits de placement (dividendes, intérêts). Cet impôt institué en 1991 a un rendement très élevé, nettement supérieur à celui de l'IR, en raison précisément de son assiette très large (près de 73 milliards € en 2009). Corrélativement, les cotisations sociales ont diminué.
Le taux initial de la CSG, qui était de 1,1 %, a été considérablement augmenté au fil des ans ; il est aujourd'hui de 7,5 % pour les revenus d'activité et de remplacement et de 8,2 % pour les revenus du patrimoine et les produits de placement.

B. La CRDS

La **Contribution au remboursement de la dette sociale** (CRDS) a été créée en 1996, avec l'ambition de n'être que temporaire : elle devait être supprimée au 31 janvier 2014. Mais la loi du 13 août 2004 a décidé de la prolonger jusqu'à l'apurement de la dette sociale... La CRDS a la même assiette que la CSG et son taux est de 0,5 %. Elle est affectée à la Caisse d'amortissement de la dette sociale (CADES), établissement public administratif créé lui aussi en 1996, qui a en charge la gestion et l'amortissement de la dette sociale dont l'encours est d'environ 103 milliards € en 2009.

C. Les contributions publiques

À ces impositions s'ajoutent des **participations du budget général de l'État**, qui prennent deux formes : *compensation* pour pertes de recettes ou transfert de charges (par exemple, en cas d'exonération de cotisations instituées par le législateur au profit de certaines catégories de personnes) et *subventions d'équilibre* versées à certains régimes spéciaux (par exemple, lorsqu'un régime de retraite a un nombre d'actifs très inférieur au nombre de retraités, tels la SNCF ou les marins).
En dépit de l'importance de ces recettes, la Sécurité sociale souffre de manière chronique d'un déficit, estimé en juin 2009 à 20 milliards €.
C'est notamment en vue de maîtriser ce déficit qu'ont été instituées les lois de financement de la Sécurité sociale.

Chapitre 2 › LES LOIS DE FINANCEMENT DE LA SÉCURITÉ SOCIALE (LFSS)

› L'essentiel

À la suite de la révision constitutionnelle du 22 février 1996, l'article 34 de la Constitution a fait l'objet d'un nouvel alinéa aux termes duquel : « Les lois de financement de la Sécurité sociale déterminent les conditions générales de son équilibre financier et, compte tenu de leurs prévisions de recettes, fixent ses objectifs de dépenses, dans les conditions et sous les réserves prévues par une loi organique ».

*Une première loi organique a été promulguée le **22 juillet 1996**, mais compte tenu de ses insuffisances, elle a été modifiée par la **loi organique du 2 août 2005** relative aux lois de financement de la sécurité sociale (LOLFSS).*

Les lois de financement de la sécurité sociale sont calquées sur les lois de finances : elles ont certes un contenu spécifique qui, à la différence des lois de finances, est purement prévisionnel et dénué de tout aspect normatif, mais elles sont adoptées selon une procédure particulière fortement inspirée de celle en vigueur pour les lois de finances, et cela dans le respect des mêmes principes.

Les LFSS sont cependant tributaires des lois de finances, dans la mesure où seules ces dernières autorisent, dans leur article 1er, la perception des impôts et donc de ceux dont le produit est affecté à la Sécurité sociale.

Section 1 › LE CONTENU DES LFSS

Comme pour les lois de finances, il y a un contenu obligatoire et un contenu facultatif, étant rappelé que les dispositions financières qui en découlent sont dénuées de toute valeur impérative.

§ 1 - Le contenu obligatoire

Chaque année, la LFSS fixe les *orientations* de la politique de santé et de Sécurité sociale, ainsi que les *objectifs* qui déterminent les conditions générales de l'équilibre financier de la Sécurité sociale.

Elle fixe donc d'une part des objectifs de dépenses, d'autre part l'équilibre financier de la Sécurité sociale.

A. L'objectif national des dépenses d'assurance-maladie (ONDAM)

La LFSS fixe chaque année, pour l'ensemble des régimes obligatoires de base, un objectif national d'assurance maladie, qui englobe toutes les prestations légales pour maladie, maternité et accidents du travail.

L'ONDAM est ensuite décliné en sous-objectifs : dépenses de « soins de ville », dépenses hospitalières, dépenses médico-sociales (personnes âgées, personnes handicapées)... Ces sous-objectifs sont importants, car c'est à ce niveau que le Parlement peut déposer des amendements.

Mais il ne s'agit là que d'un *objectif ;* par conséquent, les crédits prévus dans la loi de financement peuvent être dépassés ; corrélativement, le refus de prestations ne peut être opposé au motif d'une insuffisance de crédits.

B. L'équilibre financier de la Sécurité sociale

L'équilibre financier de la Sécurité sociale ne peut être qu'*indicatif*, étant donné que la LFSS fixe uniquement des objectifs de dépenses.

§ 2 - Le contenu facultatif

Peuvent figurer dans la LFSS :

– des dispositions améliorant l'information ou le contrôle du Parlement sur l'application de ces lois,

– des dispositions relatives aux recettes, qui auront un impact sur les dépenses des années ultérieures,

– des dispositions relatives à l'amortissement de la dette sociale...

§ 3 - Le contenu interdit

Comme les cavaliers budgétaires de la loi de finances, sont interdits les **cavaliers sociaux**, c'est-à-dire les dispositions qui n'ont rien à voir avec l'objet financier de la LFSS. Ainsi, le Conseil constitutionnel a censuré comme cavalier social l'interdiction de la vente des paquets de moins de 20 cigarettes (Cons. const. 16 déc. 2004, nº 2004-508 DC, LFSS pour 2005).

Section 2 › LA STRUCTURE DES LFSS

La LFSS comprend quatre parties :

– la 1re partie comprend les dispositions relatives au **dernier exercice clos** (n-1). Dans cette partie figurent divers tableaux (équilibre par branche de l'ensemble des régimes obligatoires...), ainsi que le montant des dépenses de l'ONDAM et de la dette amortie de la CADES. Avant que de pouvoir discuter des autres parties, l'assemblée concernée doit avoir adopté cette 1re partie ;

– la 2e partie a trait à **l'année en cours** (n). Elle rectifie les prévisions de recettes et les tableaux d'équilibre des régimes obligatoires de base ; l'ONDAM est ici réajusté, ainsi que les objectifs d'amortissement de la CADES ;

– la 3e partie comprend les dispositions relatives aux *recettes* et à *l'équilibre général* de **l'année à venir** (n+1) ;

– quant à la 4e partie, elle est relative aux *dépenses* du prochain exercice (n+1).

Il est à peine besoin de souligner le caractère prévisionnel des 3e et 4e parties, qui s'inscrit dans le cadre plus général de la programmation pluriannuelle des finances publiques (2009-2012).

En revanche, les lois de financement *rectificatives* de la sécurité sociale (LFRSS) ne comprennent que deux parties : la 1re partie a trait aux dispositions relatives aux recettes et à l'équilibre général, la 2e partie aux dispositions relatives aux dépenses (qui correspondent aux 3e et 4e partie de la loi de financement initiale). La seconde partie ne peut être mise en discussion avant l'adoption de la première partie.

Section 3 › LA PRÉPARATION ET L'ADOPTION DE LA LFSS

Le projet de LFSS est, comme tout projet de loi, de la compétence de l'exécutif. Il obéit à des principes similaires aux principes budgétaires ; il est adopté par le Parlement selon la procédure prévue à l'article 47-1 de la Constitution, complétée par diverses dispositions de la loi organique de 2005.

§ 1 - La préparation du projet de LFSS

Le projet de loi de financement de la sécurité sociale est préparé, sous l'autorité du Premier ministre, par le ministre chargé de la Sécurité sociale.
Les organismes gestionnaires d'un régime obligatoire de base lui transmettent toutes les données dont ils disposent, tant en dépenses qu'en recettes.
Le projet est élaboré selon une méthode inspirée de la LOLF, dans une démarche *objectifs-résultats* prenant en compte des *indicateurs d'évaluation* de l'activité de la Sécurité sociale : l'efficacité de la politique de santé est mesurée par des indicateurs variés (population ayant accès aux soins, qualité du service rendu, coûts de gestion...). Les indicateurs retenus s'articulent en principe avec les indicateurs de performance pris en compte dans les lois de finances.
Le Parlement peut être associé à ce projet. En effet, le Gouvernement doit présenter au Parlement, au cours du dernier trimestre de la session ordinaire (au printemps), un *rapport* **sur les orientations des finances sociales**. Ce rapport décrit les grandes orientations de la politique de sécurité sociale au regard des engagements européens de la France et procède à l'évaluation pluriannuelle des recettes, des dépenses et de l'ONDAM. Ce rapport peut donner lieu à un débat devant chaque assemblée, de manière concomitante avec le débat d'orientation budgétaire (DOB) prévu, lui, à titre obligatoire par la LOLF.

§ 2 - Les principes budgétaires

Les principes classiques du droit budgétaire s'appliquent aux LFSS :
– **unité** : un seul document, pour les dépenses et les recettes de tous les régimes obligatoires de base,
– **annualité** : un vote annuel, mais sur des perspectives pluriannuelles (3 exercices sont concernés),
– **universalité** : même si ici l'affectation est la règle,
– **sincérité** : les conditions générales de l'équilibre financier de la Sécurité sociale doivent être déterminées par la LFSS *de manière sincère* (art. LO 111-3-I CSS) ; de même, les comptes des régimes et organismes de Sécurité sociale doivent être *sincères* (art. LO 111-3-VII CSS) et sont certifiés par la Cour des comptes,
– **équilibre :** comme pour les lois de finances, il ne s'agit pas d'un équilibre réel ou

arithmétique, il s'agit d'un équilibre financier global, donc relatif (illustré par les déficits répétés et successifs).
Seul le principe de spécialité n'est pas réellement respecté en raison du caractère indicatif (et non impératif) des crédits figurant dans la loi.

§ 3 - L'adoption de la LFSS

Le projet de LFSS est accompagné d'un grand nombre de documents destinés à l'information du Parlement. Après en avoir pris connaissance, même si leur dépôt est tardif, le Parlement peut ensuite voter la LFSS.

A. Les documents d'accompagnement du projet de LFSS

Plusieurs documents doivent être présentés au Parlement en même temps que le projet de loi. Ce sont :
– un **rapport décrivant les prévisions de recettes et les objectifs de dépenses**, d'une part par branche des régimes obligatoires de base et par organismes concourant au financement de ces régimes, d'autre part pour l'ONDAM, et cela **pour les 4 années à venir ;**
– un **rapport** décrivant les mesures prévues pour **l'affectation des excédents ou la couverture des déficits** constatés lors du dernier exercice clos.
Au projet de loi doivent être joints **9 annexes** présentant notamment les programmes de qualité et d'efficience relatifs aux dépenses et aux recettes de chaque branche, les objectifs pluriannuels de gestion et les moyens de fonctionnement dont disposent les organismes des régimes de base obligatoires pour les atteindre, la liste et l'évaluation des recettes par catégorie et par branche...
Toutefois un **retard** dans la distribution de ces annexes n'est pas de nature à vicier la procédure d'adoption de la LFSS (Cons. const. 29 juill. 2005, nº 2005-519 DC, LOLFSS).
Sont également joints au projet de loi de financement de la Sécurité sociale les documents suivants :
– le **rapport de la Cour des comptes** sur **l'application de la loi de financement**,
– le **rapport de la Cour des comptes certifiant** la régularité, la sincérité et la fidélité des comptes,
– un **rapport présentant les comptes des régimes obligatoires de base**, au titre de l'année en cours et de l'année à venir.
Enfin, **tous les 3 ans**, le Gouvernement doit adresser au Parlement, en même temps que le projet de loi, un document présentant la **liste des régimes obligatoires de base**, assortie du nombre de leurs cotisants actifs et de leurs retraités titulaires de droits propres.
Cette information n'est pas exclusive de la possibilité offerte aux parlementaires d'adresser au Gouvernement, avant le 10 juillet de chaque année, des questionnaires relatifs à l'application de la LFSS. Le Gouvernement est tenu d'y répondre au plus tard le 8 octobre.

B. Le vote de la LFSS

Le vote de la LFSS est soumis à des règles très inspirées de celles en vigueur pour les lois de finances.

Le projet de loi doit être déposé sur le bureau de l'Assemblée nationale au plus tard le 15 octobre de *l'année n-1*.

L'Assemblée nationale dispose en 1re lecture d'un délai de **20 jours**. Le Sénat dispose, quant à lui, d'un délai de **15 jours**, et cela que l'Assemblée nationale se soit ou non prononcée dans le délai qui lui est imparti.

Le vote se déroule conformément à la structure quadripartite de la LFSS, la mise en discussion d'une partie ne pouvant intervenir avant l'adoption de la partie précédente : il débute par les dispositions relatives au dernier exercice clos (*n-1*), se poursuit par les dispositions rectificatives de l'année en cours (*n*), puis par celles relatives aux recettes et à l'équilibre général pour l'année à venir (*n+1*) et s'achève par les dispositions relatives aux dépenses pour l'année à venir (*n+1*).

De manière concrète, le projet de LFSS est examiné par l'Assemblée nationale, après qu'elle ait adopté la première partie de la loi de finances de l'année (dernière semaine d'octobre) et avant qu'elle n'examine la seconde partie. Le projet de LFSS est alors transmis au Sénat qui procède à son analyse avant l'examen en première lecture du projet de loi de finances. En général, le projet de loi de financement de la Sécurité sociale est adopté au plus tard le 8 décembre de *l'année n-1*.

En vertu de l'article 47-1 de la Constitution, si le Parlement ne s'est pas prononcé (par un vote positif) dans le délai de 50 jours, la LFSS peut être mise en vigueur par voie d'ordonnance.

Il convient de rappeler que le droit d'amendement des parlementaires est précisé par l'article LO 111-7-I du Code de la sécurité sociale (issu de l'article 7-IV de la loi organique de 2005) : « au sens de l'article 40 de la Constitution, la **charge** s'entend... de chaque objectif de dépenses par branche ou de l'objectif national de dépenses d'assurance maladie ». Les parlementaires peuvent en conséquence augmenter les crédits d'un ou plusieurs sous-objectifs inclus dans un objectif, à la condition de ne pas augmenter le montant de ce dernier.

Conclusion : l'exécution et le contrôle des LFSS obéissent aux règles classiques de la matière financière.

L'exécution est le fait des ordonnateurs (directeurs des caisses primaires ou régionales) et des comptables publics (agents comptables des caisses).

Quant aux **contrôles de l'exécution**, ils sont assurés à la fois par l'administration (par l'intermédiaire des corps d'inspection : inspection générale des finances, IGF, et inspection générale des affaires sociales, IGAS), par le Parlement (commissions des finances des assemblées, mission d'évaluation et de contrôle) et par la Cour des comptes (enquêtes et rapports).

POUR ALLER PLUS LOIN

THÈMES DE RÉFLEXION :

- La spécificité des lois de financement de la sécurité sociale
- Dépenses de santé et dépenses publiques
- L'évolution du financement de la protection sociale

BIBLIOGRAPHIE :

- J.-J. Dupeyroux, M. Borgetto, R. Lafore, *Droit de la sécurité sociale*, Dalloz, coll. "Précis", 2008
- R. Pellet R., *Les finances sociales : économie, droit et politique*, LGDJ, coll. "Systèmes", 2001
- L. Philip (dir.), *Les finances sociales, unité ou diversité*, Economica, 1995

Titre 3

LES FINANCES DE L'UNION EUROPÉENNE

Les finances de l'Union européenne se caractérisent par un volume de crédits manifestement supérieur à celui d'une organisation internationale classique, mais largement inférieur à celui dont dispose un État ordinaire. À titre d'exemple, en 2006, le budget général de l'Union représentait (crédits pour engagement) 1,01 % du Revenu national brut (RNB) de l'ensemble des États membres, soit 600 fois le budget du Conseil de l'Europe, alors que le budget général de l'État en France lui était 2,4 fois supérieur, représentant à lui seul 16,8 % du RNB. En 2009, la masse budgétaire est de 116,7 milliards €.

Si l'ampleur des dépenses de l'Union apparaît modeste, cette modestie ne saurait occulter un certain nombre de constats :

– tout d'abord, les finances communautaires n'ont pas échappé à la **loi de Wagner** (ou loi d'accroissement continu des dépenses publiques) : de 1958 à 1968, période de mise en place de la CEE, les dépenses ont été multipliées par 70 ; de 1968 à 1988, époque de montée en puissance de la Communauté, les dépenses ont encore été multipliées par 26 ; de 1988 à 1998, les dépenses ont encore doublé ; enfin de 1999 à nos jours, les dépenses ont encore cru, mais au rythme plus modéré de 25 % l'an, dans un souci, partagé avec les États membres, de discipline budgétaire ;

– ensuite, le **cadre juridique** dans lequel se situe le budget général de l'Union européenne a évolué : suite au Traité de Bruxelles (fusion des exécutifs) du 8 avril 1965, les budgets CEE, Euratom et CECA (disparue en 2002) ont été regroupés à partir de 1968 au sein d'un « budget général des **Communautés européennes** » ; cette terminologie perdure ainsi qu'en témoigne le Règlement financier du 25 juin 2002, alors même qu'après l'entrée en vigueur du traité de Maastricht sur l'Union européenne, le budget de l'exercice 1994 a été adopté sous l'appellation de « budget général de **l'Union européenne** », appellation que la pratique et l'usage continuent à utiliser ;

– enfin, si le budget de l'Union européenne obéit à la plupart des règles et principes que connaissent les législations budgétaires des États, il est soumis à un certain nombre de **particularismes** liés à la spécificité de l'ordre juridique communautaire. À l'effet d'en rendre compte, il convient d'analyser le droit budgétaire de l'Union européenne au travers de ses principes budgétaires, puis de la procédure budgétaire, enfin de son contenu tant en recettes qu'en dépenses.

Chapitre 1 › LES PRINCIPES BUDGÉTAIRES

› L'essentiel

Ils prennent leur source – comme d'ailleurs l'ensemble du droit budgétaire de l'Union européenne – dans trois sortes d'actes :

***1. les traités institutifs et assimilés** : le Traité CE contient des « Dispositions financières » (art. 268 à 280), le Traité UE ne faisant qu'évoquer les modalités du financement de certaines politiques (coopération renforcée, art. 44...) ; quant aux traités assimilés, il s'agit des décisions fondées sur l'article 269 du Traité CE, telle la décision du 21 avril 1970 relative aux ressources propres, plusieurs fois modifiée ;*

***2. les règlements financiers (RF)**, pris sur le fondement de l'article 279 du traité CE ; le plus important d'entre eux est le règlement financier applicable au budget général des Communautés européennes ; il porte sur les modalités relatives à l'établissement et à l'exécution du budget, à la reddition et à la vérification des comptes ainsi que sur les règles et contrôles de la responsabilité des contrôleurs financiers, des ordonnateurs et des comptables ; plusieurs fois remanié et modifié, le RF actuellement en vigueur est un **règlement du Conseil du 25 juin 2002**, dont les objectifs sont la simplification de la gestion administrative, la clarté et l'accroissement de la rigueur dans la gestion des finances de la Communauté ;*

***3. les actes internes aux institutions ;** chaque institution (Commission, Conseil et Parlement européen, notamment) a le pouvoir d'établir un **règlement intérieur**, qui n'a d'effet contraignant que pour elle, mais qui a des incidences financières sur l'exécution du budget qui lui est alloué ; en outre, à l'effet de remédier aux lacunes des textes, mais aussi aux risques de conflits pouvant opposer les institutions entre elles lors de la procédure budgétaire, la pratique des **accords interinstitutionnels** s'est particulièrement développée dans le domaine budgétaire : ainsi de l'accord interinstitutionnel du 17 mai 2006 (JOUE n°C 139, 14 juin 2006) sur la discipline budgétaire et la bonne gestion financière ; ces accords interinstitutionnels valent plus que simple engagement politique et sont juridiquement contraignants.*

À partir de ces sources, le droit communautaire a transposé les principes de droit budgétaire qu'avaient développés les démocraties des États fondateurs de l'Europe dans le cadre de régimes parlementaires. Mais, à côté de ces principes traditionnels bien connus, ont été érigés des principes nouveaux, inspirés par des considérations liées à la gestion moderne des finances publiques.

Section 1 › LES PRINCIPES TRADITIONNELS

Ils sont au nombre de quatre : unité, universalité, spécialité et annualité.

§ 1 - L'unité budgétaire

Ce principe, expressément prévu à l'article 268 et suivants du traité CE (*Toutes les recettes et les dépenses de la Communauté... doivent... être inscrites au budget)*, confirmé et explicité à l'article 4 RF, rappelle qu'un seul document doit retracer les opérations financières de l'Union.

Ce principe souffre cependant d'exceptions. Un certain nombre d'opérations ne figurent pas dans le budget général, pour des raisons souvent plus politiques que juridiques :

– les **opérations d'emprunts et de prêts**, accordés pour divers motifs (développement régional en faveur de certains États membres, assistance financière à des pays tiers...) s'effectuent par le biais de la **Banque européenne d'investissement**, dotée de la personnalité juridique ; le refus de les inclure dans le budget tient à la volonté des États de maîtriser seuls, sans l'accord du Parlement, l'octroi des prêts et par là même l'endettement de l'Union ;

– les **fonds européens de développement**, qui expriment la politique financière d'aide au développement des États ACP (Afrique, Caraïbes, Pacifique), sont financés par des contributions financières nationales, ce qui révèle là encore la volonté des États de garder le contrôle dans ce domaine ;

– les **agences de l'Union**, (il en existe plus de 25, telle l'Agence européenne pour l'environnement) qui ont une personnalité juridique propre et sont dotées d'un budget autonome, bénéficient pour la plupart d'une subvention inscrite au budget général de l'Union européenne.

§ 2 - L'universalité budgétaire

L'universalité budgétaire implique que toutes les recettes soient utilisées indistinctement pour le financement de toutes les dépenses inscrites au budget, et cela sans contraction, par compensation, entre certaines recettes et certaines dépenses (art. 17 RF).

Là encore, des dérogations existent tant à la règle de non-affectation qu'à la règle de non-contraction :

A. Non-affectation

Certaines recettes sont spécialement affectées (art. 18 RF) : contributions financières à certains programmes de recherche auxquels ne participent que certains États membres, fonds de concours... En outre, des recettes prélevées spécialement pour faire face à des événements imprévisibles sont affectées directement à deux « réserves », inscrites au budget : réserve pour garantie de prêts à des pays tiers, réserve pour aides d'urgence (de type humanitaire) à des pays tiers.

B. Non-contraction

Des soldes nets, contractant recettes et dépenses, sont admis. Ainsi, les ristournes et rabais consentis aux services de l'Union, qui sont déduits sur chaque facture, ne sont pas inscrits en recettes au budget; de même, les factures ne sont comptabilisées que pour leur montant hors taxes, dès lors que la TVA fait l'objet d'un remboursement de la part des États (art. 20 RF). Mais c'est surtout dans le **domaine agricole** que des contractions sont opérées : les organismes nationaux qui gèrent les opérations de stockage public dans le cadre de la PAC, étant autorisés à compenser les dépenses liées à leurs achats et les recettes issues de la vente des produits déstockés, seul apparaît au budget le solde de ces comptes. Enfin, les États membres étant autorisés à retenir, à titre de frais de perception, 25 % de certaines ressources propres de l'Union (droits agricoles, droits de douane), ces sommes ne figurent au budget que pour leur montant net, après déduction de ces frais de perception.

§ 3 - La spécialité budgétaire

Les crédits budgétaires ne sont pas accordés en bloc pour n'importe quel usage, ils le sont par unité suffisamment restreinte pour permettre un contrôle efficace de leur utilisation (art. 271 CE et art. 21 RF). Les crédits sont en conséquence spécialisés par *titres* (il en existe une trentaine et correspondent à un domaine politique, ex. l'agriculture), puis par *chapitres* (qui correspondent à une activité, ex. interventions sur les marchés agricoles), enfin par articles et postes.

Un particularisme mérite d'être relevé : le budget est découpé en autant de parties, appelées *sections*, qu'il existe d'institutions, soit 9 (Parlement, Conseil, Commission, Cour de Justice, auxquels ont été rajoutés la Cour des comptes, le Comité économique et social, le Comité des régions, le Médiateur et le Contrôleur général des données), de façon à leur permettre une autonomie de gestion.

Le principe de spécialité connaît quelques assouplissements par la procédure des virements de crédits et par l'existence de crédits globaux.

A. Les virements de crédits

Étant donné qu'ils modifient la nature de la dépense, ils sont strictement encadrés (art 22 à 26 RF) : chaque institution peut transférer des crédits d'une ligne à l'autre de son budget, parfois dans certaines limites (10 % des crédits pour les virements de titre à titre), parfois aussi après information de l'autorité budgétaire. Cette dernière peut également procéder à des virements, notamment en cas de dépassement des limites quantitatives fixées par le RF. En outre, aucune ligne budgétaire nouvelle ne peut être créée par la voie du virement.

B. Les crédits globaux

Ce sont des crédits d'utilisation souple, destinés à faire face à des dépenses aléatoires ou imprévues. Ils prennent la forme de :

– *crédits provisionnels* (art. 43 RF) ; ces crédits qui figurent dans chaque section du budget, donc dans le budget de chaque institution, ne peuvent être utilisés qu'après virement décidé par l'autorité budgétaire, et cela dans deux cas : absence d'acte de base, c'est-à-dire d'acte législatif donnant un fondement juridique à l'action communautaire ; incertitude, fondée sur des motifs sérieux, sur la suffisance des crédits ou sur la possibilité d'exécuter la dépense dans des conditions conformes à la bonne gestion financière ;

– *réserves ;* il peut s'agir de *réserves pour imprévus,* destinées à faire face à des dépenses éventuelles ou accidentelles, provenant d'événements extérieurs indépendants de la volonté des institutions ; les crédits en cause sont rendus opératoires par voie de virements vers les lignes budgétaires concernées. Il peut s'agir aussi, pour le budget (ou la section) de la Commission, des deux réserves suivantes : réserve pour aides d'urgence en faveur de pays tiers, réserve pour garantie de prêts accordées aux pays tiers.

§ 4 - L'annualité budgétaire

Le budget de l'Union européenne a pour cadre l'année civile. Il entre en vigueur le 1er janvier et s'exécute jusqu'au 31 décembre de la même année.

Les opérations de recettes et de dépenses sont enregistrées selon le système de la gestion : seules sont prises en compte les recettes encaissées et les dépenses engagées (mais non nécessairement payées) au cours de la période allant du 1er janvier au 31 décembre.

Le budget général initial peut être modifié et complété en cours d'année par un ou plusieurs budgets rectificatifs, ce qui est assez fréquent.

Toutefois, le financement d'opérations d'investissement étant inévitablement pluriannuel, l'annualité budgétaire a du être assouplie. Cet assouplissement prend trois formes :

A. Les crédits dissociés

Les crédits dissociés donnent lieu à des crédits d'engagement et à des crédits de paiement : les *crédits d'engagement* couvrent le coût total des engagements juridiques souscrits pendant l'exercice en cours ; quant aux *crédits de paiement,* ils couvrent les paiements résultant d'engagements contractés soit au cours de la même année, soit au cours des années précédentes. Il en résulte la terminologie suivante : le total des **crédits** *pour* **engagements** résulte de l'addition des crédits non dissociés et des crédits d'engagement des crédits dissociés, alors que le total des **crédits** *pour* **paiements** résulte de l'addition des crédits non dissociés et des crédits de paiement des crédits dissociés. Pour éviter la dérive d'un dépassement du montant des crédits dissociés, une discipline budgétaire a été instaurée par voie d'accord interinstitutionnel.

B. Les reports de crédits

S'il est de principe que tous les crédits non utilisés à la fin de l'exercice pour lequel ils ont été inscrits sont *annulés,* le RF prévoit la possibilité de reports de crédits.

Sont reportables *de droit* d'une part les crédits d'engagement relatifs à des engagements régulièrement contractés mais pour lesquels les paiements restent encore dus, d'autre part les crédits disponibles au 31 décembre et qui correspondent à des recettes spécialement affectées ainsi que les recettes non utilisées. Le report n'est pas limité dans le temps, sauf pour les crédits non dissociés qui ne peuvent être reportés que sur le seul exercice suivant.

Peuvent être reportés, mais seulement sur l'exercice suivant, sur décision de l'institution concernée, d'une part les crédits d'engagement des crédits dissociés et les crédits non dissociés qui n'ont pas été engagés à la clôture de l'exercice, d'autre part les crédits de paiement des crédits dissociés. Cette liberté laissée à l'institution n'est cependant pas totale, dans la mesure où elle est tenue d'informer l'autorité budgétaire de la décision de report qu'elle a prise et cela avant le 31mars.

C. La programmation financière

Créée par l'accord interinstitutionnel du 29 juin 1988, elle enferme le budget général dans un cadre pluriannuel d'une durée de 7 ans qui a la particularité d'être juridiquement contraignant. Ce cadre prévisionnel à moyen terme, très précis tant en recettes qu'en dépenses et constituant le temps fort de la vie financière de l'Union tant pour son élaboration que pour son adoption, couvre actuellement la période 2007-2013. Il en résulte que le budget annuel ne fait qu'expliciter son contenu, même s'il demeure l'élément fondamental de l'autorisation et de l'exécution budgétaire.

Section 2 › LES PRINCIPES NOUVEAUX

Au nombre de cinq (équilibre, vérité, transparence, bonne gestion financière, unité de compte), ils sont d'inégale importance.

§ 1 - Équilibre budgétaire

L'article 268 CE stipule : « Le budget doit être équilibré en recettes et en dépenses ». L'équilibre visé est un **équilibre réel** entre les ressources propres et les dépenses, **qui exclut tout recours à l'emprunt**. L'égalité du montant des recettes et des dépenses doit se manifester à chaque stade de la procédure d'adoption du budget, depuis l'avant-projet jusqu'à l'arrêt définitif du budget, y compris lors du dépôt des amendements. Rigoureux au stade de l'élaboration du budget, le principe ne peut qu'être assoupli au stade de l'exécution : le budget arrêté en équilibre réel peut en effet faire apparaître un solde d'exécution positif (excédent) ou négatif (déficit). Dans ce cas, le RF (art. 15) prévoit la reprise de ce solde dans le budget de l'exercice suivant.

§ 2 - Vérité budgétaire

Corollaire du principe de l'unité budgétaire, le principe de vérité signifie que le budget doit présenter « l'ensemble des recettes et dépenses *estimées nécessaires* » (RF, art. 4 et 5). Il implique la *sincérité* des informations relatives aux évaluations de recettes et de dépenses, ainsi que la sincérité des comptes.

§ 3 - Transparence

Prévu par le RF (art. 29 et 30), sans pour autant être défini, le principe de transparence se décline autour de trois thèmes : transparence dans l'établissement et l'exécution du budget, ainsi que dans la reddition des comptes (assurée par le Parlement et par la Cour des comptes) ; obligation de publication au JOUE des budgets (initiaux, rectificatifs) et rapports de gestion financière de chaque institution ; obligation spéciale d'information pour les prêts et emprunts consentis à des États tiers.

§ 4 - Bonne gestion financière

Principe plus politique que juridique, tant il semble aller de soi, il figure à l'article 274 CE et est repris par le RF (art. 27 et 28). Il vise « les principes d'économie, d'efficience et d'efficacité », à savoir respectivement le meilleur prix, le meilleur rapport entre les moyens mis en œuvre et les résultats obtenus, enfin l'atteinte des objectifs fixés. Minutieusement décrite par le RF, la bonne gestion financière, initiée par la discipline budgétaire prévue à l'article 270 CE, s'applique à tous les stades de la procédure budgétaire : prévision (toute proposition de dépense fait l'objet d'une « fiche financière » et d'une « évaluation »), exécution (un « auditeur interne », chargé de promouvoir la bonne gestion financière, existe au sein de chaque institution), contrôle (des « indicateurs de performance » doivent permettre de contrôler les réalisations telles que prévues initialement). Deux documents permettent d'apprécier la bonne gestion financière de l'Union : le **rapport général annuel de la Cour des comptes** et le **rapport annuel de la Commission sur la gestion budgétaire et financière de l'exercice**. Les principales critiques formulées sur la base des rapports les plus récents portent d'une part sur les retards constatés dans la réalisation des dépenses, d'autre part sur les déficiences constatées dans les contrôles internes tant de l'Union (indicateurs de performance) que des États membres.

§ 5 - Unité de compte

Si le RF établit le « principe d'unité de compte » (art. 16), il ne s'agit en réalité que d'une simple règle technique en vertu de laquelle le budget est établi, exécuté et comptabilisé en **euros**.

Chapitre 2 › LA PROCÉDURE BUDGÉTAIRE

> **› L'essentiel**
> *Caractérisée par sa complexité en raison de l'implication des trois institutions (Commission, Conseil, Parlement), elle suit un calendrier précis, mais qui n'est pas toujours respecté.*

Section 1 › L'ÉLABORATION DU BUDGET (ART. 272 CE)

La Commission élabore un avant-projet de budget, sur la base duquel le Conseil va présenter le projet de budget.

§ 1 - L'avant-projet de budget

La Commission établit un avant-projet de budget sur la base de deux données :
– les *états prévisionnels des dépenses* que chacune des institutions dresse, avant le 1er juillet de l'année n-1 et que la Commission regroupe, en émettant un avis qui peut diverger des propositions ainsi faites,
– les *perspectives financières* : il s'agit d'une programmation pluriannuelle, actuellement de 7 ans (2007-2013), qui fixe pour chaque année concernée le plafond des ressources propres et le montant précis des dépenses, classées en 6 rubriques (1-croissance durable, 2-conservation et gestion des ressources naturelles, 3-citoyenneté, liberté, sécurité et justice, 4-l'UE en tant que partenaire mondial, 5-administration, 6-compensations). Cette programmation, juridiquement contraignante, est issue de l'accord interinstitutionnel (Parlement, Conseil, Commission) du 29 juin 1988, ultérieurement renouvelé, relatif à la discipline budgétaire, qui avait pour objectif de mettre fin aux tensions existant dans les années 1980 entre institutions et de permettre un équilibre tant politique que financier. L'accord interinstitutionnel actuellement en vigueur est celui du 17 mai 2006.

Cet avant-projet, qui prévoit tant les recettes que les dépenses, doit être transmis au Conseil au plus tard le 1er septembre de l'année n-1.

§ 2 - Le projet du Conseil

Le Conseil examine l'avant-projet de la Commission. Il peut le modifier, auquel cas il doit consulter non seulement la Commission, mais également les autres institutions concernées.

L'avant-projet de budget, éventuellement modifié, doit être adopté à la majorité qualifiée. Il devient alors le **projet** de budget.

Le projet de budget est alors transmis au Parlement européen, au plus tard le 5 octobre de l'année n-1.

La même procédure est utilisée pour les budgets rectificatifs qui interviennent en cours d'année.

Section 2 › L'ADOPTION DU BUDGET

Elle est l'œuvre de **l'autorité budgétaire**.
L'autorité budgétaire est constituée de deux branches : le **Conseil** et le **Parlement européen**. Ces deux branches exercent, chacune en ce qui la concerne, une compétence en dernier ressort sur une partie des dépenses communautaires : le Conseil est compétent pour fixer le niveau des **Dépenses obligatoires** (DO), essentiellement la PAC (politique agricole commune) ; le Parlement fixe le niveau des **Dépenses non obligatoires** (DNO) qui concernent les fonds structurels, les politiques internes, les actions extérieures et les dépenses administratives.
Le budget est alors adopté par les deux branches de l'autorité budgétaire, au plus tard au terme d'une navette de 75 jours qui comprend trois étapes.

§ 1 - La distinction des DO et des DNO

Cette distinction prévue à l'article 272 CE est très importante pour le déroulement de la procédure budgétaire, puisque le Parlement peut augmenter les DNO dans certaines limites.

A. Les DO

Les Do sont les « dépenses découlant obligatoirement du traité ou des actes arrêtés en vertu de celui-ci ». Les DNO sont par conséquent toutes les autres dépenses...
Il va sans dire que la distinction n'est pas très claire et ne peut que conduire à des conflits entre les deux branches de l'autorité budgétaire.
Pour les éviter, la déclaration tripartite (Parlement, Conseil, Commission) du 30 juin 1982 a tenté de les préciser. Finalement, selon la CJCE (*Conseil c/ Parlement*, 3 juill. 1986, *Rec.* 2155), la distinction DO-DNO doit s'opérer par négociation entre les trois institutions.
La conséquence est que le champ d'application des DO s'est réduit (50 % contre 80 % en 1980), augmentant par là même le pouvoir budgétaire du Parlement.

B. Les DNO et le TMA

En matière de DNO, le Parlement dispose d'une marge de manœuvre, mais limitée par le « **taux maximal d'augmentation** » (TMA).
Le TMA est constaté chaque année par la Commission à partir de trois éléments : évolution du PNB dans l'Union, variation moyenne du budget des États membres, évolution du coût de la vie. Ce TMA varie d'une année sur l'autre (ainsi, il était de 3,6 % en 2006, mais de 14,5 % en 1982).
Or, le Parlement peut augmenter les DNO **dans la limite de la moitié de ce taux**.
Toutefois, un taux différent peut être fixé par accord entre le Conseil (à la majorité qualifiée) et le Parlement (à la majorité du nombre de ses membres et des 3/5e des suffrages exprimés).
Là encore, la fixation et l'application de ce taux ont conduit à opposer le Conseil et le Parlement. Et là encore, selon la doctrine actuelle, qu'elle soit institutionnelle ou jurisprudentielle, cette opposition doit être résolue par un accord exprès des deux protagonistes. Le résultat se traduit par un accroissement des pouvoirs du Parlement.

§ 2 - Le processus budgétaire

Il se déroule de la manière qui suit, dans le délai de 75 jours.

A. La première lecture du Parlement

Le Parlement dispose d'un délai de 45 jours pour statuer sur le projet que lui a transmis le Conseil, généralement en septembre. Si le Parlement approuve le projet du Conseil, le budget est définitivement arrêté.

Mais le Parlement peut lui apporter des amendements :

– à la majorité absolue des suffrages exprimés pour les DO,

– à la majorité absolue de ses membres pour les DNO.

Le projet, tel que modifié, est alors transmis au Conseil au plus tard le 19 novembre.

B. La seconde lecture du Conseil

Le Conseil, qui dispose de 15 jours, décide d'adopter ou non chacun des amendements et modifications proposés par le Parlement, par un vote à la majorité qualifiée.

À ce stade, le Conseil statue définitivement sur les DO.

Il transmet ensuite le projet de budget au Parlement avant le 4 décembre.

C. La seconde lecture du Parlement

Le Parlement, qui lui aussi dispose de 15 jours, peut amender ou rejeter les propositions du Conseil sur les DNO.

Le vote d'adoption du budget doit intervenir à la majorité des membres du Parlement et des 3/5e des suffrages exprimés.

Mais le Parlement peut aussi rejeter en bloc le projet de budget à la majorité des 2/3 des suffrages exprimés ; cela provoquera, outre une nouvelle procédure, l'ouverture de **douzièmes provisoires** (cela s'est produit en 1980 et 1985).

Une fois le budget adopté, avant le 15 décembre, le Président du Parlement européen constate l'arrêt du budget.

Chapitre 3 › LA PRÉSENTATION DES DÉPENSES ET DES RECETTES

> **› L'essentiel**
> *Les dépenses sont largement conditionnées par la programmation pluriannuelle (perspectives financières 2007-2013). Quant aux recettes, elles ont la particularité d'être des ressources propres de l'Union européenne.*

Section 1 › LES DÉPENSES

Pour permettre de réaliser l'équilibre entre les dépenses et des ressources propres, par nature limitées, tout comme pour assurer une évolution ordonnée des dépenses des Communautés, des accords interinstitutionnels liant le Parlement européen, le Conseil et la Commission sont intervenus. Le premier, en date du 29 juin 1988, portait sur l'amélioration de la procédure budgétaire et la discipline budgétaire et couvrait la période 1988-1992. Suivi de nombreux autres, l'accord actuellement en vigueur, conclu le 17 mai 2006, porte sur « la discipline budgétaire et la bonne gestion financière » pour la période 2007-2013. Il s'ensuit que le budget annuel est largement encadré par la programmation financière contenue dans cet accord sous le terme « Perspectives financières ».

Conformément aux **Perspectives financières 2007-2013**, les dépenses sont ventilées entre six rubriques :

1. Croissance durable (avec deux sous-rubriques : compétitivité pour la croissance et l'emploi, cohésion pour la croissance et l'emploi)
2. Conservation et gestion des ressources naturelles (dépenses agricoles)
3. Citoyenneté, liberté, sécurité et justice
4. L'Union en tant que partenaire mondial
5. Administration
6. Compensations

Le budget général reprend cette classification dans sa partie introductive. Cependant à l'intérieur de la section de la Commission (qui représente 98 % des dépenses de l'Union), les dépenses sont présentées par titres qui regroupent des activités, c'est-à-dire de grands domaines politiques (agriculture et développement rural, énergie et transports, recherche...), de sorte qu'il n'y a pas réellement coïncidence entre les rubriques et les titres.

Les dépenses du budget général de l'Union sont essentiellement des **dépenses** *définitives* (les opérations d'emprunts et de prêts sont le fait de la BEI qui, dotée de la personnalité morale, dispose d'un budget autonome). Les dépenses administratives (personnel et matériel) étant très faibles (environ 5 %), la plupart des dépenses peuvent s'analyser comme des **dépenses** *d'intervention* qui prennent la forme de subventions directes ou indirectes aux collectivités publiques (régions) ou aux personnes (agriculteurs).

Section 2 › LES RESSOURCES PROPRES

À la différence des organisations internationales classiques qui sont financées par des contributions des États membres, le budget de l'Union européenne est financé par des **ressources propres** qui garantissent l'autonomie financière de l'Union, c'est-à-dire par un transfert obligatoire, automatique et définitif de ressources d'origine fiscale des États membres vers l'Union. Ces ressources propres peuvent s'analyser comme des impôts prélevés non pas sur les personnes, mais directement sur les États. Ainsi, le transfert de ressources propres à l'Union doit avoir lieu, en principe, dès que les prélèvements sont effectués localement, sans intervention d'une quelconque autorisation des autorités des États membres. Ce transfert de ressources révèle clairement les atteintes portées à la souveraineté des États.

Les ressources propres, créées par la décision du Conseil du 21 avril 1970, plusieurs fois modifiée, sont **plafonnées**, cela dans un souci de rigueur budgétaire (ne pas dépenser plus que ce dont on dispose) ; le plafonnement actuel est de 1,24 % du Revenu national brut (RNB) de l'ensemble des États membres de l'Union.

Les ressources propres sont variées, mais soulèvent bien des problèmes.

§ 1 - La variété des ressources propres

Depuis la disparition en 2002 du prélèvement CECA, perçu directement au profit de la Haute Autorité sur les entreprises de production de charbon et d'acier, elles sont au nombre de quatre :

A. Les droits agricoles

Ce sont les droits prélevés à l'importation de produits agricoles en provenance des États tiers (préférence communautaire, liée à la PAC). Sont assimilés à ces droits les *cotisations sur le sucre et l'isoglucose* qui frappent les entreprises du secteur sucrier au titre des dépenses de soutien du marché et de stockage. Ces droits ne représentent que 1 % des ressources propres.

B. Les droits de douane

Ce sont les recettes issues de l'application du tarif douanier commun (TDC), qui sont perçues sur les produits importés en provenance des pays tiers. Avec la libéralisation du commerce mondial (GATT/OMC), les recettes de la douane ont tendance à diminuer. Elles ne représentent plus qu'un peu plus de 10 % des ressources propres.

C. La ressource TVA

Elle nécessite un calcul complexe pour identifier les montants annuels dus par chaque État membre ; schématiquement, sur la base de données statistiques, on applique à une assiette de TVA uniforme pour tous les États, après écrêtement en vue de neutraliser les inégalités de consommation entre les divers États, un taux initialement fixé à 1 %, actuellement de 0,50 %. La ressource TVA représente environ 15 % des ressources propres.

D. La ressource RNB

Créée en 1988 sous le nom de ressource PNB dans le but de corriger les inconvénients induits par la ressource TVA, puis devenue ressource RNB à partir de 2003, elle constitue la principale ressource propre de l'Union (plus de 70 %). Elle est mise à la charge des États membres proportionnellement à leur quote-part dans le RNB agrégé de l'Union. Elle a pour rôle d'équilibrer le budget.

§ 2 - De quelques problèmes

L'exécution du budget n'appelle pas de commentaires particuliers : le budget est exécuté par la Commission conformément au principe de séparation des ordonnateurs et des comptables publics ; il est soumis à des contrôles financiers (contrôleur financier, auditeur interne), au contrôle non juridictionnel de la Cour des comptes européenne et au contrôle politique du Conseil et du Parlement.

En revanche, en attendant les réformes substantielles envisagées par le traité constitutionnel et reprises par le traité de Lisbonne, plusieurs problèmes subsistent, que la crise financière et économique apparue en 2008 ne pourra qu'amplifier.

A. La discipline budgétaire

La discipline budgétaire (en vigueur depuis le 1er janv. 1999 ; article 104 CE) impose aux États deux obligations :

– les déficits publics ne doivent pas dépasser 3 % du PIB ;

– la dette publique ne doit pas être supérieure à 60 % du PIB.

Ces règles sont en principe d'interprétation souple, puisqu'elles ne s'appliquent qu'en **tendance** (règlements CE nº 1055/2005 et nº 1056/2005 du 27 juin 2005). Il n'empêche qu'elles sont susceptibles de donner lieu à des sanctions pécuniaires (amendes) au terme d'une procédure complexe (mise en demeure du Conseil, obligation de dépôt de fonds par l'État sanctionné...).

B. La souveraineté fiscale de l'Union européenne

Maintes propositions ont été faites pour doter l'Union européenne d'un véritable **impôt européen** qui, prélevé dans chaque État membre, aurait provoqué un sentiment d'identification à l'Europe. Ainsi a-t-il été envisagé d'affecter à l'Union l'impôt sur les sociétés, ou même une partie de l'impôt sur le revenu, ou même 2 points de TVA nationale, et surtout les taxes écologiques (taxe carbone...).

À ce jour, ces propositions sont restées lettre morte.

C. Le juste retour

Certains États versent à l'Union davantage qu'ils ne reçoivent (contributeurs nets) et réciproquement d'autres reçoivent plus qu'ils ne versent. Ainsi sont des contributeurs nets l'Italie, la France et surtout l'Allemagne.

Cette situation a entraîné quelques protestations qui ont abouti à des compromis : en 1984, la Grande-Bretagne a, lors du sommet de Fontainebleau, obtenu une « compensation », égale à 66 % de son solde déficitaire envers la Communauté ; cette compensation a été répartie entre les autres États membres.

Ultérieurement, la question a été à nouveau soulevée par l'Allemagne à partir de 1998. Quatre États ont ainsi obtenu une ristourne sur le paiement de la correction britannique : Allemagne, Autriche, Pays-Bas, Suède.
Depuis l'élargissement et l'entrée de 10 nouveaux États le 1er mai 2004, la Commission préconise la généralisation de ce mécanisme de correction, de façon à ce que la contribution nette apparaisse « raisonnable ».

POUR ALLER PLUS LOIN

THÈMES DE RÉFLEXION :

- Les ressources propres de l'Union européenne
- La maîtrise des recettes et des dépenses dans le budget de l'Union européenne
- L'évolution probable du budget de l'Union européenne

BIBLIOGRAPHIE :

- N.J. Bréhon, *Le budget de l'Europe*, LGDJ, coll. "Systèmes", 1997
- Commission européenne, *Les finances publiques de l'Union européenne*, Office des publications des Communautés européennes, 2009
- D. Strasser, *Les finances de l'Union européenne*, LGDJ, 1990

INDEX ALPHABÉTIQUE

TABLE DES MATIÈRES

MÉMENTOS DALLOZ

SÉRIE DROIT PUBLIC – SCIENCE POLITIQUE

Administration de l'État, F. Chauvin
Administration régionale, départementale et municipale, J. Moreau
Contentieux administratif, G. Peiser
Droit administratif des biens, G. Peiser
Droit administratif général, G. Peiser
Droit constitutionnel et institutions politiques, J. P. Jacqué
Droit des contrats publics, F. Lichère
Droit de l'environnement, Ph. Billet
Droit européen, J.-C. Gautron
Droit fiscal, C. de Lauzainghein, M.-H. Stauble-de Lauzainghein
Droit de la fonction publique, G. Peiser
Droit international public, D. Ruzié
Droit public, L. Dubouis, G. Peiser
Droit public économique, D. Linotte, A. Graboy-Grobesco
Droit de la santé publique, J. Moreau, D. Truchet
Droit de l'Union européenne et politiques communes, P. Le Mire
Droit de l'urbanisme, J. Morand-Deviller
Finances locales, R. Muzellec
Finances publiques, J. Buisson
Histoire du droit, J. Hilaire
Histoire des idées politiques de l'Antiquité à la fin du XVIIIe siècle, D. G. Lavroff
Histoire des idées politiques depuis le XIXe siècle, D. G. Lavroff
Histoire des institutions publiques de la France, P. Villard
Institutions internationales, J. Charpentier
Introduction à la science politique, J. Baudouin
Libertés publiques et droits de l'homme, A. Pouille
Relations internationales, M. Gounelle

SÉRIE DROIT PRIVÉ

Criminologie et science pénitentiaire, J. Larguier
Droit des assurances, H. Groutel, C. J. Berr
Droit bancaire, F. Dekeuwer-Défossez
Droit civil général, P. Bihr
Droit civil. Les biens, P. Courbe
Droit civil. Les contrats spéciaux, B. Bourdelois
Droit civil. Les obligations, G. Légier
Droit civil. Les personnes, la famille, les incapacités, P. Courbe
Droit civil. Régimes matrimoniaux, libéralités, successions, F. Lucet, B. Vareille
Droit civil. Sûretés, publicité foncière, M.-N. Jobard-Bachellier, V. Brémond
Droit commercial. Notions générales, J.-P. Le Gall, C. Ruellan
Droit du commerce international, H. Kenfack
Droit de la construction, R. Saint-Alary, C. Saint-Alary-Houin
Droit des entreprises en difficulté, P.-M. Le Corre, J.-P. Le Gall
Droit fiscal des entreprises commerciales, J.-P. Le Gall
Droit international privé, J. Derruppé, J.-P. Laborde
Droit pénal des affaires, G. Giudicelli-Delage
Droit pénal général, J. Larguier, P. Conte, P. Maistre du Chambon
Droit pénal spécial, J. Larguier, P. Conte, A.-M. Larguier
Droit de la propriété industrielle, J. Schmidt-Szalewski
Droit rural, J. Audier
Droit de la sécurité sociale, J.-J. Dupeyroux, X. Prétot
Droit des sociétés. Droit commun et droit spécial des sociétés, A. Constantin
Droit des sociétés. Volume II. Aspects particuliers, J.-P. Le Gall, C. Le Gall-Robinson
Droit du travail. Volume I. Rapports collectifs, J.-M. Verdier, A. Cœuret, M.-A. Souriac
Droit du travail. Volume II. Rapports individuels, J.-M. Verdier, A. Cœuret, M.-A. Souriac
Grands systèmes de droit étrangers, M. Fromont
Institutions juridictionnelles, J.-J. Taisne
Introduction générale au droit, P. Courbe
Procédure civile. Droit judiciaire privé, J. Larguier, P. Conte
Procédure pénale, J. Larguier
Propriété littéraire et artistique, P. Sirinelli

705141 - (I) - (3) - OSB-Pr - 60g - IGS - EDO

Achevé d'imprimer sur les presses de
SNEL Grafics sa
Z.I. des Hauts-Sarts - Zone 3
Rue Fond des Fourches 21 – B-4041 Vottem (Herstal)
Tél +32 (0)4 344 65 60 - Fax +32 (0)4 286 99 61
septembre 2009 – 48895

Dépôt légal : septembre 2009

Imprimé en Belgique

Cet ouvrage a été composé
par IGS-CP à L'Isle-d'Espagnac (16)

Sommaire

Avant-propos

1 MOBILES

Les fiches sont détachables ! Elles permettent donc de réviser en toutes circonstances pour des usages variés : glissées dans le manuel, en complément du cours, à emporter partout pour optimiser votre temps (dans les transports, entre deux cours...), etc.

#Détachable #Pratique #Utile #Nomade

2 SIMPLES

La structure des fiches est basique et claire. Chaque fiche comporte des titres et rubriques aisément repérables, des mots-clés, des notions essentielles surlignées.

#Clair #Concis #Efficace #PrêtÀRéviser

3 VISUELLES

Les fiches détachables Dunod reprennent l'essentiel du cours comme vous auriez pu le faire. Les informations les plus importantes ont été sélectionnées et mises en avant dans les rubriques ou surlignées dans le texte.

Des schémas, tableaux et autres synthèses facilitent la mémorisation du cours.

#Synthétique #Visuel #Structuré

4 ERGONOMIQUES

La navigation d'une fiche à l'autre est aisée : les nombreux renvois vous guident et vous permettent de progresser à votre rythme tout en liant les notions du programme. La lecture n'est donc pas nécessairement linéaire.

#Souple #Complémentaire

5 FIDÈLES AU PROGRAMME

100 % conformes au nouveau programme applicable depuis la rentrée 2019, les fiches couvrent toutes les notions incontournables. À la fin de chaque fiche, la rubrique « Le + de l'expert » vous offre de précieux conseils pour faire la différence lors de l'épreuve.

#Fiable #RéussiteAssurée

Table des sigles et abréviations

Acoss : Agence centrale des organismes de sécurité sociale

AGS : Association pour la gestion du régime de garantie des créances des salariés

ANI : accord national interprofessionnel

ARE : aide au retour à l'emploi

BDES : base de données économiques et sociales

Carsat : Caisse d'assurance retraite et de la santé au travail

C2P : compte professionnel de prévention

CAHT : chiffre d'affaires hors taxes

CDC : Caisse des dépôts et consignations

CDD : contrat à durée déterminée

CDI : contrat à durée indéterminée

CEE : comité d'entreprise européen

CEP : conseil en évolution professionnelle

CFA : centre de formation des apprentis

Cnaf : Caisse nationale d'allocations familiales

CAF : caisse d'allocations familiales

Cnav : Caisse nationale d'assurance-vieillesse

Cnam-TS : Caisse nationale d'assurance-maladie des travailleurs salariés

COR : contrepartie obligatoire en repos

CPAM : caisse primaire d'assurance-maladie

CP : congés payés

CPF : compte personnel de formation

CPIR : commission paritaire interprofessionnelle régionale

CPNE : Commission paritaire nationale de l'emploi

CPP : convention de procédure participative

CPSTI : Conseil de la protection sociale des travailleurs indépendants

CRDS : contribution au remboursement de la dette sociale

CSE : comité social et économique

CSG : contribution sociale généralisée

CSP : contrat de sécurisation professionnelle

CSSCT : commission santé, sécurité et conditions de travail

CTP : congé de transition professionnelle

CTT : contrat de travail temporaire

DPAE : déclaration préalable à l'embauche

Dreets : Direction régionale de l'économie, de l'emploi, du travail et des solidarités

DUER : document unique d'évaluation des risques

EPS : entreprise de portage salarial

ETP : équivalent temps plein

GPEC : gestion prévisionnelle des emplois et des compétences

IJSS : indemnités journalières de sécurité sociale

IRP : instances représentatives du personnel

ITT : incapacité temporaire de travail

LFSS : loi de financement de la sécurité sociale

LRAR : lettre recommandée avec avis de réception

MARD : modes alternatifs de règlement des différends

MSA : Mutualité sociale agricole

OIT : Organisation internationale du travail (ou ILO, pour International Labour Organization)

Opco : opérateur de compétences

ORE : offre raisonnable d'emploi

PDC : plan de développement des compétences

PEE : plan d'épargne entreprise

PEI : plan d'épargne interentreprises

PERE : plan d'épargne retraite d'entreprise

PME : petites et moyennes entreprises

PPAE : projet personnalisé d'accès à l'emploi

PSE : plan de sauvegarde de l'emploi

PSS : plafond de sécurité sociale

PUMa : protection universelle maladie

PV : procès-verbal

RAA : revenu d'activité antérieur

RCC : rupture conventionnelle collective

RCR : repos compensateur de remplacement

RNCP : répertoire national des certifications professionnelles

RSA : revenu de solidarité active

RSP : réserve spéciale de participation

RTT : réduction du temps de travail

RUP : registre unique du personnel

SJMR : salaire journalier moyen de référence

Smic : salaire minimum interprofessionnel de croissance

SMR : salaire moyen de référence

TJ : tribunal judiciaire

TPE : très petites entreprises

Unedic : Union nationale pour l'emploi dans l'industrie et le commerce

Ursaaf : Union de recouvrement des cotisations de sécurité sociale et d'allocations familiales

VAE : validation des acquis de l'expérience

VPI : visite de prévention et d'information

Remarque
Il n'est pas tenu compte, dans le présent ouvrage, des dispositions temporaires et transitoires liées à la crise de la Covid-19.

1 L'évolution et les sources du droit du travail

Mots-clés

Accord de branche • Accord d'entreprise • Contrat de travail • Convention et accord collectif • Droit du travail • Droit social • Principe de faveur • Usage d'entreprise • Usage professionnel

1 Le positionnement et l'évolution du droit du travail

Le **droit social** regroupe l'ensemble des règles relatives au droit du travail et au droit de la protection sociale.

Articulation entre droit social et droit du travail

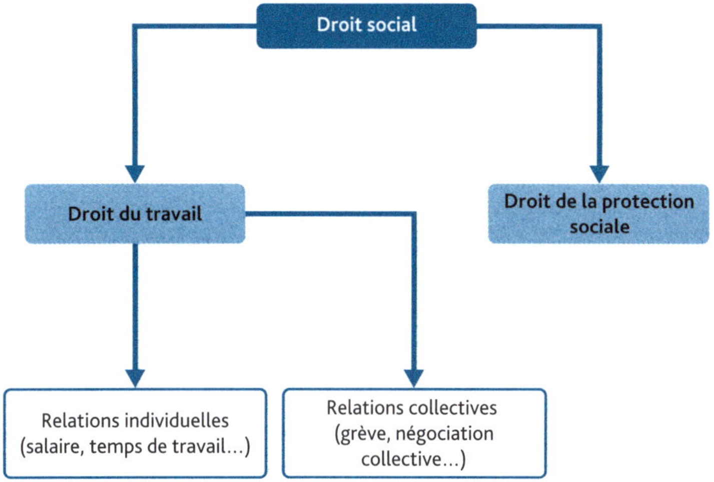

Définition

Le **droit du travail** est l'ensemble des règles régissant les relations individuelles et collectives entre employeurs et ses salariés.

Le droit du travail est :

- Un droit jeune. Il date du début du XXe siècle, il suit les évolutions de la société.
- Un droit particulier. Adapté aux situations professionnelles, il tient compte de rapports asymétriques entre employeurs et salariés.
- Un droit dynamique. Son contenu s'adapte aux attentes des partenaires, notamment grâce à la négociation collective.

2 Les sources du droit du travail

A. La hiérarchie des normes sociales

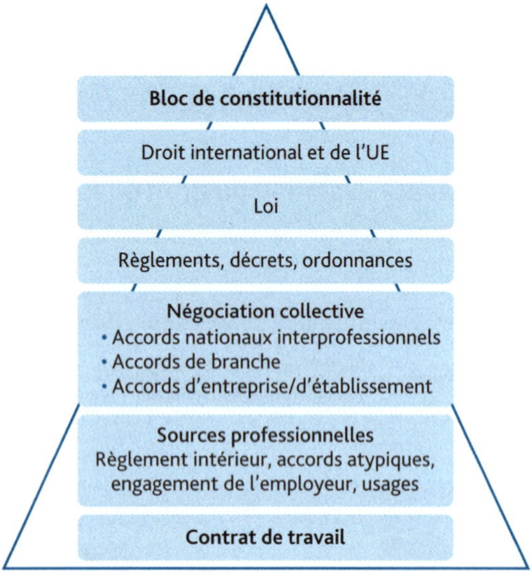

B. L'importance du droit négocié

Le droit des salariés de participer à la détermination de leurs conditions de travail est un principe inscrit dans le préambule de la Constitution de 1946. Ce droit s'exerce dans le cadre de la négociation collective.

Définition

Les **conventions et accords collectifs** sont négociés entre un employeur ou un groupement d'employeurs et une ou plusieurs organisations syndicales représentatives des salariés.

Une convention collective concerne l'ensemble des conditions d'emploi et de travail.

Un accord collectif ne porte que sur des sujets déterminés.

C. Les usages

Définitions

- L'**usage professionnel** s'applique à tout ou partie du personnel d'une profession.
- L'**usage d'entreprise** constitue une pratique habituelle de l'employeur.

Caractéristiques et modalités de dénonciation d'un usage

Caractéristiques
• Fixité (l'usage repose sur des modalités d'application identiques) • Constance (régularité de l'usage) • Généralité (l'usage bénéficie à la totalité des salariés ou une partie d'entre eux)
Dénonciation
• Information préalable des institutions représentatives du personnel • Information au préalable et individuellement de chaque salarié concerné par l'usage • Observation d'un délai de prévenance suffisant entre ces informations et la suppression effective de l'usage

3 L'application du droit social

A. Le principe de faveur

En droit social, la règle la plus favorable au salarié s'applique, même si elle ne respecte pas la hiérarchie des normes.

Le principe de faveur admet aujourd'hui de nombreuses exceptions :

- L'**ordre public « absolu »**. Aucune dérogation n'est possible, même si elle est plus favorable au salarié.

▸ Exemple

L'interdiction d'indexer le salaire sur le Smic est d'ordre public. ◂

- Les **accords dérogatoires**. Un texte de niveau inférieur peut déroger à un texte supérieur, même dans un sens défavorable au salarié, dans certains domaines déterminés.

B. La primauté de l'accord d'entreprise

Depuis les ordonnances du 22 septembre 2017, l'accord d'entreprise (même défavorable) prime l'accord de branche sauf dans certains domaines expressément prévus par la loi (verrouillage de droit) et dans les domaines qui n'ont pas été expressément interdits par l'accord de branche (verrouillage facultatif).

Hiérarchie des normes en droit social

Primauté de l'accord d'entreprise

Exceptions

Verrouillage possible de quatre thèmes par la convention de branche (↪ fiche 18)

- Prévention de la pénibilité du travail
- Insertion professionnelle des travailleurs handicapés
- Effectif à partir duquel des délégués syndicaux peuvent être nommés
- Primes pour travaux dangereux ou insalubres

Verrouillage automatique de treize thèmes par la convention de branche (↪ fiche 18), dont

- Salaires *minima* hiérarchiques
- Classification
- Mutualisation des fonds de la formation professionnelle
- Égalité professionnelle entre hommes et femmes
- Conditions et durée de renouvellement de la période d'essai

4 La qualification du contrat de travail

Le **contrat de travail** (↪ fiche 4) se caractérise par la réunion de trois éléments :

- une prestation de travail ;
- une rémunération ;
- un lien de subordination entre un employeur privé et un salarié.

LE + DE L'EXPERT

Dans l'arrêt du 28 novembre 2018 – *Take Eat Easy* et celui du 4 mars 2020 – *Uber*, la chambre sociale de la Cour de cassation a requalifié le contrat de travailleurs indépendants liés à des plateformes en ligne en contrat de travail, en rappelant que « l'existence d'une relation de travail ne dépend ni de la volonté exprimée par les parties, ni de la dénomination qu'elles ont donnée à leur convention, mais des conditions de fait dans lesquelles est exercée l'activité des travailleurs ; le lien de subordination est caractérisé par l'exécution d'un travail sous l'autorité d'un employeur qui a le pouvoir de donner des ordres et des directives à son subordonné, d'en contrôler l'exécution et de sanctionner les manquements ».

2 L'application du droit et le contentieux de la relation de travail

Mots-clés

Convention de procédure participative • Dreets • Inspection du travail • Litige • Médiation conventionnelle • Sanction • Transaction • Travail dissimulé

1 Les contrôles de l'inspection du travail

A. L'organisation et les missions

L'inspection du travail est rattachée à la **Dreets** locale, qui agit elle-même sous la tutelle du ministère du Travail et de l'économie. Chaque direction régionale de l'économie, de l'emploi, du travail et des solidarités dirige plusieurs unités départementales auxquelles sont rattachées les différentes unités de contrôle de l'**inspection du travail**.

Missions de la Dreets et de l'inspection du travail

Dreets	Inspection du travail
• Définir les orientations générales des actions d'inspections • Assurer le suivi de la négociation collective • Mettre en œuvre la politique de l'État • Chaque Dreets : – organise le système d'inspection du travail dans la région ; – répartit les effectifs aux échelons régional et départemental ; – s'assure de l'adaptation des moyens matériels et humains.	• Contrôler le respect de la réglementation • Assister et conseiller employeurs et salariés • Prévenir les conflits du travail • Autoriser certaines ruptures du contrat de travail (salariés protégés), exiger le retrait de clauses du règlement intérieur...

B. Les prérogatives de la Dreets

La Dreets a vocation à :

- homologuer les conventions de rupture conventionnelle individuelle ;
- valider l'accord collectif majoritaire portant sur une rupture conventionnelle collective ;
- relever les éventuelles irrégularités de procédure en matière de licenciement collectif ;
- apporter des propositions pour compléter ou modifier un plan de sauvegarde de l'emploi (PSE) (↳ fiche 14) ;
- prononcer des amendes administratives à l'encontre des employeurs sans passer par la voie pénale ;
- proposer des transactions pénales pour certains délits ou contraventions...

C. Les moyens d'action et les conséquences du contrôle de l'inspection du travail

Moyens d'action de l'inspection du travail

Lorsqu'il constate une infraction, l'inspecteur du travail peut :

- adresser une observation à l'employeur pour lui demander de se mettre en conformité avec les textes légaux, réglementaires et conventionnels ;
- mettre en demeure l'employeur de remédier à la situation constatée ;
- dresser directement un procès-verbal (PV) pour constater l'infraction commise. Ce procès-verbal peut être transmis au parquet en vue de poursuites pénales.

D. Le contrôle du travail dissimulé

Définition

Le **travail dissimulé** est un délit consistant à cacher intentionnellement une activité sans la déclarer à l'autorité administrative (dissimulation d'activité) ou à dissimuler tout ou partie d'un emploi salarié en se soustrayant volontairement aux déclarations légales obligatoires ou en omettant de délivrer des bulletins de paie (dissimulation d'emploi salarié).

Acteurs et moyens de contrôle

Les agents en charge du contrôle du travail dissimulé sont nombreux : inspecteurs du travail, agents des organismes de Sécurité sociale, agents des services des impôts et des douanes, officiers de police judiciaire, agents de Pôle Emploi…

Ils réalisent des vérifications, des enquêtes, des auditions… Ils échangent des informations et coordonnent leurs actions pour lutter contre le travail dissimulé.

Sanctions

L'employeur, coupable de travail dissimulé encourt des **sanctions** :

- pénales (45 000 € d'amende et 3 ans d'emprisonnement) ;
- civiles (réintégration des rémunérations dans l'assiette des cotisations, pénalités, en cas de rupture du contrat de travail du salarié : indemnité de 6 mois de salaire à laquelle s'ajoutent des indemnités de rupture...) ;
- administratives (suppression ou réduction des exonérations de cotisations de sécurité sociale, exclusion des marchés publics pour 5 ans).

2 Le contentieux de la relation de travail

<table>
<tr><th>Contentieux prud'homal</th><th colspan="2">Contentieux civil</th></tr>
<tr><td rowspan="6">Saisine du conseil de prud'hommes
• Pour les litiges individuels du travail entre employeur et salarié
• Conseil de prud'hommes territorialement compétent : celui du ressort de l'entreprise (ou celui du domicile du salarié lorsque le travail est réalisé en dehors de l'entreprise)
↓
Phase de conciliation préalable obligatoire
↓
Absence de conciliation : renvoi des parties devant le bureau de jugement

Voies de recours : appel au-delà de 5 000 € ; pourvoi en cassation</td><td colspan="2">Tribunal judiciaire</td></tr>
<tr><td>• Pour les litiges relatifs :
– aux élections professionnelles (en premier et dernier ressort)
– à la représentativité syndicale</td><td>• Pour les litiges collectifs du travail et les contentieux de la participation et de l'intéressement (calcul de la RSP) (➥ fiche 20)</td></tr>
<tr><th colspan="2">Contentieux pénal</th></tr>
<tr><td>Tribunal de police</td><td>Tribunal correctionnel</td></tr>
<tr><td>Contraventions au droit du travail</td><td>Délits (ex. : entrave, travail dissimulé)</td></tr>
<tr><th colspan="2">Contentieux administratif</th></tr>
<tr><td></td><td colspan="2">Pour les litiges relatifs aux décisions de l'inspecteur du travail ou de la Dreets</td></tr>
</table>

3 Les modes alternatifs de règlement des différends individuels du travail

A. La médiation conventionnelle

Définition

La **médiation conventionnelle** est un processus structuré par lequel l'employeur et le salarié tentent de parvenir à un accord en vue de la résolution amiable de leur litige avec l'aide d'un médiateur, choisi par eux ou désigné, avec leur accord, par le juge saisi du litige.

En cas d'accord, les parties peuvent faire homologuer la médiation par le conseil de prud'hommes pour lui donner force exécutoire.

En cas d'échec, les parties peuvent saisir le conseil de prud'hommes.

B. La procédure participative

Définition

Aux termes de la **convention de procédure participative** (CPP), l'employeur et le salarié qui sont en litige, sans avoir saisi le juge prud'homal, s'engagent à œuvrer conjointement et en bonne foi, avec l'aide de leurs avocats, à la résolution amiable de leur différend.

La CPP est soumise à l'homologation du juge prud'homal afin de lui donner force exécutoire.

En cas d'échec dans la recherche de solutions amiables, les parties saisissent le conseil de prud'hommes selon des modalités spécifiques.

C. La transaction

Définition

La **transaction** est un contrat par lequel l'employeur et le salarié, par des concessions réciproques, terminent une contestation née ou préviennent une contestation à naître pour éviter de passer devant le juge.

Trois conditions sont exigées :

- un litige relatif à l'exécution ou à la rupture du contrat de travail ;
- une intention de transiger ;
- des concessions réciproques, réelles et appréciées à la date de signature de la convention.

Effets de la transaction

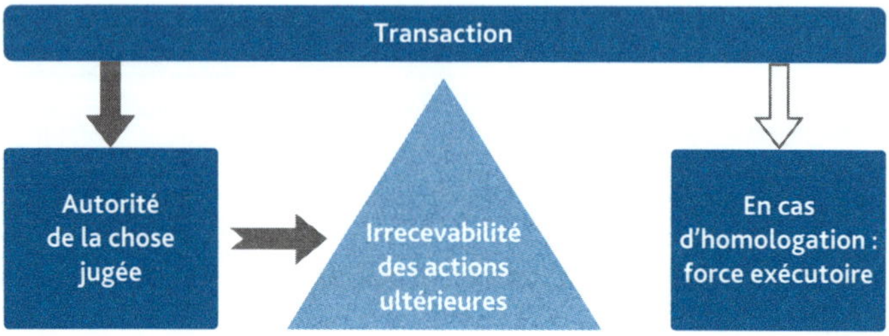

LE + DE L'EXPERT

Par un arrêt du 26 mai 2021 (pourvoi n° 20-85.118), la Cour de cassation a été appelée à trancher la question de la qualification de l'entraide familiale de l'épouse d'un boulanger travaillant à temps partiel (30 heures) pour son mari. Le contrat de travail exclut de poursuivre, au titre de l'entraide familiale, la même activité sans que soient établies les déclarations sociales correspondantes. Il était bien question de travail dissimulé par dissimulation d'emploi salarié.

3 La formation et l'exécution du contrat de travail

Mots-clés

Liberté d'embauche • Offre d'emploi • Période d'essai • Pourparlers • Promesse d'embauche • Recrutement

1 Le recrutement

A. La liberté d'embauche et ses limites

Définition

Le principe de liberté **d'embauche** veut qu'un employeur puisse recruter la personne qu'il souhaite en raison de son pouvoir de direction et du caractère fortement personnel de la relation de travail.

Limites à la liberté d'embauche

Interdictions d'emploi	• Les mineurs de moins de 16 ans (sauf exceptions) • Les étrangers non ressortissants de l'UE ou non munis d'un titre.
Priorités d'emploi	• Les salariés de l'entreprise à temps plein ou à temps partiel. • Les salariés de l'entreprise ayant perdu leur emploi suite à un licenciement économique.
Obligation d'emploi des travailleurs handicapés	Obligation pour les entreprises d'au moins 20 salariés d'engager des travailleurs handicapés à hauteur de 6 % de leur effectif.

B. Les modalités d'embauche

Pour être valable, une **offre d'emploi** doit :

- être conforme aux règles générales de rédaction ;
- être rédigée en français (y compris l'intitulé du poste) ;
- ne comporter aucune mention interdite (ex. : mention discriminatoire, mention susceptible d'induire le candidat en erreur).

Dans le cadre d'un recrutement, l'employeur doit respecter certaines procédures et méthodes :

- information préalable du comité social et économique (CSE ↳ **fiches 13 et 17**) et des candidats ;
- recours à des méthodes de recrutement pertinentes au regard de la finalité poursuivie ;
- d'apprécier la capacité du candidat à occuper l'emploi ou ses aptitudes professionnelles et avoir un lien direct et nécessaire avec l'emploi proposé.

2 L'embauche

A. L'avant-contrat de travail

Définitions

- Les **pourparlers** désignent la phase préliminaire de discussion et d'échange durant laquelle l'employeur et le candidat se rapprochent afin d'envisager la conclusion du contrat de travail.
- La **promesse d'embauche** correspond à la conclusion des pourparlers : l'employeur se réserve, à terme, les services d'un salarié.

La conduite des négociations d'embauche obéit à deux principes :

- l'initiative et le déroulement sont libres ;
- les discussions sont menées de bonne foi.

B. La formation du contrat de travail

Comme dans tout contrat, rois conditions de fond doivent être réunies.

Conditions de formation du contrat de travail

En matière de forme, le CDI à temps complet ne nécessite pas d'écrit. Cependant, une directive européenne de 1991 exige la remise d'un écrit au salarié dans les 2 mois suivant l'embauche.

C. Les formalités liées à l'embauche

Déclaration préalable à l'embauche (DPAE)	Effectuée auprès de l'Urssaf au plus tôt dans les 8 jours avant l'embauche.
Visite de prévention et d'information	• Effectuée dans un délai de 3 mois à compter de la prise effective du poste de travail. • Évaluation de l'état de santé du salarié, information sur les risques liés à son poste de travail.

3 L'exécution du contrat de travail

A. Les obligations des parties au contrat de travail

L'employeur comme le salarié sont tenues par des obligations mutuelles.

Obligations de l'employeur	Obligations du salarié
• Fournir le travail convenu (ex. : respecter la fiche de poste du salarié, ne pas le « placardiser »). • Verser le salaire prévu. • Assurer la fourniture et l'exécution du travail de bonne foi (ex. : ne pas « ficher » le salarié).	• Exécuter consciencieusement et personnellement le travail convenu (ex. : ne pas confier à quelqu'un d'autre, sans autorisation expresse, la réalisation de tâches lui incombant) • Exécuter le contrat de travail de bonne foi (ex. : respect de la confidentialité).

B. La période d'essai

Définition

La **période d'essai** est le temps pendant lequel l'employeur évalue les compétences du salarié et le temps pendant lequel le salarié apprécie si les fonctions occupées lui conviennent.

En l'absence de précision relative à la période d'essai, clause facultative, le contrat peut être rompu de manière unilatérale sans motif ni indemnité. Une telle clause est encadrée par la loi.

Durée légale calendaire de la période d'essai

	Durée initiale (mois)	Renouvellement (mois)
Ouvriers et employés	2	2
Agents de maîtrise et techniciens	3	3
Cadres	4	4

Le renouvellement de la période d'essai, dans la limite d'un seul, est possible aux conditions suivantes :

- la possibilité de renouvellement est prévue par voie conventionnelle ;
- le renouvellement est expressément prévu par le contrat de travail ;
- le salarié a donné son accord.

La rupture du contrat de travail pendant la période d'essai n'a pas à être justifiée et ne donne pas lieu au versement d'indemnité, sauf si elle est abusive.

C. Les principales autres clauses propres au contrat de travail

Outre la période d'essai, il existe cinq clauses spécifiques :

- La clause de non-concurrence par laquelle le salarié s'engage, à l'issue de son contrat de travail, à ne pas faire concurrence à son ancien employeur.
- La clause d'exclusivité interdisant au salarié, pendant l'exécution de son contrat de travail, d'exercer une autre activité, hors de l'entreprise, dans un secteur concurrentiel ou non.

- La clause de dédit-formation par laquelle le salarié s'engage à rester un certain temps dans l'entreprise après avoir bénéficié d'une formation spécifique. À défaut, il doit indemniser l'entreprise.
- La clause de mobilité par laquelle le salarié accepte, par avance, la modification de son lieu de travail en dehors du secteur géographique de l'entreprise.
- La clause d'objectifs qui fixe des objectifs ou des quotas à atteindre (objectifs qualitatifs ou quantitatifs).

Conditions de validité des différentes clauses

Clause de non-concurrence	• Nécessaire protection des intérêts légitimes de l'entreprise. • Limite dans l'espace et le temps. • Possibilité de retrouver un emploi conforme à la formation. • Obligation pour l'employeur de verser une contribution financière significative.
Clause d'exclusivité	La clause doit être : – indispensable à la protection des intérêts légitimes de l'entreprise ; – proportionnée au but recherché ; – justifiée par la nature de la tâche à accomplir.
Clause de dédit-formation	• Engagement par l'entreprise de frais réels de formation excédant les dépenses imposées par la loi ou la convention collective. • Indemnité non exclusive de la démission. • Conclusion d'une convention particulière avant la formation (date, nature, durée et coût de la formation, montant et modalités du remboursement à la charge du salarié).
Clause de mobilité	• Intégration dans le contrat de travail ou dans la convention collective à condition qu'elle soit suffisamment précise et que le salarié ait eu connaissance de cette convention au moment de son embauche. • Indication précise de la zone géographique concernée. • Bonne foi par l'employeur : clause justifiée par l'intérêt légitime de l'entreprise, qui ne porte pas préjudice au salarié et respecte un délai de prévenance raisonnable. • Absence d'impact sur les autres éléments essentiels du contrat de travail (ex. : qualification, rémunération).
Clause d'objectifs	Les objectifs fixés doivent être raisonnables et compatibles avec le marché.

LE + DE L'EXPERT

- La Cour de cassation distingue la « promesse unilatérale de contrat de travail », laquelle a valeur contractuelle, et « l'offre de contracter » qui engage la responsabilité extracontractuelle de son auteur.
- Dans un arrêt du 5 avril 2018, la Cour a également jugé qu'une clause de mobilité prévoyant « l'ensemble du territoire national » comme zone géographique d'application était valable.

4 La diversité des contrats de travail

Mots-clés

CDD • CDI • CDI de chantier • Contrat d'apprentissage • Contrat de professionnalisation • CTT • CTP • Portage salarial

1 Le CDI et ses variantes

Le contrat à durée déterminée (CDI) est le contrat de droit commun mais il connaît une variante, le CDI de chantier.

CDI	CDI de chantier
• Contrat de droit commun • Conclu sans détermination de durée, à temps plein • Forme normale d'embauche pour occuper un emploi stable et permanent de l'entreprise • Aucun formalisme particulier sauf dispositions conventionnelles contraires	• Contrat à durée indéterminée (CDI) conclu pour la durée d'un chantier ou d'une opération • Destiné aux entreprises dans lesquelles une convention collective de branche a été conclue • La rupture intervient lorsque le chantier est terminé ou l'opération réalisée.

2 Les contrats de travail précaires

A. Le contrat de travail à durée déterminée (CDD)

Définition

Le CDD est un contrat de travail écrit conclu entre un employeur et un salarié pour un temps fixé à l'avance.

Fonctionnement du CDD

Modalités de recours au CDD

Cas de recours	Cas de recours autorisés : • Remplacement d'un salarié temporairement absent • Accroissement temporaire d'activité • CDD d'usage • CDD conclus dans le cadre de la politique d'emploi	Cas de recours interdits : • Remplacement d'un salarié gréviste • Embauche pour effectuer des travaux particulièrement dangereux • Embauche dans les 6 mois qui suivent un licenciement économique

Durée	• À terme précis : à défaut de dispositions conventionnelles, 18 mois avec deux renouvellements. • À terme imprécis : par exemple, en cas de remplacement d'un salarié absent, le CDD doit comporter une durée minimale.
Contenu	Motif pour lequel le CDD a été conclu, nom et qualification de la personne remplacée, durée, période d'essai, qualification et rémunération, conditions du renouvellement.
Période d'essai	• Moins de 6 mois : 1 jour d'essai par semaine dans la limite de 2 semaines maximum • Au-delà de 6 mois : 1 mois
Délai de carence entre 2 CDD ou CTT successifs	• 1/3 de la durée du contrat venant à expiration, renouvellement inclus si la durée du CDD est supérieure à 14 jours. • 1/2 de la durée du CDD si la durée du CDD est inférieure à 14 jours.

En principe, une indemnité de fin de contrat de 10 % de la rémunération brute totale est due au salarié.

Un CDD ne peut être rompu avant terme que dans quatre cas :

- accord des parties ;
- faute grave ou lourde ;
- force majeure ;
- salarié justifiant d'une embauche en CDI.

B. La mise à disposition de personnel : le contrat de travail temporaire (CTT) et le portage salarial

Le CTT

Définition

Le CTT est conclu entre une entreprise de travail temporaire (ETT) et un intérimaire : l'ETT envoie le salarié temporaire en mission dans une entreprise utilisatrice pour exécuter une prestation de travail précise et temporaire.

Fonctionnement du CTT

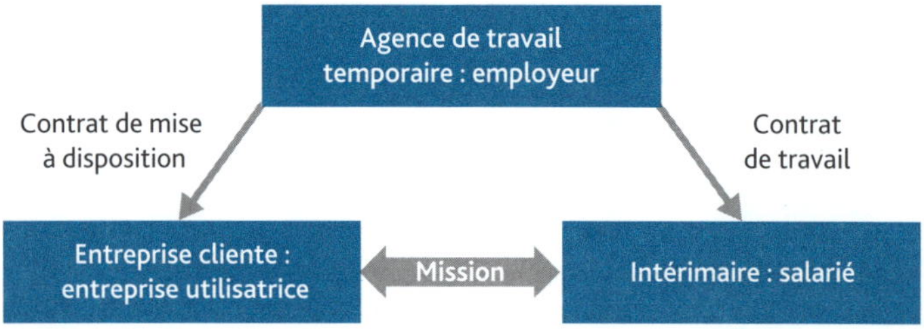

En CTT, les cas de recours, les conditions de formation et les cas de rupture sont identiques à ceux du CDD.

Le portage salarial

Définition

Le **portage salarial** est une opération par laquelle le salarié porté, justifiant d'une expertise et d'une qualification et rattaché à une entreprise de portage salarial, effectue une prestation de travail pour une entreprise cliente qu'il a, au préalable, démarchée.

Le portage salarial peut prendre la forme d'un CDD ou d'un CDI plafonné à 3 ans.

Fonctionnement du portage salarial

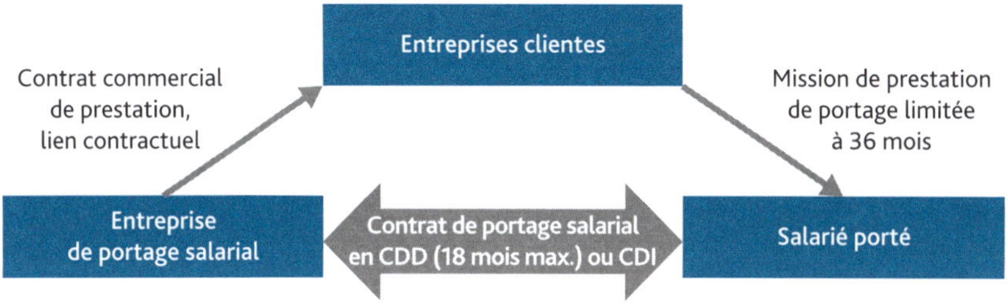

3 Les contrats alliant formation et emploi

A. Le contrat d'apprentissage et le contrat de professionnalisation

Le **contrat d'apprentissage** et le **contrat de professionnalisation** allient formation et emploi.

Acteurs concernés par les contrats d'apprentissage et de professionnalisation

	Contrat d'apprentissage	Contrat de professionnalisation
Entreprises visées	Toute entreprise privée ou publique	Employeurs assujettis au financement de la formation professionnelle
Salariés concernés	• Jeunes de 16 à 30 ans • Par dérogation, juqu'à 35 ans dans des cas précis	• Jeunes de 16 à 26 ans • Demandeurs d'emplois de 26 ans et plus • Bénéficiaires du RSA, de l'AAH, de CUI
Forme	En CDD ou en CDI	
Durée du contrat	Égale à la durée de la formation (varie de 6 mois à 3 ans)	Entre 6 et 12 mois (voire 24 mois dans certains cas)
Rémunération	% du Smic entre 27 % et 100 %, pourcentage qui varie en fonction de l'âge et de la progression dans le cycle de formation	% du Smic en fonction de l'âge et du niveau de départ du salarié (de 55 % à 100 %)

4 Les contrats destinés à l'aménagement du temps de travail : le contrat de travail à temps partiel

Définition

Le contrat de travail à temps partiel (**CTP**) est contrat de travail écrit ayant une durée inférieure à la durée légale (35 heures) ou conventionnelle du travail et une durée minimale du travail à temps partiel de 24 heures.

La précédente définition connaît néanmoins :

- des exceptions (salariés de moins de 26 ans, contrat conclu avec un particulier ou lorsque le salarié demande à travailler moins de 24 heures) ;
- des dérogations (nécessité d'une convention collective de branche étendue, avec des garanties de mise en œuvre d'horaires réguliers, regroupés sur des journées ou demi-journées régulières ou complètes).

Caractéristiques du CTP

Répartition et modification de la durée du travail	• Prévue au contrat de travail • Pas plus d'une interruption d'activité de plus de 2 heures au cours de la journée, sauf dispositions conventionnelles contraires • Modification possible avec un délai de prévenance de 7 jours (ramené à 3 jours si accord d'entreprise)
Heures complémentaires	• Prévues au contrat de travail • Dans la limite du 1/10 de la durée du travail convenue au contrat de travail (1/3 de la durée contractuelle en cas d'accord d'entreprise) • Taux plancher : majoration de 1/10 dans la limite du 1/10 ; majoration de 25 % pour les heures au-delà du 1/10 • Modification du contrat de travail en cas de dépassement de l'horaire contractuellement prévu pendant 12 semaines ou pendant 12 semaines sur une période de 15 semaines
Statut du salarié	Égalité de traitement en ce qui concerne les droits reconnus légalement aux salariés à temps complet

LE + DE L'EXPERT

Dans un arrêt du 14 février 2018, la Cour de cassation a jugé que le seul fait pour l'employeur, qui est tenu de garantir aux salariés le droit à congés ou repos que leur accorde la loi, de recourir à des CDD de remplacement de manière récurrente, voire permanente, ne saurait suffire à caractériser un recours systématique aux CDD pour faire face à un besoin structurel de main-d'œuvre et pourvoir durablement un emploi lié à l'activité normale et permanente de l'entreprise. Dans un arrêt du 29 janvier 2020, la Cour requalifie la suite d'une centaine de CDD, utilisés comme mode habituel de gestion du personnel, en CDI.

5 L'évolution du contrat de travail : la suspension

Mots-clés

Congé de maternité • Congé de naissance • Congé de paternité • Indemnité de licenciement • Obligation de reclassement • Protection contre le licenciement • Suspension • Visite médicale de reprise

Définition

Il y a **suspension** du contrat de travail lorsque le salarié cesse temporairement d'exécuter les obligations contractuelles qui lui incombent sans que le contrat de travail soit rompu.

1 Les causes de suspension

Le Code du travail distingue les suspensions du fait du salarié, du fait de l'employeur ou liées à un cas de force majeure.

Classification des causes de suspension du contrat de travail

Du fait du salarié	Du fait de l'employeur	En raison d'un cas de force majeure
• Arrêt-maladie (professionnelle ou non professionnelle) • Congé de maternité ou de paternité • Congés payés • Congé-formation, congé sabbatique, congé création d'entreprise • En cas de grève	• Pour sanction disciplinaire (mise à pied notamment) • Recours au lock-out • En cas de chômage technique	Événement extérieur aux parties, imprévisible lors de la conclusion du contrat de travail et irrésistible dans son exécution (ex. : cyclone, guerre, incendie détruisant totalement l'entreprise...).

2 Les effets de la suspension à l'égard du salarié

Le salarié :
- cesse d'exécuter sa prestation de travail ;
- ne reçoit pas de rémunération ;
- reste tenu aux engagements résultant du contrat de travail : obligations de loyauté, de non-concurrence ou de confidentialité ;
- réintègre son emploi, un emploi équivalent ou similaire, lors de son retour dans l'entreprise.

3 La suspension du contrat de travail pour maladie ou accident professionnel

En cas de maladie ou d'accident professionnel, le contrat de travail du salarié est suspendu. L'employeur ne peut pas rompre le contrat de travail, sauf faute grave ou en cas d'impossibilité de maintenir le contrat de travail pour un motif non lié à l'accident ou à la maladie professionnelle. À défaut, il y a nullité du licenciement ou de la rupture du CDD.

Une **visite médicale de reprise** par le médecin du travail est obligatoire après tout arrêt de travail d'au moins 30 jours.

Issues de la visite médicale de reprise

Le médecin du travail déclare le salarié apte à reprendre son travail	Le médecin du travail constate que l'état de santé du salarié justifie un changement de poste et déclare le salarié inapte à son poste de travail : obligation de reclassement	
• Le salarié retrouve son emploi avec une rémunération équivalente. • S'il y a rupture du contrat de travail, le licenciement est dénué de cause réelle et sérieuse. Le salarié peut demander sa réintégration ou des dommages-intérêts égaux à 6 mois de salaire.	• Proposition de reclassement dans le mois de l'examen médical de reprise. • Recherche de poste dans l'entreprise ou dans le groupe • Poste aussi proche que possible de l'emploi antérieur.	• Dispense de reclassement en cas de maintien du salarié dans l'entreprise préjudiciable à son état de santé. • Licenciement possible en cas d'impossibilité de reclassement.

4 La suspension pour maladie ou accident non professionnel

La maladie et l'accident non professionnel sont des causes de suspension du contrat de travail.

La maladie et l'accident non professionnel ne constituent pas une cause de licenciement. Le licenciement justifié par l'état de santé du salarié ou par son handicap est considéré comme discriminatoire. Le juge peut prononcer la nullité du licenciement opéré selon ce motif.

Cependant, lorsque les absences du salarié sont répétées ou sont prolongées, elles peuvent justifier un licenciement si deux conditions cumulatives sont remplies :

- Les absences perturbent le bon fonctionnement de l'entreprise.
- Les absences entraînent la nécessité pour l'employeur de remplacer définitivement le salarié par l'embauche d'un autre salarié en CDI.

L'employeur met alors en œuvre la procédure de licenciement et verse au salarié l'**indemnité** légale ou conventionnelle **de licenciement**.

Le salarié doit avertir l'employeur de son absence, se soumettre à la contrevisite médicale patronale et respecter son obligation de loyauté pendant l'arrêt de travail. À l'issue de l'arrêt de travail, le salarié subit une visite médicale de reprise ou de préreprise.

Visites médicales de reprise et de préreprise

	Visite médicale de reprise	Visite médicale de préreprise
	Si absence pour maladie ou accident non professionnel d'au moins 30 jours.	Pour les arrêts de travail de plus de 3 mois.
Principe	L'employeur saisit le médecin du travail ou les services de santé au travail afin d'organiser l'examen de reprise le jour de la reprise effective du travail par le salarié et au plus tard dans les 8 jours qui suivent la reprise.	Visite médicale de préreprise par un médecin du travail à l'initiative du médecin traitant ou du médecin conseil de la Sécurité sociale ou du salarié.
Objectif	Vérifier que le poste de travail du salarié est compatible avec son état de santé, ou de préconiser des aménagements ou adaptations de poste ou d'émettre un avis d'inaptitude.	Favoriser le retour du salarié dans l'entreprise et son maintien dans l'emploi, recommander des aménagements ou des adaptations du poste de travail, ou préconiser des formations professionnelles ou encore organiser le reclassement ou la réorientation professionnelle du salarié.

L'**inaptitude** du salarié à son poste de travail peut être établie dès lors qu'aucune mesure d'aménagement, d'adaptation ou de transformation du poste de travail n'est possible. En cas d'inaptitude, l'employeur est tenu d'une **obligation de reclassement** dans l'entreprise ou le groupe.

5 La suspension consécutive à la maternité

Pendant toute la durée du **congé de maternité**, le contrat de travail de la salariée est suspendu. Ce congé est considéré comme du temps de travail effectif (↪ **fiche 7**).

La durée du congé varie avec le nombre d'enfants déjà nés et le rang de l'enfant ou des enfants à naître. Le congé comporte deux périodes : le congé prénatal avant la date présumée de l'accouchement et le congé post-natal après l'accouchement.

Durée du congé de maternité

	Congé prénatal	Congé post-natal	Durée totale
1er et 2e enfants	6	10	16
3e enfant et plus	8	18	26
État pathologique	+ 2	+ 4	+ 6

La salariée enceinte bénéficie d'une **protection** spéciale **contre le licenciement**.

Protections absolue et relative

Période de protection absolue	Période de protection relative
Interdiction absolue d'engager une procédure de licenciement pendant le congé de maternité	• Pendant la grossesse et jusqu'à 10 semaines après la fin du congé de maternité, un licenciement ne peut être envisagé que pour 2 motifs : – pour faute grave ; – pour un motif non lié à l'état de grossesse, à l'accouchement ou à l'adoption. • Le licenciement ne peut pas être notifié, ni prendre effet pendant la suspension du contrat. Si le licenciement est prononcé, il ne peut prendre effet qu'à la reprise du travail.

A. La nullité du licenciement

Le licenciement est annulé si, dans un délai de 15 jours à compter de sa notification, la salariée adresse à l'employeur un certificat médical attestant sa grossesse. La salariée peut demander sa réintégration ou des dommages-intérêts, ainsi que l'indemnité de licenciement et les salaires correspondant à la période de nullité.

B. Les suites des congés de maternité et de paternité

À l'issue du congé de maternité, la salariée est réintégrée dans son emploi précédent ou dans un emploi équivalent avec tous les avantages acquis précédemment.

Depuis le 1er juillet 2021, le père dispose d'un **congé de paternité** de 25 jours calendaires (32 jours en cas de naissances multiples), auquel s'ajoute le **congé de naissance** de 3 jours (C. trav., art. L. 1225-35 et L. 1225-36). Le site Service-public.fr détaille les possibilités pour le père d'enchaîner ces deux congés.. Durant ce congé, considéré comme du temps de travail effectif (↪ fiche 7), le contrat est suspendu. À l'issue du congé, le père réintègre son emploi.

LE + DE L'EXPERT

Depuis le 1er juillet 2019, les pères dont le nouveau-né est hospitalisé dans une unité de soins spécialisés après un accouchement bénéficient d'un congé de paternité supplémentaire (décret n° 2019-630 du 24 juin 2019).

6 L'évolution du contrat de travail : la modification

Mots-clés

Aménagement • Modification des conditions de travail • Modification du contrat de travail

1 La modification du contrat de travail

Il n'existe pas de définition légale de la modification du contrat de travail mais la jurisprudence en fixe les contours.

Définition

Il y a **modification** du contrat de travail lorsqu'un élément du contrat considéré comme fondamental ou essentiel est modifié.

Sont considérés comme essentiels :
- la rémunération ;
- la qualification professionnelle ;
- la durée du travail ;
- le lieu de travail dans un autre secteur géographique, lorsqu'il n'y a pas de clause de mobilité ni de clause expresse relative au lieu de travail ;
- les horaires de travail lorsqu'ils font l'objet d'une clause du contrat de travail.

La modification peut être motivée par des motifs économiques (ex. : difficultés économiques), personnels ou disciplinaires.

Motifs de modification du contrat

Motif économique	Motif personnel	Motif disciplinaire
• Pour difficultés économiques • Pour mutations technologiques • Pour réorganisation afin de sauvegarder la compétitivité de l'entreprise	Nécessité d'un motif inhérent à la personne du salarié mais non disciplinaire (résultats, compétences, état de santé, etc.)	• Motivée par une ou plusieurs fautes du salarié • Rétrogradation ou mutation disciplinaire prévue au règlement intérieur

L'accord de l'employeur et du salarié est indispensable pour modifier le contrat de travail. L'employeur peut proposer la modification mais il ne peut l'imposer au salarié.

Le refus du salarié ne constitue pas en lui-même une cause réelle et sérieuse de licenciement.

2 La modification des conditions de travail

Relèvent d'une modification des conditions de travail les simples **aménagements** des conditions d'exécution du travail, non précisées dans le contrat de travail, ainsi que :

- Les éléments que l'employeur et le salarié ont contractualisés par une clause du contrat de travail (ex. : clause de mobilité), lesquels s'imposent aux parties et s'analysent comme un simple changement des conditions de travail.
- Les évolutions du contrat de travail ne présentant qu'un caractère provisoire.

La **modification des conditions de travail** relève du pouvoir de direction de l'employeur. Il s'impose au salarié qui ne peut pas le refuser sous peine d'être licencié pour faute.

L'employeur n'a pas à motiver sa décision :

- Si le salarié accepte le changement, le contrat de travail continue de produire ses effets sans formalisme particulier.
- Si le salarié refuse le changement, il s'expose au risque d'être licencié. Ce refus du salarié ne constitue pas, en lui seul, une faute grave. L'employeur doit mettre en œuvre la procédure de licenciement (↪ fiche 12).

3 La mise en œuvre de la modification du contrat de travail

Motif économique	Motif personnel	Motif disciplinaire
Une procédure légale s'impose : • L'employeur doit adresser au salarié un projet de la modification par lettre recommandée avec avis de réception. • Cette lettre doit informer le salarié qu'il dispose d'un délai d'un mois à compter de sa réception pour faire connaître sa décision d'acceptation ou de refus. À défaut de réponse, le salarié est réputé avoir accepté la modification. • En cas de refus du salarié, l'employeur peut soit renoncer à la modification, soit mettre en œuvre la procédure de licenciement pour motif économique.	L'employeur doit informer le salarié par écrit : • La demande de modification est effectuée par écrit en laissant au salarié un délai de réflexion suffisant pour répondre. • À défaut de réponse dans le délai, le salarié est réputé avoir refusé la modification. • En cas de refus, l'employeur peut renoncer à la modification ou mettre en œuvre la procédure de licenciement.	L'employeur doit respecter la procédure disciplinaire : • Le salarié est convoqué à un entretien préalable, l'entretien a lieu dans un délai suffisant, la sanction est notifiée au moins 2 jours ouvrables après l'entretien. • Si le salarié refuse la modification disciplinaire, l'employeur peut prononcer une autre sanction qui remplacera celle qui a été refusée.

4 Le transfert d'entreprise et le maintien des contrats de travail

S'il survient une modification de la situation juridique de l'employeur (ex. : succession, vente, fusion, transformation du fonds de commerce, mise en société), tous les contrats de travail en cours au jour de la modification subsistent entre le nouvel employeur et le personnel de l'entreprise.

A. Les conditions d'application de la règle

Pour que la règle s'applique, il faut réunir certaines conditions.

Quadruple condition de maintien des contrats

Un transfert d'une entité économique autonome	Une entité poursuivant un objectif propre	La poursuite de l'activité ou sa reprise et la conservation de l'identité	Un contrat de travail en cours
• Ensemble organisé de personnes et d'éléments corporels ou incorporels permettant l'exercice d'une activité. • Un acte de transfert est nécessaire. Il n'est pas nécessaire qu'il existe un lien de droit entre les deux employeurs successifs.	L'entité est définie en fonction de l'activité qu'elle exerce, des éléments d'exploitation qu'elle nécessite, d'un personnel spécialement affecté ou d'une clientèle qui lui est attachée.	• Il ne peut pas y avoir disparition de l'activité ni démembrement lors du transfert. • Il n'est pas nécessaire que l'activité poursuivie soit identique. La connexité suffit.	L'existence d'un contrat de travail en cours, non rompu, s'impose au jour de la modification de la situation juridique de l'employeur.

B. Les effets

Il faut distinguer deux types d'effets.

Effets sur le contrat de travail

Principe : transfert automatique de tous les contrats de travail en cours	Exceptions : possibilité de licenciement
• Transfert automatique des contrats de travail sans procédure particulière d'information préalable • Transfert qui s'impose à l'employeur et au salarié qui ne peuvent pas s'y opposer • Maintien de tous les contrats de travail dans tous leurs éléments • Respect par le nouvel employeur des obligations et dettes de l'ancien employeur	• Licenciement préalable au transfert possible dans les entreprises d'au moins 50 salariés licenciant au moins 10 salariés sur 30 jours : obligation de plan de sauvegarde de l'emploi (PSE). Lorsque le PSE comporte un transfert de l'entreprise nécessaire à la sauvegarde d'une partie des emplois et lorsque l'entreprise souhaite accepter une offre de reprise, le principe du maintien des contrats de travail ne s'applique que pour les emplois qui n'ont pas été supprimés à la suite des licenciements à la date d'effet du transfert. Le cessionnaire ne reprend que les salariés qui n'ont pas été licenciés par le cédant au jour du transfert. • Privation d'effet du licenciement prononcé en méconnaissance du transfert : le salarié illégalement licencié peut demander au repreneur la poursuite de son contrat de travail au repreneur ou la réparation du préjudice subi à l'auteur du licenciement. • Licenciement postérieur au transfert : le nouvel employeur peut procéder aux licenciements rendus nécessaires, sous réserve de justifier d'une cause réelle et sérieuse.

Autres effets du transfert

Transfert des usages et des engagements unilatéraux	Transfert des mandats des représentants du personnel	Absence de transferts des conventions et accords collectifs
• Opposabilité au nouvel employeur des usages et engagements unilatéraux • Procédure de dénonciation possible après le transfert	• Maintien des mandats des élus du personnel • Possibilité de réduction ou de prolongation des durées des mandats par voie d'accord entre le nouvel employeur et les syndicats représentatifs (↪ fiche 16) dans les établissements transférés	• Pour les entités entrant dans les mêmes champs d'application géographique et professionnel : poursuite des conventions et accords collectifs • Pour un nouvel employeur relevant d'une convention collective différente : maintien provisoire des conventions et accords collectifs des salariés transférés pendant 15 mois jusqu'à la conclusion d'un nouvel accord • Si un nouvel accord est conclu, applicabilité immédiate • En l'absence d'accord dans les 15 mois, applicabilité des conventions et accords collectifs du nouvel employeur (avec garantie de rémunération)

LE + DE L'EXPERT

Dans un arrêt du 31 mars 2021, la Cour de cassation a rappelé que, en cas de transfert de salariés à une entreprise, il n'y avait ni transfert du règlement intérieur de la société cédante ni possibilité de prononcer une sanction sur le fondement du règlement intérieur (↪ fiche 12) de la société cédante. Le règlement intérieur qui s'imposait avant le transfert n'est pas transféré avec les contrats de travail.

7 Le temps de travail : travail effectif et régimes particuliers

Mots-clés

Heure supplémentaire • Temps de travail effectif • Temps spécifique

1 Le temps de travail effectif

Définition

Le **temps de travail effectif** est le temps pendant lequel le salarié est à la disposition de l'employeur et se conforme à ses directives sans pouvoir vaquer à ses occupations personnelles.

Certains **temps spécifiques** comme les astreintes sont intégrés au décompte du temps de travail effectif.

Temps spécifiques

	Temps de travail effectif		Observations
	Oui	Non	
Astreinte	Dans les locaux de l'entreprise	À domicile	• Période pendant laquelle le salarié, sans être sur son lieu de travail et sans être à la disposition permanente et immédiate de l'employeur, doit être en mesure d'intervenir pour accomplir un travail de service de l'entreprise. • Doit donner lieu à une contrepartie en temps ou en repos.
Pause et repos		×	Si le salarié recouvre sa liberté, il n'est pas tenu de demeurer dans un local, ni obligé d'accomplir une tâche.
Trajet		×	• Un temps de trajet anormalement long doit faire l'objet d'une contrepartie. • Les déplacements entre deux lieux de travail pour le même employeur sont du temps de travail effectif.
Habillage/déshabillage		×	Ces temps donnent lieu à une contrepartie financière ou à un repos sous réserve qu'une tenue soit imposée sur le lieu de travail et que les salariés soient contraints de la revêtir ou de l'enlever.

2 Les durées du travail

A. La durée légale

La durée légale du travail est de 35 heures mais admet des exceptions :
- possibilité de fixer une durée d'équivalence ;
- exclusion de certains salariés (VRP, cadres-dirigeants).

B. La durée maximale quotidienne

La durée maximale quotidienne est fixée à 10 heures avec une dérogation possible par accord d'entreprise ou, à défaut, par accord de branche ou sur autorisation de l'inspection du travail en cas d'activité accrue ou pour des motifs liés à l'organisation de l'entreprise.

C. La durée maximale hebdomadaire

Le travail hebdomadaire ne doit pas excéder 48 heures sur une même semaine. Ce principe connaît des aménagements :

- Un accord collectif ou l'autorité administrative peut porter cette durée à 46 heures en moyenne sur 12 semaines.
- La durée maximale hebdomadaire peut être portée à 60 heures en cas de circonstances exceptionnelles, après autorisation administrative et avis du CSE.

D. La durée maximale moyenne hebdomadaire

La durée maximale moyenne hebdomadaire est fixée à 44 heures sur 12 semaines, avec les tempéraments suivants :
- elle peut être portée à 46 heures par accord d'entreprise ou de branche ;
- elle peut exceptionnellement être dépassée, dans certains secteurs, régions ou entreprises.

3 Le régime juridique des heures supplémentaires

Définition

Les **heures supplémentaires** sont les heures effectuées au-delà de la durée légale (35 heures) ou conventionnelle (si elle est inférieure à la durée légale).

A. Le cadre du décompte

Les heures supplémentaires sont évaluées dans le cadre d'une semaine civile dont le début et la fin sont fixés par accord d'entreprise ou, à défaut, par accord de branche.

B. Le paiement des heures supplémentaires

Les heures supplémentaires doivent faire l'objet d'une majoration de salaire ou d'un repos compensateur de remplacement. La majoration est fixée par accord d'entreprise (à défaut, par accord de branche). Elle ne peut être inférieure à 10 %.

À défaut, la loi prévoit :
- une majoration de 25 %, pour les 8 premières heures supplémentaires ;
- une majoration de 50 %, au-delà.

C. Le repos compensateur de remplacement

Tout ou partie du paiement des heures supplémentaires peut être remplacé par un repos compensateur de remplacement.

Il peut être prévu par un accord d'entreprise, ou à défaut, un accord de branche.

D. La limitation du nombre d'heures supplémentaires

Un contingent annuel par salarié est fixé par décret à 220 heures. Lorsqu'il est dépassé, une « contrepartie obligatoire en repos » est déclenchée selon des seuils :

- Pour un effectif inférieur ou égal à 20 salariés : 50 % des heures supplémentaires effectuées.
- Pour un effectif supérieur à 20 salariés : 100 % des heures supplémentaires effectuées.

LE + DE L'EXPERT

Les heures supplémentaires relèvent du pouvoir de direction de l'employeur. L'accomplissement des heures supplémentaires ne s'analyse pas comme une modification du contrat de travail. Par conséquent, le refus du salarié peut constituer une faute en l'absence de motif légitime et lorsque ce refus perturbe le bon fonctionnement de l'entreprise.

8 Le temps de travail : aménagement, repos et congés payés

Mots-clés

Congé payé • Convention de forfait • Travail de nuit

1 L'aménagement du temps de travail

	Mise en place par l'employeur	Mise en place par convention collective
Cadre légal	Le temps de travail est organisé sur un maximum de 9 semaines pour les entreprises de moins de 50 salariés et de 4 semaines pour les autres.	Le temps de travail est organisé sur un maximum d'une année, 3 ans si un accord de branche l'autorise.
Conséquences	• Absence de modification du contrat de travail. • Information sur les horaires au moins 7 jours à l'avance. • Majoration des heures supplémentaires si l'un de ces seuils est dépassé : 39 heures sur une semaine ou 35 heures en moyenne sur la période de référence	• En cours d'année, information préalable dans un délai raisonnable (7 jours ouvrés à défaut d'accord collectif). • Majoration des heures supplémentaires : – accomplies au-delà des limites maximales hebdomadaires fixées par l'accord ; – en fin de période, au-delà d'un quota de 1 607 heures.

2 Le travail de nuit

Définition

Le **travail de nuit** correspond au travail effectué au cours d'une période d'au moins 9 heures consécutives comprenant l'intervalle entre minuit et 5 heures du matin, commençant au plus tôt à 21 heures et finissant au plus tard à 7 heures du matin.

Caractéristiques et règles spécifiques

Mise en place	• Le travail de nuit doit être exceptionnel et motivé par la continuité de l'activité économique ou des services d'utilité sociale. • Il doit tenir compte de la santé des salariés. • Il est mis en place par accord d'entreprise ou, à défaut, de branche. L'inspecteur du travail peut également l'autoriser.

Statut	Est considérée comme travailleur de nuit toute personne dont le travail quotidien inclut au moins 3 heures de nuit, deux fois par semaine ou qui a accompli, pendant une période de référence, un nombre minimal d'heures de travail de nuit. À défaut d'accord collectif, il est d'au moins 270 heures accomplies sur une période de 12 mois consécutifs.
Protection	Le salarié est protégé en termes de durées maximales quotidiennes (8 heures) et hebdomadaires (40 heures sur 12 semaines consécutives portées à 44 heures par accord collectif), de contrepartie (repos compensateur, compensation salariale) et il bénéficie d'une protection médicale.

3 Les conventions de forfait

Définition

La **convention de forfait** est un document prévoyant une durée différente de la durée légale ou conventionnelle, sur la base d'un forfait en heures ou en jours.

Modalités des conventions de forfait

Forfait en heures sur la semaine ou le mois	• Convention écrite conclue entre l'employeur et le salarié. • Précision du nombre d'heures. • Rémunération égale à celle que le salarié recevrait, compte tenu des heures supplémentaires accomplies, s'il n'était pas au forfait.
Forfait annuel en heures	• Mise en place par accord d'entreprise ou de branche. • Conclusion d'une convention individuelle de forfait ; • Salariés autonomes et cadres dont la nature des fonctions ne les conduit pas à respecter un horaire collectif. • Application de la réglementation relative aux durées maximales de travail.
Forfait annuel en jours	• Mise en place par accord d'entreprise ou de branche. • Conclusion d'une convention individuelle de forfait. • Temps de travail calculé en jours sur l'année : 218. • Salariés autonomes dont la durée de travail ne peut être prédéterminée et cadres autonomes non soumis à un horaire particulier. • Repos quotidiens et hebdomadaires. • Durée légale hebdomadaire inapplicable, exclusion des dispositions relatives aux heures supplémentaires et aux durées maximales journalières.

Dans le cadre des conventions de forfait, l'employeur est tenu de s'assurer régulièrement que la charge de travail du salarié est raisonnable. L'accord collectif de mise en place du forfait en jours doit prévoir un suivi régulier et effectif du temps et de la charge de travail.

4 Le repos

Repos quotidien	• Sauf cas d'urgence ou nécessité d'assurer une continuité de service, tout salarié a droit à un repos quotidien d'une durée minimale de 11 heures consécutives. • Une pause de 20 minutes doit être accordée toutes les 6 heures. Ce temps ne peut être fractionné.
Repos hebdomadaire	Sauf dérogations limitativement fixées par la loi, un temps de repos de 24 heures (temps auquel s'ajoutent 11 heures de repos quotidien) doit être accordé tous les 6 jours, en principe le dimanche.
Jours fériés	• 11 jours de fêtes religieuses ou civiles non nécessairement chômés, sauf pour les mineurs et à l'exception du 1er mai. • Aucune perte de salaire pour les salariés ayant au moins 3 ans d'ancienneté. • Absence d'obligation légale de majoration de rémunération pour les salariés qui travaillent ces jours-là.

5 Les congés payés

Tout salarié a droit à 2,5 jours de **congés payés** par mois de travail effectif (↪ fiche 7) sur une période de référence. À défaut d'accord collectif, celle-ci s'étend du 1er juin au 31 mai de l'année suivante.

Sont assimilées à un mois de travail effectif :

- les périodes équivalant à 4 semaines ou 24 jours de travail ;
- certaines périodes d'absence, pour la détermination des congés (congés payés, congés de maternité, de paternité et d'adoption) ou des contreparties en repos (congés pour maladie ou accident professionnel, congé-formation).

A. La période de congé

Pour les congés payés, la période est comprise entre le 1er mai et 31 octobre de chaque année. Le salarié doit bénéficier d'au moins 12 jours ouvrables durant cette période.

La durée du congé pris en une fois ne peut excéder 24 jours, sauf dérogation.

B. Le prise des congés

Un accord d'entreprise ou, à défaut, un accord de branche, fixe la période de congés, l'ordre des départs et les délais que doit respecter l'employeur s'il souhaite modifier l'ordre et les dates de départ. À défaut, l'employeur les définit, après avis éventuel du CSE.

En cas de fractionnement des congés :

- la cinquième semaine est forcément détachée ;
- si le salarié prend 3 à 5 jours ouvrables en dehors de la période légale, il a droit à un jour de congé supplémentaire ;
- s'il prend plus de 5 jours en dehors de cette période, il a droit à 2 jours de congés supplémentaires.

C. L'indemnité de congés payés

Les congés payés ouvrent droit à une indemnité selon deux modes de calcul :

- 1/10 de rémunération brute totale perçue par le salarié durant la période de référence ;
- le maintien de salaire, c'est-à-dire la rémunération que le salarié aurait perçue s'il avait travaillé.

On retient toujours le mode de calcul le plus avantageux pour le salarié.

LE + DE L'EXPERT

Dans un arrêt du 21 septembre 2017, la Cour de cassation a jugé que, « eu égard à la finalité qu'assigne aux congés payés annuels la directive 2003/88/CE du Parlement européen concernant certains aspects de l'aménagement du temps de travail, lorsque le salarié s'est retrouvé dans l'impossibilité de prendre ses congés payés annuels au cours de l'année [...] en raison d'absences liées à une maladie, un accident du travail ou une maladie professionnelle, les congés payés acquis doivent être reportés après la date de reprise du travail, ou, en cas de rupture, être indemnisés ».

9 La rémunération du salarié

Mots-clés

Bulletin de salaire • Égalité hommes-femmes • Non-discrimination • Privilège • Salaire brut • Salaire de base • Salaire net • Smic

1 Les éléments du salaire

Définition

Le **salaire de base** est la rémunération que l'employeur doit verser en contrepartie du travail fourni, en fonction de l'emploi occupé et en application du contrat de travail.

Outre le salaire de base, la rémunération peut comprendre d'autres éléments :

- Les avantages en nature, prestations fournies gratuitement ou moyennant une participation du salarié inférieure à la valeur réelle des prestations.
- Les pourboires, sommes correspondant au service, remises par les clients ou perçues par l'employeur sous forme d'un pourcentage sur la note du client. Les montants doivent être intégralement reversés aux salariés.
- Les primes, obligatoires si elles résultent d'un accord collectif de branche ou d'entreprise, d'un usage ou d'une décision de l'employeur.
- Les gratifications, libéralités qui interviennent à la discrétion de l'employeur. Elles ne revêtent, en principe, pas le caractère d'un élément de salaire.

2 Les modalités de détermination du salaire

Le principe veut que la détermination du salaire entre les parties au contrat (Conseil constitutionnel, 11 juin 1963) soit libre mais dans certaines limites :

- La valeur du **Smic**. Il garantit aux salariés leur pouvoir d'achat et une participation au développement économique de la nation. Il est régulièrement revalorisé.
- L'existence de *minima* conventionnels. Ils sont issus des grilles de qualification négociées par les partenaires sociaux.
- L'égalité de rémunération. Selon le principe « à travail égal, salaire égal », l'**égalité hommes-femmes** et la **non-discrimination** sont des principes fondateurs. Les différences de rémunération doivent reposer sur des éléments objectifs et contrôlables.

3 Les mesures de protection du salaire

A. À l'égard des créanciers de l'employeur

Les salariés disposent, vis-à-vis de leur employeur, de deux types de **privilèges**.

Privilèges des salariés

Privilège général	• Garantie des rémunérations des 6 derniers mois et indemnités (congés payés, fin de CDD). • Les salariés peuvent prélever l'intégralité de leur créance sur la somme obtenue de la vente des biens de l'employeur avant les autres créanciers (4e rang pour les meubles, 2e rang pour les immeubles).
Super-privilège	• Garantie des rémunérations des 60 derniers jours de travail. • Le salarié prime sur tous les autres créanciers en cas de procédure de sauvegarde, de redressement ou de liquidation judiciaires.

La loi oblige les employeurs à s'assurer contre leur insolvabilité en souscrivant à une assurance patronale auprès de l'Association pour la gestion du régime de garantie des créances des salariés (AGS).

B. À l'égard des créanciers du salarié

Compte tenu de son caractère alimentaire, le salaire ne peut être que partiellement saisi par les créanciers. La fraction saisissable s'obtient en appliquant un barème qui tient compte des personnes à charge. La rémunération retenue est le salaire et ses accessoires dont on retranche les cotisations et contributions.

Le prélèvement s'applique au montant net imposable. Les montants prélevés pour chaque salarié sont déclarés et transmis à l'administration fiscale.

4 Le bulletin de salaire

A. Les mentions obligatoires du bulletin de salaire

L'employeur doit accompagner le paiement du salaire par la remise d'un **bulletin de salaire** établi en euros. Ce dernier contient nombre de dispositions obligatoires.

Liste des mentions obligatoires

- Nom et adresse de l'employeur (éventuellement désignation de l'établissement dont dépend le salarié)
- Numéro de nomenclature d'activité de l'établissement d'emploi (code APE ou NAF)
- Convention collective de branche applicable au salarié ou, à défaut, référence au code du travail concernant la durée des CP et les préavis en cas de cessation de la relation de travail
- Nom et emploi du salarié, position dans la classification conventionnelle (niveau ou coefficient hiérarchique)
- Période et nombre d'heures de travail (heures au taux normal et heures supplémentaires avec taux afférents)
- Nature et volume du forfait (forfait hebdomadaire ou mensuel en heures, ou forfait annuel en heures ou en jours)
- Nature de la base de calcul du salaire lorsque, par exception, cette base de calcul n'est pas la durée du travail
- Nature et montant des accessoires de salaire soumis aux cotisations sociales et patronales

- Rémunération brute du salarié
- Montant et assiette des cotisations et contributions sociales à la charge de l'employeur et du salarié avant déduction des exonérations et exemptions
- Taux des cotisations et contributions sociales à la charge du salarié avant déduction des exonérations et exemptions
- Nature et montant des autres versements et retenues (notamment prise en charge des frais de transport domicile-travail)
- Montant effectivement perçu par le salarié
- Date de paiement
- Dates de congé et montant de l'indemnité de CP, lorsqu'une période de congé annuel est comprise dans la période de paie considérée
- Montant des cotisations de protection sociale et montant des exonérations et exemptions de cotisations et contributions sociales
- Montant total versé par l'employeur (rémunération brute versée au salarié, cotisations et contributions à la charge de l'employeur, déduction faite des exonérations et allégements de charges sociales)
- Montant correspondant à l'évolution de la rémunération liée à la suppression des cotisations chômage et maladie
- Mention de la rubrique dédiée au bulletin de paie sur le portail www.service-public.fr
- Mention incitant le salarié à conserver son bulletin de paie sans limitations de durée

B. Le bulletin de salaire simplifié

Un modèle simplifié de bulletin présente les principales mentions.

5 La remise du bulletin de salaire et sa force probante

A. La remise du bulletin de salaire

L'employeur remet en main propre ou par voie postale un bulletin de salaire lors du versement de la rémunération. Ce bulletin peut être délivré sous forme électronique sauf opposition du salarié. Il existe des exceptions à la fourniture d'un bulletin de salaire :

- un « titre emploi service entreprise » (Tese) peut être utilisé par les très petites entreprises (TPE) comptant au plus 9 salariés et les entreprises qui emploient des salariés dont l'activité n'excède pas 700 heures de travail ou 10 jours au cours de l'année civile ;
- un « chèque emploi associatif » pour les associations employant au plus 9 salariés.

B. La conservation du bulletin de salaire

Les doubles des bulletins de salaires sont conservés par l'employeur dans l'entreprise.

Durées de conservation

Code du travail	5 ans
Législation fiscale	6 ans
Entreprises commerciales	10 ans
Caisses de retraite complémentaire	Absence de délai mais exigence de présentation des documents permettant de déterminer les droits à la retraite

C. La force probante du bulletin de salaire

Pour l'employeur, le bulletin de salaire ne constitue qu'un indice dont il devra prouver le paiement.

Pour le salarié, l'acceptation sans protestation ni réserve ne vaut pas renonciation à des réclamations ou recours. Il peut néanmoins se prévaloir des informations contenues dans le bulletin de salaire.

6 Les salaires brut et net : lien avec la protection sociale

Définitions

- Le **salaire brut** correspond à l'intégralité des sommes payées par l'employeur au titre du contrat de travail du salarié, avant toute déduction de cotisations obligatoires.
- Le **salaire net** de prélèvements sociaux est le salaire effectivement perçu par le salarié.

Salaire brut – Cotisations et contributions sociales = Salaire net

Éléments et montants associés

- Salaire de base pour *x* heures
- Heures supplémentaires
- Heures majorées (travail de nuit)
- Nature et volume du forfait (salariés au forfait)
- Primes et indemnités soumises à cotisation
- Avantages en nature
- Indemnisation des congés payés pris

= Salaire brut

Cotisations et contributions sociales	Base	Taux salarial	Part salariale	Part patronale
Santé	Brut			×
Accident du travail et maladie professionnelle	Brut			×
Retraite	PMSS + Brut			
Famille (uniquement patronale)	Brut			×
Assurance-chômage CSG déductible	4 PMSS		×	×
CSG/CRDS non déductible	98,25 % du brut + Prévoyance patronale		×	×

Cotisations et contributions sociales	Base	Taux salarial	Part salariale	Part patronale
– Total des cotisations et contributions			×	×
+ Remboursement des transports				
– Éventuelles retenues				
= Net à payer avant impôt				
– Impôt sur le revenu prélevé à la source	Base	Taux	Montant	
= Total versé par l'employeur				

PMSS : plafond mensuel de la Sécurité sociale

LE + DE L'EXPERT

Certaines indemnités ne revêtent pas le régime juridique de salaire car elles compensent des frais professionnels engagés par les salariés (transport, déplacement...) ou le dédommagent (indemnité de licenciement, dommages-intérêts). En revanche, le régime juridique de salaire est reconnu à d'autres indemnités (préavis, congés payés, etc.).

10 La formation du salarié : cadre général et obligations de l'employeur

Mots-clés

BDES • CSE • Formation • Obligation d'adaptation

1 Le cadre général et les acteurs de la formation

Définition

La **formation** vise à faciliter l'emploi et l'adaptation aux métiers.

Tout salarié dispose d'un droit à la formation tout au long de sa vie. L'employeur doit assurer l'adaptation de ses salariés à leur poste de travail. La loi pour la Liberté de choisir son avenir professionnel du 5 septembre 2018 a refondu le système de formation professionnelle.

Les principaux acteurs de la formation sont :

- L'Union de recouvrement des cotisations sociales et d'allocations familiales (Urssaf), organisme privé chargé d'une mission de service public, qui assure la redistribution et la péréquation des fonds dédiés à la formation entre les collectivités territoriales.
- France Compétences, organisme national chargé du financement, de la régulation, de la certification professionnelle et d'un rôle consultatif.
- Les opérateurs de compétences (Opco) chargés de conseiller les branches, d'analyser les besoin des entreprises et salariés et de financer ces besoins.
- La Caisse des dépôts et consignations (CDC) gère les ressources financières et la mise en œuvre du compte personnel de formation (CPF).

2 Les obligations de l'employeur

A. L'obligation de financement

Les entreprises doivent contribuer à la formation des salariés sous plusieurs formes.

Contribution de l'employeur à la formation des salariés

Contribution à la formation professionnelle	**Entreprises de moins de 11 salariés**	0,55 % de l'assiette des cotisations de la sécurité sociale
	Entreprises de 11 salariés et plus	1 % de l'assiette des cotisations de sécurité sociale
Contribution CPF-CDD	Financement du compte personnel de formation des titulaires d'un CDD : 1 % de l'assiette des cotisations de sécurité sociale.	

Taxe d'apprentissage	• 0,68 % sur les rémunérations assujetties à cotisations sociales. Exonération notamment des entreprises accueillant au moins un apprenti ayant une base annuelle d'imposition inférieure à 6 Smic annuels. • 83 % de la taxe est destinée au financement de l'apprentissage.
Contribution supplémentaire à l'apprentissage	• Entreprise d'au moins 250 salariés dont le quota d'apprentis est inférieur à 5 % de l'effectif. • Les salariés embauchés en CDI après un contrat d'apprentissage ou de professionnalisation sont exclus du quota.

B. La mise en œuvre des formations

L'employeur est tenu d'une **obligation d'adaptation** des salariés aux évolutions de l'emploi qui s'inscrit dans le cadre de l'obligation d'exécution du contrat de travail de bonne foi :

- Un entretien professionnel a lieu tous les 2 ans pour apprécier l'évolution des compétences professionnelles des salariés et favoriser leur progression.
- Tous les 6 ans, l'entretien est l'occasion d'effectuer un bilan professionnel et de vérifier que le salarié a suivi au moins une formation, a bénéficié d'une progression salariale ou professionnelle et a développé des éléments de certification ou de VAE (↪ fiche 11).

L'employeur est tenu d'informer le **CSE** (↪ fiches 13 et 17) sur la formation *via* la base de données économiques et sociales (**BDES**).

LE + DE L'EXPERT

Les fonds de la formation professionnelle seront à terme collectés par les Urssaf (2022) et reversés à France Compétences qui les répartira entre les différents organismes : Opco (formation en alternance), régions (centres de formation des apprentis), Caisse des dépôts et consignations – CDC (compte personnel de formation), État (formation des demandeurs d'emploi).

11 La formation du salarié : gestion des compétences et financement

Mots-clés

CPF • CTP • PDC • VAE

1 Le plan de développement des compétences (PDC)

Définition

Le **PDC** est un outil de l'employeur pour répondre à ses obligations et objectifs stratégiques de gestion des compétences.

Le PDC concerne toutes les entreprises, quelle que soit leur taille. Il est établi par l'employeur qui définit les formations utiles pour l'entreprise, les salariés concernés et les modalités de mise en œuvre.

Contenu du plan de développement des compétences

<table>
<tr><td>Contenu</td><td colspan="3">• Actions obligatoires de formation des salariés à leur poste de travail ou liées à l'évolution et au maintien de l'emploi dans l'entreprise.
• Actions de développement des compétences des salariés.</td></tr>
<tr><td>Accès des salariés aux actions de formation</td><td colspan="3">• Ouverture à tous les salariés.
• Assimilation du départ en formation à l'exécution normale du contrat de travail. Refus d'une formation inscrite dans le plan équivalent à une faute professionnelle.
• Initiative possible du salarié, liberté de l'employeur.</td></tr>
<tr><td rowspan="3">Formation et temps de travail</td><td>Formation obligatoire</td><td colspan="2">Formation sur le temps de travail, maintien de la rémunération.</td></tr>
<tr><td rowspan="2">Formation non obligatoire</td><td>Pendant le temps de travail</td><td>Formation assimilée à du temps de travail effectif.</td></tr>
<tr><td>En dehors du temps de travail</td><td>• En présence d'accord collectif : précision du temps maximum de formation en dehors des heures de travail et une compensation pour la garde des enfants.
• En l'absence de dispositions conventionnelles :
– exigence d'un écrit avant le départ ;
– maximum de 30 heures/an/salarié ou 2 % du forfait annuel.</td></tr>
</table>

2 Le compte personnel de formation (CPF)

Définition

Le **CPF** est un compte ouvert pour toute personne, à partir de ses 16 ans, dès son entrée sur le marché du travail (en tant que salarié ou demandeur d'emploi) ainsi qu'aux titulaires d'un contrat d'apprentissage dès 15 ans.

Le CPF est automatiquement fermé lorsque la personne fait valoir ses droits à la retraite (↪ fiche 15).

Fonctionnement du CPF

<table>
<tr><td>Alimentation du CPF</td><td colspan="2">• Alimentation annuelle dans la limite d'un plafond.
• Abondement en euros.</td></tr>
<tr><td>Droits acquis au titre du CPF</td><td colspan="2">• Portabilité tout au long de la vie professionnelle, quel que soit le statut de la personne (emploi ou chômage).
• Droits illimités au cours d'un contrat de travail ou en situation de recherche d'emploi.
• Mise en œuvre des formations sanctionnées par des qualifications ou certifications inscrites au RNCP, mais aussi d'autres actions (ex. : VAE, bilan de compétences, permis de conduire).</td></tr>
<tr><td rowspan="3">Mobilisation du CPF</td><td>Demande</td><td>Initiative du salarié</td></tr>
<tr><td>Formation pendant le temps de travail</td><td>• Formation < 6 mois : demande effectuée 60 jours calendaires avant le début de la formation.
• Formation > 6 mois : demande effectuée 120 jours calendaires avant le début de la formation.
• Réponse de l'employeur dans les 30 jours calendaires. Valeur d'acceptation de l'absence de réponse.</td></tr>
<tr><td>Formation hors du temps de travail</td><td>Accord de l'employeur non nécessaire.</td></tr>
<tr><td>Prise en charge</td><td colspan="2">Possibilité d'intégration des frais annexes (transport, hébergement).</td></tr>
</table>

3 Le congé de transition professionnelle (CTP)

Définition

Remplaçant du CIF, le **CTP** vise à organiser et à financer les formations de reconversion des salariés.

Conditions et demandes de prise en charge

Conditions exclusives	• Au moins 24 mois, consécutifs ou non, dont 12 dans la même entreprise, quelle que soit la nature des contrats successifs. • Une activité d'au moins 24 mois, consécutifs ou non, quelle que soit la nature des contrats successifs au cours des 5 dernières années dont 4 mois consécutifs ou non, sous CDD, au cours des 12 derniers mois.
Demande	• Conditions et délais. En cas d'interruption de travail : – de moins de 6 mois : demande adressée 60 jours calendaires avant le début de la formation ; – de plus de 6 mois : demande adressée 120 jours calendaires avant le début de la formation. • Réponse de l'employeur. Délai de 30 jours pour répondre par écrit (à défaut, accord présumé) : – motifs de refus : non-respect des conditions ou salarié ayant bénéficié d'un CTP depuis moins de 10 fois la durée de son congé initial (en mois) ; – motifs de report : départ préjudiciable à la production et à la marche de l'entreprise (report maximum de 9 mois sur avis du CSE) ; plus de 2 % de l'effectif total (établissements de 100 salariés ou plus) ou plus d'un salarié absent simultanément (entreprises de moins de 100 salariés) au titre du CTP.
Demande et prise en charge financière	• Envoi par le salarié d'un document formalisé proposant un parcours de formation et un devis, à la commission paritaire interprofessionnelle régionale (CPIR) de son lieu de résidence ou de son lieu de travail avec accord de l'employeur. • Prise en charge des frais pédagogiques et de dossier, de transport, de repas et d'hébergement, de la rémunération du salarié et des cotisations et contributions sociales liées à la formation. Financement par les droits du CPF, complétés par France Compétences. • Maintien de la rémunération du salarié sous conditions d'assiduité.

4 La validation des acquis de l'expérience (VAE)

Définition

La **VAE** est une procédure qui permet à une personne engagée dans la vie active d'obtenir une certification professionnelle par la validation de son expérience acquise dans le cadre d'une activité professionnelle ou extra-professionnelle.

Modalités de la VAE

Conditions	• Ouverture à toute personne, quels que soient son âge, sa nationalité, son statut et son niveau de formation. • Au moins un an d'expérience (consécutif ou non), en rapport direct avec la certification visée. • Certification (diplôme ou titre) inscrite au RNCP.
Demande	• Dossier élaboré avec l'aide d'un centre de conseil sur la VAE et est envoyé à l'autorité responsable de la certification. • Vérification par un jury de l'expérience acquise. • Droit à congé de 24 heures en cas de validation de la demande de VAE pendant le temps de travail.
Issue	• Validation totale : lorsque toutes les conditions sont réunies. • Validation partielle : le jury précise la nature des compétences, aptitudes et connaissances soumises à un contrôle complémentaire. • Refus : lorsque les compétences, les aptitudes et les connaissances ne sont pas satisfaisantes.
Prise en charge financière	Soumission de la prise en charge à la vérification de l'inscription de la certification au RNCP et à la recevabilité de la demande par l'organisme certificateur.

LE + DE L'EXPERT

Le plafond du CPF s'établit, depuis le 1er janvier 2019 :

– pour les salariés ayant cumulé une durée de travail supérieure ou égale à la moitié de la durée légale ou conventionnelle du travail sur l'année, à 500 €/an plafonnés à 5 000 € ;

– pour les autres salariés, au prorata de la durée du travail effectuée dans l'année.

12 Les pouvoirs de l'employeur et les libertés des salariés

Mots-clés

Discrimination directe • Discrimination indirecte • Faute • Liberté d'expression • Liberté religieuse • Pouvoir de direction • Pouvoir réglementaire et disciplinaire • Règlement intérieur • Sanction • Vie privée

1 Le pouvoir réglementaire de l'employeur

Le pouvoir de direction de l'employeur s'exprime par le règlement intérieur, qualifié d'« acte réglementaire de droit privé ».

Définition

Le règlement intérieur est un acte unilatéral de l'employeur dans lequel il fixe les règles relatives à la santé et à la sécurité et les règles générales et permanentes relatives à la discipline applicables dans l'entreprise.

A. Les obligations légales

Le règlement intérieur doit être mis en place dans les entreprises d'au moins 50 salariés dès lors que cet effectif a été atteint pendant 12 mois consécutifs.

L'employeur élabore le règlement intérieur, le soumet pour avis au CSE (↪ fiches 13 et 17), le transmet à l'inspecteur du travail et le dépose au conseil de prud'hommes. L'employeur porte le règlement à la connaissance des salariés. Il entre en vigueur un mois après l'accomplissement de ces formalités.

B. Le contenu du règlement intérieur

Clauses autorisées	• Mesures d'application de la réglementation en matière de santé et de sécurité dans l'entreprise ou l'établissement • Règles relatives à la discipline, notamment la nature et l'échelle des sanctions • Droits de la défense des salariés relatifs notamment au harcèlement moral et sexuel et aux comportements sexistes
Clauses encadrées	• Clauses de neutralité : dispositions inscrivant le principe de neutralité et restreignant les manifestations des convictions des salariés si ces restrictions sont justifiées par l'exercice d'autres libertés et droits fondamentaux ou par la nécessité du bon fonctionnement de l'entreprise ou si elles sont proportionnées au but recherché. • Certaines dispositions relatives à la surveillance des salariés, au contrôle de leur état d'ébriété, à la fouille de leurs biens personnels lorsqu'elles sont justifiées par la nature de la tâche et proportionnées au but recherché.
Clauses interdites	• Dispositions contraires aux lois, aux règlements et aux conventions et accords collectifs de travail • Dispositions apportant des restrictions aux libertés individuelles et collectives, non justifiées par la nature de la tâche ni proportionnées au but recherché. • Clauses discriminatoires

C. Le contrôle du règlement intérieur

L'inspecteur du travail peut exiger la suppression, l'adjonction ou la modification d'une clause du règlement intérieur. Sa décision peut faire l'objet d'un recours hiérarchique (devant la Dreets) ou contentieux (devant le tribunal administratif) dans les 2 mois à compter de la notification de la décision à l'employeur.

Le conseil de prud'hommes peut écarter l'application d'une disposition du règlement intérieur jugée illicite dans le cadre d'un conflit individuel du travail. Le tribunal judiciaire (TJ) peut apprécier la validité d'une clause du règlement intérieur et l'annuler s'il l'estime illicite.

2 Le pouvoir disciplinaire de l'employeur

Le pouvoir disciplinaire est mis en œuvre par l'employeur à la suite d'un comportement du salarié que l'employeur considère comme fautif.

A. La faute

Définition

La **faute** est un agissement du salarié considéré par l'employeur comme fautif, une violation d'une obligation contractuelle par le salarié, qui peut donner lieu à sanction.

La jurisprudence distingue différents degrés de gravité de la faute commise par le salarié :

- La faute sérieuse ou simple, manquement aux obligations contractuelles du salarié qui ne présente pas un caractère de gravité suffisant pour imposer la cessation immédiate de la relation de travail.
- La faute grave, violation des obligations découlant du contrat de travail, qui par son importance, rend impossible le maintien du salarié dans l'entreprise.
- La faute lourde impliquant une intention de nuire à l'entreprise ou à l'employeur avec la possibilité d'engager la responsabilité du salarié pour réparer le préjudice subi. Le maintien de la relation de travail est impossible.

B. Les sanctions

Les sanctions vont de l'avertissement au licenciement en passant par le blâme, la mise à pied, la mutation et la rétrogradation. Les sanctions discriminatoires et pécuniaires sont interdites et la sanction doit être prévue dans le règlement intérieur.

Définition

Constitue une **sanction** toute mesure autre que des observations verbales prise par l'employeur et de nature à affecter, immédiatement ou non, la présence du salarié dans l'entreprise, sa fonction, sa carrière ou sa rémunération.

Un salarié ne peut être sanctionné deux fois pour la même faute. Aucun fait fautif ne peut donner lieu à l'engagement d'une procédure disciplinaire au-delà de 2 mois à compter du jour où l'employeur a eu connaissance des faits reprochés au salarié. L'employeur peut cependant prendre en considération les sanctions prononcées moins de 3 ans avant les faits commis pour engager des poursuites.

Procédures disciplinaires à respecter par l'employeur

Procédure simplifiée (ou allégée)	Lorsque la sanction est légère ou mineure c'est-à-dire qu'elle n'affecte pas la présence du salarié dans l'entreprise, sa fonction, sa carrière ou sa rémunération. Le salarié est informé par écrit des griefs retenus contre lui et de la sanction prononcée (ex. : avertissement).
Procédure lourde	Lorsque la sanction envisagée est plus lourde (mise à pied, rétrogradation, mutation, licenciement), l'employeur doit : – convoquer le salarié à un entretien préalable. Un délai suffisant doit être laissé au salarié pour lui permettre de préparer sa défense ou de se faire assister ; – prévoir un entretien avec exposé des faits reprochés et de la sanction envisagée ; – notifier la sanction par écrit au moins 2 jours ouvrables après l'entretien et pas plus d'un mois.

C. Le contrôle judiciaire

Le salarié qui conteste la sanction prise par l'employeur peut saisir le conseil de prud'hommes dans les 2 ans de la sanction.

3 L'articulation entre les pouvoirs de l'employeur et les libertés des salariés

L'employeur ne peut apporter aux droits fondamentaux des salariés et à leurs libertés individuelles et collectives que des restrictions qui seraient justifiées par la nature de la tâche à accomplir et proportionnées au but recherché.

A. La vie privée du salarié

Pendant et au temps du travail, le salarié a droit au respect de l'intimité de sa **vie privée**.

Les courriers et mails personnels sont protégés par le secret des correspondances, sauf risques particuliers de sécurité.

L'employeur peut surveiller et contrôler l'utilisation des outils informatiques mis à la disposition du salarié et consulter les fichiers et mails présumés professionnels. Il peut mettre en place un système de badge du personnel après en avoir informé les salariés et le CSE. Il peut évaluer le travail des salariés. Il peut imposer une tenue de travail lorsqu'une telle disposition est justifiée par la nature de la tâche à accomplir et proportionnée au but recherché.

B. La liberté d'expression

Le salarié jouit de la **liberté d'expression** dans et hors de l'entreprise. Des restrictions peuvent être apportées à sa liberté à condition qu'elles soient justifiées par la nature de la tâche à accomplir et proportionnées au but recherché.

C. La liberté religieuse

Le salarié peut exprimer ses convictions religieuses sous réserve de ne pas porter atteinte au fonctionnement de l'entreprise mais il doit se garder de tout prosélytisme dans l'entreprise. Ses croyances ne peuvent justifier un traitement particulier. L'employeur peut apporter des restrictions à la **liberté religieuse** si elles sont justifiées par la nature de la tâche à accomplir et proportionnées au but recherché.

4 Les pouvoirs de l'employeur et le principe de non-discrimination

A. Le principe de non-discrimination

Aucun salarié ne peut être sanctionné ni licencié, ni faire l'objet de mesure de discrimination.

Définitions

- La **discrimination directe** est la situation dans laquelle une personne est traitée de manière moins favorable qu'une autre, alors qu'elles sont dans des situations comparables sur le fondement ou au motif d'un des critères interdits par la loi (sexe, race, mœurs, santé, handicap…).
- La **discrimination indirecte** repose sur une disposition ou sur une mesure neutre en apparence mais susceptible d'entraîner un désavantage particulier pour des personnes par rapport à d'autres et qui conduit à traiter défavorablement une personne ou un groupe selon un critère interdit par la loi.

La victime bénéficie d'une procédure de preuve simplifiée : elle présente les éléments de faits laissant supposer l'existence d'une discrimination. Le défendeur doit prouver par tous les moyens que sa décision est justifiée par des éléments objectifs étrangers à toute discrimination.

Sanctions civiles des discriminations	Sanctions pénales
• Annulation de la mesure discriminatoire et versement de dommages-intérêts • Prescription de l'action : 5 ans • Juridiction compétente : conseil de prud'hommes	• 3 ans d'emprisonnement et 45 000 € d'amende • Prescription de l'action : 6 ans (délit) • Juridiction saisie : tribunal correctionnel

B. Le harcèlement

Les textes légaux assimilent le harcèlement à une discrimination. Le régime de la preuve est identique.

Harcèlement moral	Harcèlement sexuel
• Agissements répétés ayant pour objet ou pour effet une dégradation des conditions de travail susceptibles de porter atteinte aux droits et à la dignité, d'altérer la santé physique ou mentale ou de compromettre l'avenir professionnel d'un salarié. • Auteurs : employeur, supérieur hiérarchique, collègue.	• Propos ou comportements à connotation sexistes répétés qui portent atteinte à la dignité de la personne en raison de leur caractère dégradant ou humiliant ou qui créent à son encontre une situation intimidante, hostile ou offensante. • Victimes : salariés, stagiaires, apprentis, candidats.

LE + DE L'EXPERT

La Cour de cassation a admis, dans un arrêt du 30 septembre 2020 (pourvoi n° 19-12.058), le licenciement d'un salarié s'appuyant sur les éléments extraits d'un compte privé Facebook du salarié. Selon la Haute Juridiction, il n'y avait pas déloyauté dans l'administration de la preuve et l'atteinte à la vie privée n'était pas disproportionnée au but recherché.

13 Les pouvoirs de l'employeur et la protection de la santé et de la sécurité des salariés

Mots-clés

Droit de retrait • Faute inexcusable • Faute intentionnelle • Obligation d'alerte • Obligation de moyens • Obligation générale de sécurité • Prévention des risques

1 Les obligations de l'employeur en matière de sécurité des salariés

A. L'obligation générale de sécurité

La loi impose à l'employeur de prendre toutes les mesures nécessaires pour assurer la sécurité et protéger la santé physique et mentale de ses salariés. Il est tenu, quel que soit l'effectif de son entreprise, à une **obligation générale de sécurité**.

Avant 2015, l'obligation de sécurité de l'employeur était automatiquement une obligation de résultat	Actuellement, l'obligation de sécurité peut être une obligation de moyens renforcée, sous conditions
Pour les juges, l'accident du travail ou la maladie professionnelle résultait d'une faute inexcusable de l'employeur lorsque ce dernier avait (ou aurait dû avoir) conscience du danger encouru par les salariés et qu'il n'avait pas agi dans le sens de la prévention. L'employeur devait alors indemniser le préjudice subi par le salarié.	La jurisprudence considère que, en cas d'accident du travail ou de maladie professionnelle, l'employeur n'est pas responsable des risques professionnels survenus s'il peut justifier et démontrer qu'il a pris toutes les mesures de prévention nécessaires à la sécurité ou à la santé des salariés.

B. La mise en œuvre de la prévention des risques

La loi impose à l'employeur d'engager pour les salariés de l'entreprise des actions de **prévention des risques professionnels** et de prendre des mesures destinées à les éviter. Il doit élaborer un document unique d'évaluation des risques (DUER) :

À partir du DUER, l'employeur doit mettre en œuvre :
- des actions de prévention (ex. : prévention des incendies, des explosions) ;
- des actions de formation et d'information des travailleurs (ex. : instructions, précautions) ;
- une organisation et des moyens adaptés (ex. : propreté constante du lieu de travail).

C. Obligation générale d'information et de formation à la sécurité au travail

L'employeur doit veiller en permanence à limiter le niveau des risques de l'activité de l'entreprise. Pour y parvenir, il doit informer et former son personnel.

Obligations de sécurité de l'employeur

Obligation d'information	• L'employeur est tenu d'assurer une information des salariés sur les risques pour la santé et la sécurité et sur les mesures prises pour y remédier. Cette information est dispensée lors de l'embauche et à chaque fois que cela est nécessaire. • Par affichage ou organisation de réunions.
Obligation générale de formation à la sécurité	• **Salariés concernés**. L'employeur est tenu d'organiser une formation pratique et appropriée en matière de sécurité pour les salariés qu'il embauche (en CDI, en CDD ou en intérim) ou pour ceux qui changent de poste. • **Formation renforcée**. La formation à la sécurité est renforcée pour les salariés précaires affectés à des postes présentant des risques particuliers. • **Consultation préalable**. Le CSE doit obligatoirement être consulté sur les programmes de formation. Il veille à leur mise en œuvre effective.

D. Sanctions pénales en cas de non-respect des règles

Le simple constat de la violation des règles de santé et de sécurité suffit à caractériser l'infraction, même en l'absence d'accident du travail. La faute personnelle du chef d'entreprise est exigée. L'employeur commet une faute lorsqu'il ne donne pas les consignes ou les moyens nécessaires. L'employeur ou son délégataire encourt une amende de 10 000 € lorsqu'il méconnaît les dispositions relatives à la santé au travail.

Responsabilités partagées

Chef d'entreprise ou employeur	Délégataire
Il est pénalement responsable et encourt des sanctions pénales lorsqu'une faute personnelle a été relevée à sa charge.	Pour que la délégation soit valable, il faut qu'elle ait été acceptée par le préposé et qu'il soit pourvu de la compétence, des pouvoirs et de l'autorité nécessaires pour l'exercer. Le délégataire encourt la sanction pénale mais le juge peut mettre tout ou partie de l'amende à la charge de l'employeur si l'employeur personne physique a participé à l'infraction, s'il a commis une faute distincte de celle du délégataire ou lorsque le délégataire, qui a commis une faute d'imprudence en lien avec le dommage subi par la victime, agissait pour le compte de l'entreprise.

En cas d'accident du travail ayant occasionné des blessures ou le décès du salarié, l'employeur peut être poursuivi pénalement pour :

- mise en danger d'autrui (infraction punie d'une amende de 15 000 € et d'un emprisonnement d'un an) ;
- atteinte à l'intégrité physique (infraction punie d'une amende de 15 000 € et d'un emprisonnement d'un an lorsque l'incapacité est inférieure à 3 mois) ;
- homicide involontaire (délit puni d'une amende de 45 000 € et d'un emprisonnement d'un an).

L'employeur peut être poursuivi en tant que :

- personne physique, lorsqu'il est le chef d'entreprise et que sa responsabilité pénale pour infraction aux règles de santé et de sécurité des salariés est mise en œuvre ;
- personne morale, lorsque l'infraction a été commise pour son compte.

E. Sanctions civiles en cas d'inobservation des règles

En cas d'accident du travail ou de maladie professionnelle, l'employeur qui n'a pas pris les mesures nécessaires pour préserver la santé ou la sécurité des salariés peut être condamné par le tribunal judiciaire pour **faute inexcusable**. Le salarié a alors droit à une indemnisation complémentaire. L'employeur peut s'exonérer de sa responsabilité en prouvant qu'il a pris toutes les mesures de prévention prévues par la loi. La **faute intentionnelle** se traduit par un acte ou une omission commis avec une intention délibérée de causer un dommage corporel ou psychologique. Le salarié a droit à une réparation intégrale du préjudice subi.

2 Les obligations et droits du salarié en matière de santé et de sécurité au travail

A. L'obligation de sécurité des salariés

Chaque salarié droit prendre soin, en fonction de sa formation et de ses possibilités, de sa sécurité et de sa santé, ainsi que de celles des autres personnes concernées du fait de ses actes ou de ses omissions au travail. Il s'agit d'une obligation de moyens.

B. Les droits d'alerte et de retrait

Le salarié est tenu à une **obligation d'alerte** ou de vigilance : il doit signaler à l'employeur ou à son représentant toute situation de travail présentant un danger grave et imminent pour sa vie.

Le salarié a le droit de se retirer d'une situation de travail présentant un danger grave ou imminent sans l'accord de son employeur. Facultatif, le **droit de retrait** implique la cessation du travail tant que le danger persiste. L'employeur ne peut opérer ni sanction ni retenue sur salaire. Le licenciement prononcé sur ce motif est nul.

3 Les acteurs de la santé au travail

A. Le comité social et économique (CSE)

Dès que l'effectif de l'entreprise ou de l'établissement atteint au moins 11 salariés pendant 12 mois consécutifs, l'employeur est tenu de mettre en place un CSE dont les missions diffèrent selon l'effectif de l'entreprise.

Principales missions du CSE selon la taille de l'entreprise

11 salariés ou plus	• Présentation des réclamations individuelles et collectives concernant notamment la santé et la sécurité au travail • Promotion de la santé, de la sécurité et des conditions de travail • Enquêtes en matière d'accidents du travail ou de maladies professionnelles • Saisine de l'inspection du travail
Au moins 50 salariés (missions complémentaires en matière de santé au travail)	• Mêmes missions que celles des entreprises de 11 à 50 salariés + Attributions générales du CSE : analyse des risques professionnels et des effets de l'exposition à certains facteurs de risque, inspections à intervalles réguliers en matière de santé, de sécurité et de conditions de travail, enquête en cas d'accident du travail ou de maladie professionnelle, alerte en cas de danger grave et imminent menaçant la santé et la sécurité des salariés + Attributions consultatives du CSE : actions de prévention

B. La commission santé, sécurité et conditions de travail (CSSCT)

Dans les entreprises et établissements distincts d'au moins 300 salariés, une CSSCT doit être créée au sein du CSE, qui lui délègue tout ou partie de ses attributions, à l'exception du recours à un expert et des attributions consultatives.

C. La médecine du travail

La loi impose aux employeurs de droit privé de mettre en place une surveillance médicale de tous leurs salariés assurée par un service de santé au travail et par le médecin du travail.

Rôle du service de santé au travail (SST)	Rôle du médecin du travail
• Sous le seuil des 500 salariés, l'employeur adhère à un service de santé au travail interentreprises. À partir de 500 salariés, il crée un service de santé au travail autonome ou adhère à une SST interentreprises. • Ses missions consistent à assurer la surveillance de l'état de santé des salariés, à conseiller l'employeur pour éviter ou diminuer les risques professionnels, à conduire les actions de santé au travail…	• Le médecin du travail est un salarié soit de l'entreprise, soit d'un SST interentreprises. Il doit être titulaire du diplôme d'études spécialisées de médecine du travail. • Il a essentiellement un rôle préventif : – il veille à la prévention des risques professionnels et à l'altération de la santé des travailleurs ; – il décide du suivi individuel de l'état de santé des salariés. Il peut réaliser la visite d'information et de prévention et assure un renouvellement de la visite dans les 5 ans. Il réalise un suivi renforcé des travailleurs affectés à des postes à risques. Il délivre les avis d'aptitude ou d'inaptitude au travail.

D. L'inspecteur du travail

L'inspecteur du travail (↪ fiche 4) exerce une mission générale de contrôle de l'application de la législation et de la réglementation du travail, en particulier des règles relatives à la santé et à la sécurité au travail, et dispose de moyens d'action :

- Lorsqu'il constate une situation de travail dangereuse pour la santé des travailleurs, il en informe la Dreets, laquelle met l'employeur en demeure de prendre des mesures propres à faire cesser le risque.
- En cas de danger grave et imminent pour l'intégrité physique des salariés, il dresse lui-même un PV (le parquet peut s'en saisir).
- En cas d'urgence, il peut saisir le juge des référés.

LE + DE L'EXPERT

Dans un arrêt du 23 septembre 2020 (pourvoi n° 18-23.474), la Cour de cassation conclut à la nullité de la clause d'un accord collectif relatif à la durée et à l'organisation du travail dans les activités de transport sanitaire qui reconnaissait à l'employeur la faculté de ne pas assurer l'entretien de la tenue de travail des personnels ambulanciers en leur allouant une indemnité d'entretien pour procéder au nettoyage requis. Pour la Cour, un accord collectif ne peut pas déroger aux dispositions imposant à l'employeur une obligation générale de prévention qui présente un caractère d'ordre public.

14 Le licenciement

Mots-clés

Cause réelle et sérieuse • Congé de reclassement • CSP • Indemnité de licenciement • Licenciement pour motif personnel • Licenciement économique individuel • Préavis • PSE

1 Le licenciement pour motif personnel

Définition

Le **licenciement pour motif personnel** est un mode de rupture du contrat de travail à l'initiative de l'employeur, inhérent à la personne du salarié, motivé par une cause réelle et sérieuse de rupture.

A. La nécessité d'une cause réelle et sérieuse

Tout licenciement doit être fondé sur une **cause réelle et sérieuse** réunissant trois qualités.

Triple caractère de la faute réelle et sérieuse

Objective	Réelle	Sérieuse
La rupture doit reposer sur des griefs existants, précis, matériels et vérifiables.	Les agissements ou omissions, l'aptitude au travail et son impact sur le fonctionnement de l'entreprise doivent être prouvés.	Les faits reprochés doivent être suffisamment graves pour rendre impossible la poursuite du contrat de travail.

B. Les motifs de licenciement pour motif personnel

Le licenciement pour motif personnel repose sur un comportement fautif ou non du salarié. Le licenciement disciplinaire est motivé par une faute du salarié.

Nature de la faute du salarié licencié pour motif disciplinaire

Faute sérieuse	• Elle peut justifier une sanction allant jusqu'au licenciement mais pas le départ immédiat du salarié de l'entreprise (ex. : oublis ponctuels de pointage, retards répétés…). • Le salarié exécute son préavis. Il perçoit l'indemnité de licenciement, l'indemnité de congés payés et l'indemnité de préavis.
Faute grave	• Elle consiste en une violation des obligations découlant de la relation de travail, qui, par son importance rend impossible le maintien du salarié dans l'entreprise (ex. : vols, usage de faux, manquements à l'obligation de loyauté). • La rupture a un effet immédiat (mise à pied conservatoire) et le salarié ne reçoit que l'indemnité de congés payés.
Faute lourde	• Elle suppose une intention de nuire à l'entreprise et autorise un licenciement immédiat. • Le salarié est privé de toutes les indemnités sauf celles de congés payés.

La faute légère (ex. : erreurs sans conséquences, retards isolés) ne constitue pas en elle-même une cause de licenciement mais peut faire l'objet de sanctions (ex. : avertissement). La charge de la preuve de la faute incombe à l'employeur.

Motifs du licenciement non disciplinaire

Insuffisance professionnelle	• L'employeur doit avoir préalablement satisfait à son obligation d'adaptation. • Négligences délibérées ou abstentions volontaires qui perturbent le fonctionnement de l'entreprise. • Caractérisée par des éléments précis, objectifs et vérifiables entrant dans les qualifications du salarié.
Non-atteinte des objectifs	• Les objectifs doivent être réalistes et réalisables. • L'employeur ne doit pas être responsable de la non-réalisation des objectifs.
Perte de confiance ou mésentente	• Ne constitue pas, en elle-même, un motif de licenciement. • Nécessité d'éléments objectifs matériellement imputables au salarié qui empêchent la continuation de l'activité du salarié.
Maladie	• La maladie ne peut pas constituer une cause de licenciement. • Les conséquences de la maladie peuvent justifier un licenciement en cas de perturbation du fonctionnement de l'entreprise, lorsque les absences répétées du salarié nécessitent son remplacement par un salarié en CDI.
Faits de la vie privée	Ils ne peuvent justifier un licenciement sauf s'ils sont indissociables de l'activité professionnelle du salarié et s'ils causent un trouble objectif et caractérisé.

C. Les sanctions du licenciement injustifié

En cas de licenciement injustifié, le juge peut prononcer la réintégration du salarié. À défaut de réintégration, le salarié bénéficie d'une indemnité qui résulte d'un barème fixant des montants minimaux et maximaux en fonction de l'effectif de l'entreprise et de l'ancienneté du salarié (cette indemnité se cumule avec l'indemnité de préavis et celle de licenciement).

D. La procédure de licenciement

Convocation à un entretien préalable → Entretien préalable → Notification du licenciement

5 jours ouvrables De 2 jours ouvrables à 1 mois

En cas de non-respect de la procédure (délais, forme), le salarié peut obtenir une indemnité qui ne peut excéder un mois de salaire, quels que soient son ancienneté et l'effectif de l'entreprise.

2 Le licenciement pour motif économique

Définition

Le **licenciement économique** est une rupture du contrat de travail à l'initiative de l'employeur, effectuée pour un ou plusieurs motifs non inhérents à la personne du salarié et résultant d'une suppression ou d'une transformation d'emploi ou d'une modification refusée par le salarié d'un élément essentiel de son contrat de travail consécutives à des difficultés économiques, à des mutations technologiques ou à une réorganisation de l'entreprise nécessaire à la sauvegarde de sa compétitivité ou à la cessation d'activité.

A. Les obligations de l'employeur

Les mesures préventives reposent sur une consultation annuelle du CSE sur les orientations stratégiques de l'entreprise et leurs conséquences sur l'emploi. Le CSE (↪ fiches 13 et 17) émet aussi un avis sur la gestion prévisionnelle des emplois et des compétences (GPEC). Préalablement à tout licenciement économique, l'employeur est tenu à une obligation d'adaptation et de reclassement. Les critères d'ordre des licenciements sont fixés par convention ou accord collectif ou, à défaut, unilatéralement par l'employeur, en retenant les critères légaux.

B. Les mesures sociales d'accompagnement

Lorsque le licenciement économique concerne au moins 10 salariés sur 30 jours, dans une entreprise d'au moins 50 salariés, l'employeur doit mettre en place un plan de sauvegarde de l'emploi (**PSE**), sous peine de nullité, afin d'éviter ou de limiter le nombre de licenciements et de faciliter le reclassement.

Mesures sociales d'accompagnement selon les effectifs

Moins de 1 000 salariés	Proposition par l'employeur d'un contrat de sécurisation professionnelle (CSP) pour organiser un parcours de retour à l'emploi (reconversion, création ou reprise d'entreprise…). Délai de réflexion de 21 jours pour le salarié. S'il adhère au CSP, le contrat de travail est rompu et le salarié a le statut de stagiaire de la formation professionnelle pendant 12 mois.
Au moins 1 000 salariés	• Proposition par l'employeur d'un congé de reclassement (de 4 à 12 mois). • Pendant ce congé, le bénéficiaire reste salarié de l'entreprise et continue de percevoir son salaire.

C. Procédure de licenciement économique

Le **licenciement économique individuel** suit la même procédure que le licenciement pour motif personnel. Le licenciement est dit « collectif » lorsqu'il concerne au moins 2 personnes sur 30 jours.

Procédure de licenciement économique selon les effectifs licenciés

Moins de 10 salariés sur 30 jours	• Consultation du CSE et transmission de l'avis à la Dreets • Convocation des salariés à un entretien préalable • Entretien préalable individuel • Notification par écrit du licenciement pour chaque salarié • Information de la Dreets dans les 8 jours
Au moins 10 salariés sur 30 jours dans une entreprise de moins de 50 salariés	• Consultation du CSE : 2 réunions séparées par un délai de 14 jours • Au plus tôt le lendemain de la 1re réunion, information de la Dreets • Contrôle de la procédure par la Dreets • Propositions d'adhésion au CSP • Notification du licenciement par écrit 30 jours après la notification à la Dreets

Au moins 10 salariés sur 30 jours dans une entreprise d'au moins 50 salariés	• Accord collectif ou document unilatéral de l'employeur sur le contenu du PSE • Information-consultation du CSE : au moins 2 réunions, séparées de 15 jours • Information de la Dreets dès la 1re réunion • Observations de la Dreets et validation ou homologation sous 21 jours • Possibilité de notification des licenciements par l'employeur à partir de l'homologation ou de la validation par la Dreets

3 Les effets de la rupture du contrat de travail

A. Le préavis

Définition

Le **préavis** est un délai de prévenance durant lequel le contrat de travail se poursuit alors que les parties l'ont rompu.

Sauf faute grave, le préavis est exécuté. Sa durée est fixée par la loi, les conventions ou accords collectifs ou le contrat de travail ou encore les usages. Elle est fonction de l'ancienneté du salarié dans l'entreprise.

Durée du préavis selon l'ancienneté

Moins de 6 mois	6 mois à 2 ans	Plus de 2 ans
Durée fixée par les conventions collectives et usages	1 mois minimum sauf délai plus long fixé par convention collective	2 mois minimum

Pendant le préavis, les parties exécutent leurs obligations. L'employeur peut dispenser le salarié de l'exécution du préavis. Il lui verse alors une indemnité compensatrice.

B. Les indemnités de fin de contrat et les documents obligatoires

Sauf faute grave ou lourde, le salarié reçoit, en plus de l'indemnité de préavis et celle de congés payés, une **indemnité de licenciement** s'il justifie d'une ancienneté d'au moins 8 mois dans l'entreprise. Cette indemnité ne peut être inférieure à un quart de mois par année d'ancienneté jusqu'à 10 ans d'ancienneté, un tiers de mois par année d'ancienneté à partir de 10 années de service.

L'employeur doit remettre au salarié un certificat de travail, une attestation destinée à Pôle Emploi et, le cas échéant, le solde de tout compte.

LE + DE L'EXPERT

Dans un avis du 17 juillet 2019, la Cour de cassation a validé le plafonnement des indemnités de licenciement abusif. Le barème d'indemnisation du licenciement sans cause réelle et sérieuse issu de l'ordonnance du 22 septembre 2017 est conforme à l'article 10 de la Convention OIT n° 158. La cour d'appel de Paris a, dans un arrêt du 16 mars 2021, écarté l'application du barème et octroyé des dommages-intérêts en fonction du préjudice subi. Le débat n'est pas clos.

15 Les autres motifs de rupture du contrat de travail

Mots-clés

Démission • Force majeure • Mise à la retraite • Prise d'acte • Résiliation judiciaire • Retraite • Rupture conventionnelle collective • Rupture conventionnelle individuelle

1 La démission

Définition

La **démission** est la résiliation d'un CDI à l'initiative du salarié.

La démission du salarié n'est valable qu'en présence d'une volonté :
- claire et non équivoque de rompre le contrat de travail ;
- libre et non exprimée sous la contrainte ou la pression des événements ;
- sérieuse et non exprimée sous le coup de la colère ou de l'émotion.

Même si la loi n'impose aucune forme particulière, la démission ne se présume pas. La démission n'a pas à être acceptée par l'employeur et elle est, en principe, définitive lorsqu'elle est donnée.

Le salarié doit souvent respecter un préavis qui peut résulter de la loi, des conventions et accords collectifs ou des usages (↳ fiche 14). Le salarié perçoit les indemnités de congés payés et peut recevoir un revenu de remplacement s'il prouve qu'il a de justes motifs de démissionner (ex. : afin de suivre son conjoint muté) ou s'il poursuit un projet concret et précis de reconversion professionnelle, de création ou de reprise d'entreprise (loi du 5 septembre 2018).

2 La prise d'acte de rupture

Définition

La **prise d'acte** est un mode de rupture autonome, à effet immédiat, d'un CDI. Elle est constituée par la décision du salarié qui met fin au CDI en cas de manquement grave de son employeur à ses obligations en considérant que la rupture du contrat de travail est imputable à ce dernier.

La prise d'acte de rupture n'est soumise à aucun formalisme particulier mais dans la pratique elle se fait par lettre recommandée. Le salarié saisit le conseil de prud'hommes. Après examen des motifs invoqués et prouvés par le salarié, les juges peuvent conférer à la prise d'acte de rupture :
- soit les effets d'un licenciement sans cause réelle et sérieuse, si les griefs invoqués sont justifiés ;
- soit, à défaut, les effets d'une démission.

La prise d'acte de rupture entraîne une cessation immédiate du contrat de travail (absence de préavis). Le salarié ne peut pas se rétracter.

3 Les ruptures conventionnelles

A. La rupture conventionnelle individuelle

Définition

La **rupture conventionnelle individuelle** est une convention signée entre l'employeur et le salarié par laquelle ils conviennent ensemble des conditions de la rupture du CDI qui les lie.

La rupture conventionnelle ne peut être imposée par l'une ou l'autre partie : le consentement doit être libre. Elle ne s'applique pas aux ruptures du contrat qui résultent d'un accord GPEC ou d'un PSE.

Étape de la procédure de rupture conventionnelle individuelle

La rupture prend effet à la date prévue par la convention. Le salarié reçoit l'indemnité spécifique de rupture conventionnelle et peut bénéficier des allocations de chômage (↪ fiche 25) s'il remplit les conditions requises.

B. La rupture conventionnelle collective (RCC)

Définition

La **rupture conventionnelle collective** est une rupture, d'un commun accord, du CDI de plusieurs salariés dans le cadre d'un accord collectif majoritaire validé par la Dreets.

La RCC se déroule en plusieurs étapes.

De la négociation de l'accord à sa validation

Nécessité de la négociation d'un accord majoritaire	• L'employeur engage une négociation en vue de la signature d'un accord portant sur la RCC et en informe la Dreets. • L'accord conclu doit être un accord majoritaire. Il détermine notamment le nombre de départs envisagés, les conditions à remplir pour en bénéficier, les modalités de calcul des indemnités de rupture…
Transmission de l'accord à la Dreets pour validation et au CSE	• L'accord doit être validé par la Dreets qui se prononce dans les 15 jours à compter de la réception de l'accord collectif. • La décision de la Dreets est notifiée au CSE et aux organisations syndicales représentatives signataires.

Affichage sur les lieux de travail et candidatures des salariés	• La décision de validation est portée à la connaissance des salariés par affichage ou par tout autre moyen. • Elle offre la possibilité aux salariés de candidater pour un départ volontaire. L'acceptation par l'employeur de la candidature du salarié emporte rupture du contrat de travail d'un commun accord. Le salarié reçoit l'indemnité de rupture qui ne peut être inférieure à l'indemnité légale de licenciement et il peut bénéficier des allocations de l'assurance-chômage (↪ fiche 25) s'il réunit les conditions requises.

4 La force majeure

Si l'inexécution du contrat de travail par survenance du cas de **force majeure** (↪ fiche 5) est temporaire, le contrat de travail est suspendu. Dans le cas contraire, il est rompu. Il y a rupture du contrat de travail sans indemnité (sauf celle de congés payés) ni procédure.

5 La résiliation judiciaire

Définition

La **résiliation judiciaire** du contrat de travail découle d'une décision du conseil de prud'hommes saisi par le salarié à la suite d'un manquement de l'employeur à ses obligations contractuelles.

La résiliation judiciaire n'est pas ouverte à l'employeur (il doit recourir au licenciement).

La rupture du contrat de travail prend effet, en principe, au jour du prononcé du jugement. Si les juges prononcent la rupture aux torts de l'employeur, elle produit les effets d'un licenciement sans cause réelle et sérieuse.

6 La retraite

A. Le départ à la retraite

Définition

La **retraite** est un mode de rupture autonome du contrat de travail par lequel le salarié prend l'initiative de la rupture pour bénéficier du droit à une pension de vieillesse lorsqu'il a atteint l'âge légal de départ.

Le salarié doit demander la liquidation de sa pension de vieillesse. La rupture du contrat de travail est acquise à la date de la demande. Le salarié doit respecter un préavis équivalent à celui prévu pour le licenciement. Il perçoit une indemnité de départ.

Calcul de l'indemnité de départ à la retraite selon l'ancienneté

À partir de 10 ans d'ancienneté	À partir de 15 ans d'ancienneté	À partir de 20 ans d'ancienneté	À partir de 30 ans d'ancienneté
Un demi-mois de salaire	Un mois de salaire	Un mois et demi de salaire	Deux mois de salaire

B. La mise à la retraite

Définition

La **mise à la retraite** est une décision de l'employeur de rompre le contrat de travail pour placer le salarié d'office à la retraite à 70 ans.

À partir de l'âge d'attribution d'une retraite à taux plein, l'employeur peut proposer le départ en respectant une procédure particulière : il interroge par écrit, 3 mois avant son anniversaire le salarié, pour connaître son intention de quitter ou non l'entreprise. Ce n'est qu'en cas de réponse positive que le salarié peut être mis à la retraite. Au-delà de 70 ans, aucune formalité n'est exigée.

Le salarié a droit à un préavis égal à celui du licenciement. Le salarié perçoit une indemnité de mise à la retraite au moins égale à celle de l'indemnité légale de licenciement (ou l'indemnité conventionnelle si elle est plus favorable).

LE + DE L'EXPERT

Le ministère du Travail propose un guide téléchargeable de « questions-réponses » de l'administration sur la rupture conventionnelle collective pour guider les chefs d'entreprise dans la mise en œuvre de ce mode de rupture.

16 La représentation collective : les syndicats

Mots-clés

Entrave • IRP • Personnalité morale • Représentativité • Salarié protégé • Section syndicale d'entreprise • Syndicat

1 Les syndicats

Définition

Un **syndicat** est un groupement de personnes exerçant la même profession ou des métiers similaires ou connexes.

Un syndicat a exclusivement pour objet l'étude et la défense des droits ainsi que des intérêts matériels et moraux collectifs et individuels de ses membres. Il s'agit d'une instance représentative du personnel (**IRP**).

A. Les principes guidant l'action syndicale

Deux grands principes gouvernent la liberté syndicale :

- La **liberté syndicale du salarié vis-à-vis du syndicat**. Le salarié peut adhérer ou non à un syndicat. Il a la faculté :
  - de choisir le syndicat auquel il souhaite adhérer ;
  - de ne plus adhérer au syndicat quand il l'a décidé.
- La **liberté syndicale du salarié face à son employeur**. Toute mesure discriminatoire prise en raison de l'appartenance à un syndicat ou de l'activité syndicale est interdite. Aucune organisation syndicale ne doit être favorisée par l'employeur.

B. L'organisation des syndicats

Le syndicat est caractérisé par la spécificité de son objet. Il est constitué entre personnes exerçant une profession et ne peut poursuivre d'activités politiques ou commerciales.

Pour que le syndicat soit doté de la **personnalité morale**, ses membres fondateurs doivent en déposer les statuts en mairie.

C. La représentativité des syndicats

Définition

La **représentativité** d'un syndicat professionnel est son aptitude à être le porte-parole d'une collectivité de salariés plus vaste que celle des salariés adhérents.

La représentativité confère une légitimité à l'action du syndicat. Le syndicat reconnu représentatif dispose de prérogatives particulières, notamment :

- la négociation des conventions et accords collectifs de travail ;
- la présentation de candidats au premier tour des élections du comité social et économique ;
- la constitution d'une **section syndicale d'entreprise**.

D. Les critères de représentativité

Un syndicat ne peut être reconnu représentatif que s'il satisfait aux sept critères cumulatifs exigés par la loi.

Critères cumulatifs légaux de représentativité

Audience électorale	Mesure à partir des suffrages exprimés au premier tour des dernières élections professionnelles : – dans l'entreprise, au moins 10 % des voix – au niveau de la branche professionnelle ou au niveau national interprofessionnel : au moins 8 % des suffrages exprimés.
Ancienneté	• Deux ans dans le champ professionnel et géographique couvrant le niveau de négociation • Appréciation à partir de la date légale du dépôt légal des statuts
Nombre d'adhérents et cotisations perçues	En principe, à jour des cotisations
Transparence financière	Vérification à partir des comptes annuels (provenance et utilisation des ressources)
Indépendance	Vis-à-vis de l'employeur comme des groupements politiques
Respect des valeurs républicaines	• Respect de la liberté d'opinion • Refus de toute discrimination
Influence	• Liée à l'activité et à l'expérience • Concrétisation par les actions menées ou l'activité antérieure du syndicat ou de ses dirigeants

2 Le rôle de l'action syndicale

Qu'il soit représentatif ou non, un syndicat poursuit une vocation générale, par les revendications qu'il émet, à défendre les intérêts professionnels des salariés mais aussi ses intérêts propres en tant que personne morale.

A. La représentation syndicale dans l'entreprise

Section syndicale	• Constitution par le syndicat représentatif pour assurer la représentation des intérêts de ses membres dans l'entreprise • Absence de personnalité juridique • Collecte les cotisations, diffusion de tracts et publications, organisation de réunions…

Délégué syndical	• Désignation par le syndicat représentatif dans les entreprises de plus 50 salariés • Représentation du syndicat dans l'entreprise et revendication en son nom • Négociation des conventions et accords collectifs d'entreprise • Crédit d'heures mensuel et liberté de déplacement durant les heures de délégation
Représentant de la section syndicale	Désignation par le syndicat non représentatif pour le représenter dans l'entreprise et lui permettre d'assurer sa représentativité lors des futures élections professionnelles

B. La protection des représentants syndicaux

Les représentants syndicaux sont des **salariés protégés**.

Leur licenciement nécessite l'autorisation de l'inspecteur du travail. Toute **entrave** à l'exercice du droit syndical constitue un délit passible de sanctions pénales (amende de 3 750 € et peine d'emprisonnement d'un an).

LE + DE L'EXPERT

• Dans un arrêt du 13 juin 2019, la Cour de cassation a jugé que, si la section syndicale d'entreprise ne comptait qu'un adhérent à jour de ses cotisations lors de la désignation du représentant de la section syndicale, cette désignation pouvait être annulée.

• Dans un arrêt du 26 février 2020 (pourvoi n° 19-19.397), la Cour de cassation a rappelé que le critère d'indépendance, en tant que condition de représentativité, s'entendait d'une indépendance vis-à-vis de l'employeur et d'une indépendance financière. Ni le fait, pour le syndicat, de faire l'objet d'une procédure de redressement judiciaire ni celui de disposer de l'appui de la confédération ne lui font perdre son indépendance financière.

17 La représentation collective : les IRP élues

Mots-clés

Bilan social • CSE • Délit d'entrave • Droit d'alerte • IRP • Personnalité morale • Salarié protégé

1 La mise en place du comité social et économique (CSE)

Le CSE peut être mis en place aux niveaux :

- de l'entreprise ;
- de chaque établissement (lorsque l'entreprise comporte plusieurs établissements) ;
- de l'unité économique et sociale ;
- interentreprises, lorsque la nature et l'importance des problèmes communs le justifient.

Un CSE doit être créé dans toute entreprise d'au moins 11 salariés dès lors que cet effectif a été atteint pendant 12 mois consécutifs.

Le déclenchement du processus électoral incombe à l'employeur dès que les seuils légaux sont atteints. À défaut, un salarié ou un syndicat peut demander l'organisation d'élections. Les élections sont négociées avec les organisations syndicales dans le cadre du protocole préélectoral. Les membres du CSE sont élus pour 4 ans.

2 Les missions et moyens du CSE dans les entreprises de moins de 50 salariés

Le CSE exerce quatre missions principales :

- Présentation à l'employeur des réclamations individuelles et collectives des salariés.
- Saisine de l'inspecteur du travail en cas de plaintes et d'observations des salariés relatives à l'application des dispositions légales ou réglementaires
- Exercice du **droit d'alerte** en cas :
  - d'atteinte aux droits fondamentaux des personnes (ex. : discrimination, harcèlement moral ↪ fiche 12) ;
  - de danger grave et imminent pour la vie ou la santé des salariés ;
  - de risque pour la santé publique ou l'environnement.
- Contribution à la promotion de la santé (↪ fiche 13), de la sécurité et des conditions de travail par des enquêtes en matière d'accident du travail ou de maladie professionnelle. En cas d'inaptitude d'un salarié, l'employeur soumet au CSE les postes de reclassement qu'il envisage de proposer (↪ fiche 5).

Moyens du CSE dans les entreprises de moins de 50 salariés

Réunions	• Une fois par mois, à la demande des élus ou en cas d'urgence ou de demande soit individuelle, soit d'une catégorie professionnelle, d'un atelier ou service. • Selon les questions à traiter.
Délégation	Au moins 10 heures par mois.
Local syndical et panneaux d'affichage	Affichage obligatoire auquel l'employeur ne peut s'opposer, exigence d'un local.
Liberté de déplacement	Dans et en dehors de l'entreprise pour prendre les contacts nécessaires à l'accomplissement de leur mission sans apporter de gêne au travail des salariés.

A. Les moyens et missions du CSE des entreprises d'au moins 50 salariés

Le CSE des entreprises d'au moins 50 salariés est doté de la **personnalité morale**. Il peut passer des contrats, gérer un patrimoine, ester en justice et engager sa responsabilité.

Moyens matériels et financiers du CSE

Moyens matériels	• Réunions : une fois tous les 2 mois sur convocation de l'employeur dans les entreprises d'au moins 50 salariés et de moins de 300 salariés et une fois par mois pour les entreprises d'au moins 300 salariés. • Local avec des panneaux d'affichage mis à disposition du CSE par l'employeur. • Heures de délégation variable selon les effectifs de l'entreprise. • Liberté de déplacement dans et hors de l'entreprise. • Formation économique (5 jours maximum par an) et formation à la santé, à la sécurité et aux conditions de travail (de 3 à 5 jours par an, selon l'effectif de l'entreprise).
Moyens financiers	• Subvention de fonctionnement : – 0,20 % de la masse salariale brute pour un effectif de 50 à moins de 2 000 salariés ; – 0,22 % de la masse salariale brute pour un effectif d'au moins 2 000 salariés. • Transfert possible du reliquat des subventions vers le budget des activités sociales et culturelles.

Attributions complémentaires du CSE des entreprises d'au moins 50 salariés

Mêmes attributions que le CSE des entreprises de 11 à 50 salariés	+	• Gestion des activités sociales et culturelles • Information et consultation dans le domaine économique et professionnel • Missions en matière de santé, de sécurité et de conditions de travail

Les attributions économiques du CSE s'organisent autour de trois consultations annuelles obligatoires portant sur :

- les orientations stratégiques de l'entreprise et leurs conséquences sur l'activité, l'emploi et l'organisation du travail ;
- la situation économique et financière de l'entreprise et sa politique de R&D ;
- la politique sociale de l'entreprise, les conditions de travail et d'emploi.

Plus ponctuellement, le CSE est informé et consulté préalablement à toute opération d'une certaine importance concernant la collectivité de travail (ex. : restructurations…) et avant toute procédure de le licenciement visant un salarié protégé (➥ **fiche 14**).

Dans les entreprises de plus de 300 salariés, la consultation doit aussi porter sur le **bilan social**, mis à la disposition du CSE *via* la BDES (➥ **fiche 10**).

B. Les autres structures de représentation du personnel

Il existe d'autres institutions représentatives du personnel (**IRP**).

IRP autres que le CSE

CSE central d'entreprise	• Dans les entreprises qui comportent au moins deux CSE d'établissements. • Toutes les attributions relatives à la marche générale de l'entreprise ainsi que celles qui excèdent les limites des pouvoirs de chefs d'établissement. Il est informé et consulté sur les projets importants de l'entreprise en matière économique et sociale.
Conseil d'entreprise	• Sur accord d'entreprise à durée indéterminé (ou par accord de branche étendu dans les entreprises dépourvues de délégué syndical). • Ensemble des attributions du CSE et en plus, il a le pouvoir de négocier, conclure et réviser les conventions et accords d'entreprise ou d'établissement.
Comité de groupe	• Mise en place au sein d'un groupe formé par une entreprise dominante dont le siège est en France et les entreprises dont elle a le contrôle ou sur lesquelles elle exerce une influence dominante, quel qu'en soient les effectifs. • Missions distinctes de celles du CSE des entreprises du groupe. Attributions essentiellement économiques : informations sur les perspectives économiques du groupe, sur l'activité et sa situation financière, sur les évolutions de l'emploi.

Comité d'entreprise européen (CEE) ou procédure d'information et de consultation	• Dans les entreprises ou groupes de dimension communautaire qui : – emploient au moins 1 000 salariés dans les États membres de l'UE ; – qui comportent au moins un établissement employant 150 salariés ou plus dans au moins deux de ces États. • Compétence sur les questions qui concernent l'ensemble de l'entreprise ou du groupe d'entreprises de dimension communautaire (ex. : restructurations, fusions).

3 La protection des IRP

Définition

Outre les représentants syndicaux (↪ **fiche 16**) sont considérés comme **salariés protégés** les représentants du personnel élus, les candidats aux élections professionnelles, les salariés qui ont demandé l'organisation des élections.

Situations donnant lieu à protection

Pendant l'exécution du contrat de travail	Lors de la rupture du contrat de travail
Modification du contrat de travail ou changement des conditions de travail avec accord préalable du salarié	• Nécessité pour l'employeur d'obtenir préalablement l'autorisation de l'inspecteur du travail (et avis du CSE) • À défaut, nullité de la rupture et sanctions pénales

La protection est limitée dans le temps et garantie par l'existence du **délit d'entrave**.

Toute entrave à la mise en place des représentants du personnel et à leur fonctionnement régulier est passible de sanctions pénales (peines d'amende et/ou d'emprisonnement).

LE + DE L'EXPERT

• Un accord d'entreprise, de branche ou de groupe peut fixer une durée dérogatoire au mandat de droit commun des membres du CSE. Cette durée est alors comprise entre 2 et 4 ans.

• Pour l'implantation du CSE, la Cour de cassation a précisé, dans un arrêt du 5 février 2020 (pourvoi n° 19-13.444), que l'effectif de l'établissement, pour le calcul du nombre de membres de la délégation du personnel à élire au CSE, devait être apprécié à la date du premier tour du scrutin.

18 La négociation collective

Mots-clés

Convention et accord collectif • Délégué syndical • Dénonciation • Dérogation conventionnelle • Élargissement • Extension • Partenaires sociaux • Révision • Supplétivité légale

1 Les niveaux de négociation

Définition

Les **conventions et accords collectifs** ont pour objet la détermination, par la négociation, de l'ensemble des conditions d'emploi, de formation professionnelle et de travail ainsi que des garanties sociales des salariés.

Alors que la convention collective couvre l'ensemble des conditions de la relation de travail, l'accord collectif ne porte que sur certains points parmi cet ensemble.

De l'ANI à l'accord d'entreprise

Accord national interprofessionnel (ANI)	• Il structure la vie économique et sociale. • Les accords les plus importants sont généralement consacrés par la loi.
Convention collective de branche	• Elle a pour mission de définir les conditions d'emploi et de travail des salariés ainsi que l'ensemble des garanties applicables. • Elle requiert des négociations obligatoires : – tous les 4 ans : salaires, égalité hommes-femmes, conditions de travail, GPEC et pénibilité, insertion professionnelle des handicapés, formation professionnelle continue ; – tous les 5 ans : classification et mesures tendant à favoriser l'égalité professionnelle et la mixité des emplois ; dispositifs visant à développer les plans d'épargne dans l'entreprise.
Accord d'entreprise	• En présence d'une ou de plusieurs sections syndicales d'organisations représentatives : au moins une fois tous les 4 ans, sur la rémunération, le temps de travail, le partage de la valeur ajoutée, l'égalité professionnelle hommes-femmes, la qualité de la vie au travail. • En présence d'au moins 300 salariés ou dans un groupe de dimension communautaire : au moins une fois tous les 4 ans, sur la gestion des emplois et des parcours professionnels.

2 La formation des normes conventionnelles

A. L'organisation de la négociation

La négociation se déroule entre **partenaires sociaux**.

Négociation des normes conventionnelles

Du côté patronal	Du côté salarial
Un ou plusieurs employeurs ou regroupements d'employeurs	Organisations syndicales représentatives dans le champ de l'accord ou de la convention

B. Les conditions de validité de l'accord d'entreprise

L'accord d'entreprise ne satisfait pas les mêmes conditions de validité selon que l'entreprise dispose ou non d'un **délégué syndical**.

Entreprises avec délégué syndical

Principe	Exception
Accord signé par des organisations représentatives ayant recueilli plus de 50 % des suffrages au premier tour des dernières élections des titulaires du CSE.	Si ce seuil de 50 % n'a pas été dépassé tandis que le seuil de 30 % a été atteint, les signataires peuvent de-mander un référendum à la majorité des suffrages exprimés.

Entreprises sans délégué syndical

	Principe	Conditions de validité
Moins de 11 salariés	Projet d'accord de l'employeur soumis aux salariés.	Approbation à la majorité des deux tiers du personnel.
11 à 20 salariés	• Application des règles précédentes. • Entreprise dépourvue de CSE.	• Accord conclu avec un élu : signature d'un ou plusieurs élus représentant la majorité des suffrages exprimés aux dernières élections professionnelles. • Accord conclu avec un salarié (non élu) mandaté.
11 à 49 salariés	L'employeur négocie avec un salarié : – soit expressément mandaté par une ou plusieurs organisations syndicales représentatives dans la branche ; – soit titulaire du CSE, qu'il soit mandaté ou non.	

	Principe	Conditions de validité
Plus de 50 salariés	Trois possibilités : – négocier avec des élus titulaires du personnel mandatés ; – à défaut, négocier avec des élus titulaires du personnel non mandatés ; – à défaut, négocier avec des salariés mandatés.	• Accord conclu avec des élus titulaires mandatés : approbation des salariés à la majorité par référendum. • Accord conclu avec des élus titulaires non mandatés : signature par des élus représentant la majorité lors des dernières élections professionnelles. • Accord avec des salariés mandatés : approbation des salariés à la majorité par référendum.

Conditions de validité des autres accords

Accord national interprofessionnel (ANI)	Convention de branche
• Accord signé par une ou plusieurs organisations syndicales de salariés représentatives ou ayant recueilli au moins 30 % des suffrages exprimés en faveur d'organisations reconnues représentatives au niveau interprofessionnel. • Absence d'opposition d'une ou plusieurs organisations syndicales de salariés représentatives ayant recueilli la majorité de ces suffrages. • Accord conclu par une ou plusieurs organisations syndicales d'employeurs.	• Signature par une ou plusieurs organisations syndicales représentatives ayant recueilli, aux dernières élections professionnelles, au moins 30 % des suffrages exprimés en faveur d'organisations reconnues représentatives à ce niveau. • Absence d'opposition d'une ou plusieurs organisations syndicales de salariés ayant recueilli la majorité des suffrages exprimés en faveur des organisations représentatives à ces mêmes élections.

C. La procédure

Signature de l'accord → Notification à l'ensemble des organisations syndicales représentatives → Dépôt de deux exemplaires du texte au ministère du Travail ou à la Dreets locale → Dépôt au greffe du conseil de prud'hommes

3 L'application des normes conventionnelles

L'application par l'employeur de la convention collective dépend de trois critères cumulatifs :

- L'employeur a signé la convention ou s'inscrit dans un groupement patronal signataire ou adhérent à la convention.
- L'applicabilité de la convention dépend de l'activité principale réelle de l'entreprise.

- Une convention ne s'applique dans une entreprise ou un établissement que si ceux-ci sont situés dans l'espace géographique que la convention a entendu couvrir.

La loi et le règlement ont longtemps présenté un caractère d'ordre public garantissant aux individus des avantages minimaux, le cas échéant renforcés par d'autres moyens, notamment la négociation collective. Ce principe admet aujourd'hui deux exceptions :

- La **supplétivité légale**. La loi s'applique par défaut dans le silence de la négociation collective.
- Les **dérogations conventionnelles**. Dans certains cas, le législateur se dessaisit de son pouvoir de fixer la norme et autorise les partenaires sociaux à conclure des accords dérogatoires.

Conflits entre normes conventionnelles

Verrouillage automatique de l'accord d'entreprise par la convention de branche	Treize thèmes, dont les salaires *minima* hiérarchiques, la classification, la mutualisation des fonds de la formation professionnelle continue, la garantie de la protection salariale complémentaire…
Verrouillage possible de l'accord d'entreprise par la convention de branche	Quatre thèmes, dont les primes pour travaux dangereux et insalubres, l'exposition aux facteurs de risque professionnel…

LE + DE L'EXPERT

Par principe, l'employeur tenu par les stipulations d'une convention collective doit en appliquer les clauses aux contrats de travail. Par exception, les stipulations plus favorables du contrat de travail s'appliquent. Néanmoins, un accord d'entreprise dit de performance, ayant pour finalité de répondre aux nécessités liées au fonctionnement de l'entreprise ou de préserver l'emploi, peut aménager la durée du travail et la rémunération – dans le respect du Smic et des *minima* conventionnels – ou déterminer les conditions de la mobilité professionnelle ou géographique. Cet accord se substitue, automatiquement et de plein droit, aux clauses contraires du contrat de travail.

19 La négociation collective : extension et élargissement des normes conventionnelles

Mots-clés

Avenant • Élargissement • Extension • Révision

1 Les procédures d'extension et d'élargissement des conventions collectives

Définitions

- L'**extension** d'une convention collective consiste, par voie ministérielle, à étendre l'application d'une convention collective à toutes les entreprises qui entrent dans son champ professionnel, que l'employeur soit ou non membre d'une organisation signataire.
- L'**élargissement** d'une convention collective consiste, par voie ministérielle, à élargir le champ d'application d'une convention collective existante à une branche d'activité ou à un nouveau secteur géographique qui en est dépourvu.

Extension et élargissement des conventions collectives

	Extension	Élargissement
Conditions	• La convention qui fait l'objet d'une extension a été conclue au sein d'une commission paritaire. • Le texte ne doit pas avoir fait l'objet d'une opposition d'une ou plusieurs organisations d'employeurs reconnues représentatives au niveau considéré et dont les entreprises adhérentes emploient plus de 50 % de l'ensemble des salariés. • La convention comporte des clauses obligatoires relatives aux relations collectives de travail.	• Impossibilité persistante de conclure une convention collective. • Convention préalablement étendue. • Conditions économiques ou d'emploi analogues.
Procédure	• Demande d'extension • Décision du ministre • Rejet • Avis motivé de la commission nationale de la convention collective (CNCC)	Procédure quasiment identique à la procédure d'extension.

	Extension	Élargissement
Effets	• La décision du ministre se traduit par un arrêté d'extension qui reçoit une publicité. • Tous les employeurs exerçant dans le champ professionnel et géographique doivent respecter les dispositions contenues dans la convention étendue.	La procédure d'élargissement rend obligatoire une convention conclue dans un autre secteur géographique et/ou professionnel.

2 La révision d'une convention collective

Définition

La **révision** d'une convention collective consiste à adapter la convention ou l'accord collectif.

Initiative de la procédure de révision

Cas des accords et conventions d'entreprise	Dans les entreprises dotées de délégués syndicaux	• Organisations salariales représentatives et signataires ou adhérentes de cet accord. • L'engagement de la procédure doit s'effectuer à l'intérieur du cycle électoral de conclusion. À l'issue de cette période, la procédure est ouverte à toutes les organisations salariales.
	Dans les entreprises non dotées de délégués syndicaux	• Un représentant élu du personnel mandaté ou non. • À défaut, un salarié mandaté.
Cas des accords et conventions interprofessionnels et de branche	• Jusqu'à la fin du cycle électoral de conclusion, sont habilitées à engager la procédure une ou plusieurs organisations syndicales de salariés représentatives et signataires et une ou plusieurs organisations professionnelles d'employeurs signataires ou adhérentes de l'accord. • À l'issue du cycle électoral, seule la condition de représentation est requise.	

L'**avenant** se substitue de plein droit aux stipulations de l'accord ou de la convention qu'il modifie.

3 La dénonciation d'une convention collective

Définition

La **dénonciation** consiste à stopper l'application d'un texte.

En matière de convention ou d'accord collectif, le droit de dénoncer appartient à tous les signataires d'une convention conclue à durée indéterminée. Il s'accompagne d'un délai de préavis de 3 mois en l'absence de stipulations conventionnelles.

Procédure de dénonciation d'une convention collective

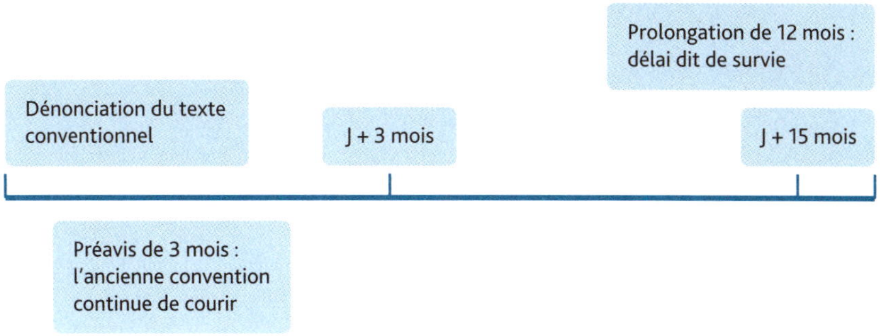

LE + DE L'EXPERT

Dans un arrêt du 20 octobre 2010, la Cour de cassation a jugé que, dès lors qu'une convention collective est entièrement modifiée, le texte initial cesse de produire ses effets juridiques. Par conséquent, l'arrêté d'extension du même texte devient caduc.

20 L'association des salariés aux performances de l'entreprise

Mots-clés

Intéressement • Participation aux résultats • PEE • PERE • RSP

1 La participation aux résultats de l'entreprise

Définition

La **participation aux résultats** est un dispositif légal de redistribution d'une partie des bénéfices réalisés au cours de l'exercice aux salariés de l'entreprise.

A. Une obligation légale pour les entreprises d'au moins 50 salariés

La loi impose l'obligation de distribuer une partie des résultats de l'entreprise aux salariés lorsqu'elle remplit les deux conditions suivantes :
- l'entreprise, quelle que soit sa forme ou son activité, emploie au moins 50 salariés, effectif qui doit avoir été atteint pendant 5 années consécutives ;
- elle a dégagé un bénéfice après impôt supérieur à 5 % des capitaux propres au terme des 5 exercices financiers retenus comme référence.

Tous les salariés de l'entreprise peuvent en bénéficier. Si une condition d'ancienneté minimale est prévue par l'accord de participation, elle ne peut excéder 3 mois.

B. Les modalités de mise en place de la participation

L'accord de participation est conclu :
- soit dans le cadre d'un accord collectif d'entreprise ou de branche ;
- soit entre le chef d'entreprise et les représentants d'organisations syndicales représentatives dans l'entreprise ;
- soit au sein du comité social et économique ;
- soit à la suite de la ratification par le personnel à la majorité des deux/tiers d'un projet de contrat proposé par l'employeur.

L'accord doit être déposé auprès de la Dreets. Les exonérations fiscales et sociales éventuelles sont conditionnées par ce dépôt.

C. La réserve spéciale de participation (RSP)

L'employeur peut retenir la formule légale pour le calcul de la **RSP** ou une formule dérogatoire, qui peut être retenue seulement si le montant de la participation est au moins égal à celui de la formule légale.

Formule légale : **RSP = 1/2 (B – 5 % C) × S / VA**

Avec : B = bénéfice net imposable réalisé par l'entreprise ; C = capitaux propres de l'entreprise ; S = salaires bruts ; VA = valeur ajoutée

La réserve peut être répartie de la façon suivante (possibilité de combiner les critères) :
- soit de manière uniforme entre tous les salariés ;
- soit proportionnellement au salaire reçu par chaque salarié ;
- soit proportionnellement à la durée de présence dans l'entreprise.

D. Les modalités d'affectation et de versement de la participation

Les bénéficiaires peuvent demander le versement immédiat des sommes reçues au titre de la participation. Lorsqu'elle n'est pas versée, la quote-part attribuée au titre de l'exercice est indisponible pendant 5 ou 8 ans.

Option pour le versement immédiat des droits à participation	Pour pouvoir bénéficier du versement immédiat, les bénéficiaires doivent le demander dans un délai de 15 jours à compter de la date à laquelle ils sont informés des sommes qui leur reviennent au titre de la participation. L'accord de participation fixe la date à laquelle le bénéficiaire est présumé en avoir été informé.
Blocage des sommes attribuées au titre de la participation	Lorsqu'elles ne font pas l'objet d'une demande de versement immédiat, les sommes attribuées sont bloquées sur des comptes courants au nom des bénéficiaires pendant 5 ans au moins à compter de l'ouverture des droits (ou en l'absence d'accord de participation pendant 8 ans).
Déblocage anticipé	À la demande du salarié, un déblocage anticipé de la participation peut intervenir, notamment en cas de mariage ou PACS, naissance, divorce, décès, cessation du contrat de travail, création d'une entreprise, acquisition ou agrandissement de la résidence principale.

E. Les régimes social et fiscal de la participation

Les sommes attribuées n'ont pas le caractère de salaire et sont exonérées de cotisations patronales et salariales. Seuls la CSG, la CRDS et le forfait social sont dus. Les sommes perçues au terme de la période d'indisponibilité ou en cas de déblocage anticipé sont exonérées d'impôt sur le revenu. Si le salarié demande le versement immédiat de ses droits, les sommes sont imposables.

2 L'intéressement

Définition

L'**intéressement** est un dispositif facultatif permettant d'associer les salariés aux résultats ou aux performances de l'entreprise. Il constitue un mode de rémunération collectif. Il doit présenter un caractère aléatoire et résulter d'une formule de calcul liée aux résultats ou aux performances de l'entreprise.

A. La mise en œuvre de l'intéressement

L'intéressement peut être mis en place dans toute entreprise, quels que soient l'effectif, l'activité ou la forme juridique, à condition qu'elle ait satisfait à ses obligations en matière de représentation du personnel par la mise en place d'un CSE. L'intéressement est conclu pour une durée de 3 ans selon les mêmes modalités que l'accord de participation. Il est déposé à la Dreets dans les 15 jours de sa conclusion.

B. Le calcul et la répartition de l'intéressement

Aucune formule de calcul n'est imposée par la loi mais l'intéressement doit présenter un caractère aléatoire, collectif et résulter d'une formule de calcul liée soit aux résultats soit aux performances de l'entreprise. La répartition des sommes reçues au titre de l'intéressement peut se faire de manière uniforme, proportionnelle au salaire, proportionnelle à la durée de présence dans l'entreprise, et en utilisant conjointement plusieurs de ces critères.

C. Les régimes fiscal et social de l'intéressement

Les sommes attribuées sont soumises à l'impôt sur le revenu. Elles sont exonérées de cotisations sociales. Elles sont assujetties à la CSG et à la CRDS. Les entreprises de plus de 250 salariés sont soumises au forfait social pour les sommes distribuées.

Lorsqu'elles sont affectées en tout ou partie à un plan d'épargne entreprise (PEE), les sommes attribuées bénéficient d'une exonération de cotisations sociale et d'impôt sur le revenu.

3 Les plans d'épargne collectifs

Les plans d'épargne collectifs sont des dispositifs facultatifs que l'employeur peut mettre en place au profit des salariés bénéficiaires pour recevoir leur épargne salariale.

A. La mise en place

Définition

Le plan d'épargne entreprise (**PEE**) est un système d'épargne collective facultatif qui ouvre aux salariés de l'entreprise la faculté de se constituer et de gérer, à l'aide de l'entreprise, un portefeuille de valeurs mobilières.

Le PEE peut être institué dans toute entreprise privée quelle que soit sa forme juridique, son activité, son effectif. Tous les salariés de l'entreprise doivent pouvoir bénéficier du PEE. Une condition d'ancienneté dans l'entreprise peut être exigée mais elle ne peut être supérieure à 3 mois.

Le PEE peut être mis en place par accord collectif ou selon les mêmes modalités que la participation. Le PEE peut être alimenté :

- Par le salarié par des versements facultatifs et volontaires qui proviennent de l'intéressement ou de la participation, ou de sommes issues d'autres dispositifs d'épargne salariale (compte épargne temps, actions gratuites...), dans la limite de 25 % de sa rémunération annuelle.
- Par l'employeur qui peut verser des « abondements » sur le PEE du salarié. Ces sommes ne peuvent pas dépasser un montant égal à 8 % du plafond annuel de la sécurité sociale. Ces versements ne peuvent pas être considérés comme un complément de salaire.

Les sommes affectées sur le PEE sont utilisées pour l'acquisition de titres émis par l'entreprise, d'actions de sociétés d'investissement à capital variable (SICAV), de parts de fonds communs de placement d'entreprise (FCPE), d'actions émises par des sociétés constituées par les salariés pour le rachat de tout ou partie du capital de la société. Les parts ou actions acquises sont indisponibles pendant 5 ans minimum. Les droits des salariés peuvent être débloqués par anticipation dans les mêmes conditions que pour la participation.

B. Les régimes social et fiscal du PEE

Les versements volontaires des bénéficiaires du PEE ne sont pas exonérés de cotisations sociales. L'abondement est exonéré de l'impôt sur le revenu des salariés s'il est maintenu sur le PEE pendant au moins 5 ans. Il est soumis à la CSG, à la CRDS et au forfait social.

C. Les plans d'épargne retraite d'entreprise (PERE)

Définition

Un plan d'épargne retraite d'entreprise (**PERE**) est un système d'épargne salariale ayant pour objet d'offrir à ses bénéficiaires la possibilité de se constituer un complément de revenu sous la forme d'un capital ou d'une rente, utilisable au moment de la retraite.

Le cadre juridique est identique à celui du PEE sous réserve de dispositions spécifiques.

Caractéristiques des plans d'épargne retraite collectifs ou obligatoires

PERE CO (plan collectif)	PERE OB (plan obligatoire)
• Le PERE CO est un dispositif facultatif mis en œuvre par un accord d'entreprise (selon les mêmes modalités que l'intéressement ou la participation). • Les salariés sont libres d'adhérer au PERE CO (sauf adhésion automatique prévue par le règlement du plan). • Le PERE CO peut recevoir des versements volontaires des salariés, des abondements de l'entreprise, des versements initiaux et périodiques de l'entreprise, des droits inscrits sous la forme de repos affectés au compte épargne-temps ou encore des transferts de sommes issues d'autres dispositifs d'épargne salariale. • L'épargne est investie en parts de fonds communs de placement d'entreprise (FCPE) ou en SICAV à vocation générale. Le PERE CO ne peut pas servir de support à l'actionnariat salarié.	• Applicable soit à l'ensemble des salariés, soit à une ou plusieurs catégories objectives de salariés. Le règlement d'un PERE OB prévoit l'adhésion obligatoire des salariés intéressés. • La mise en place s'effectue soit par un accord collectif, soit par un projet d'accord proposé par le chef d'entreprise et ratifié par la majorité des intéressés, ou encore par décision unilatérale de l'employeur constatée dans un écrit et remis à chaque intéressé. • Le titulaire d'un PERE OB peut l'alimenter par des versements obligatoires ou volontaires, par des droits inscrits à son compte épargne-temps, par des versements issus d'autres dispositifs d'épargne salariale. L'épargne peut être affectée à l'acquisition de parts de FCPE ou de SICAV.

Les régimes fiscal et social sont identiques à celui du PEE. Les sommes versées au titre de l'abondement sont exonérées de cotisations sociales et d'impôt sur le revenu, sous réserve du respect des plafonds. Elles sont soumises aux CSG, CRDS et au forfait social.

LE + DE L'EXPERT

Dans un arrêt du 7 novembre 2018, la Cour de Cassation a jugé que tous les salariés d'une entreprise compris dans le champ des accords de participation bénéficiaient de leurs dispositions, y compris les titulaires d'un congé de reclassement, qui demeurent salariés de l'entreprise jusqu'à l'issue de ce congé, que leur rémunération soit ou non prise en compte pour le calcul de la réserve spéciale de participation (RSP).

21 Les conflits collectifs

Mots-clés

Abus du droit de grève • Arbitrage • Conciliation • Grève • Lock-out • Médiation

1 La grève et ses effets sur la relation de travail

Si la Constitution en fait un droit et une liberté fondamentale, le Code du travail prévoit simplement que « la grève ne rompt pas le contrat de travail » mais il ne la définit pas. C'est la jurisprudence qui en fixe les contours.

Définition

La **grève** est une cessation collective et concertée du travail en vue d'appuyer des revendications professionnelles. Toute action qui ne satisfait pas à ces critères est illicite.

Pour que la grève soit licite, son exercice suppose la réunion de plusieurs conditions.

Triple condition d'une grève licite

Une cessation totale du travail	Un arrêt de travail collectif et concerté	L'existence de revendications professionnelles
• Aucune forme ni modalité particulière n'est imposée dans la loi. La durée de l'arrêt importe peu. • La grève peut avoir une durée prédéterminée ou indéterminée. • Sont à ce titre licites : – les débrayages répétés de courte durée, même s'ils causent des dommages pour la production. Il suffit qu'ils ne désorganisent pas l'entreprise ; – les grèves tournantes ou par roulement dans les entreprises du secteur privé (illicites dans les services publics) ; – les grèves « bouchons » limitées à une partie du personnel ou à un seul service qui empêche les autres salariés de travailler.	• Il n'est pas nécessaire que tous les salariés fassent grève. La grève n'est pas soumise à la décision d'une majorité ou d'une minorité de salariés ni même à la décision d'un syndicat. (Est licite, la grève sauvage décidée par les salariés et non par les syndicats). • Mais un salarié ne peut pas faire la grève seul sauf exception. • Il faut qu'il y ait une volonté commune d'agir ensemble et de participer à une action revendicative. Mais aucune condition de forme légale n'est exigée.	• L'objectif de la grève est d'appuyer des revendications professionnelles non satisfaites par l'employeur Elles peuvent être propres à l'entreprise ou générales pour suivre un mot d'ordre national. • Il n'est pas nécessaire que la grève soit annoncée à l'avance à l'employeur. Mais les salariés doivent avoir déposé des revendications professionnelles dont l'employeur a pris connaissance au moment de l'arrêt de travail. • Il n'est pas obligatoire que l'employeur ait rejeté les revendications qui ont déclenché la grève, pour qu'elle soit licite.

A. L'exercice anormal du droit de grève

Même si les éléments permettant de qualifier la grève de licite sont réunis, il faut encore que ses modalités ne la rendent pas abusive.

Définition

Il y a **abus du droit de grève** lorsque l'arrêt de travail entraîne une désorganisation de l'entreprise et pas simplement une désorganisation de la production.

L'action des salariés doit mettre en péril l'existence de l'entreprise ou cause une atteinte disproportionnée à d'autres droits (ex. : grève perlée, grève du zèle, grève avec occupation des locaux ou avec piquets de grève, grève d'autosatisfaction…). Un mouvement illicite caractérise un simple arrêt de travail qui peut être sanctionné par l'employeur selon le droit disciplinaire.

B. Les conséquences de la grève

Pour les salariés grévistes	Pour les non-grévistes
• Interdiction de rompre le contrat de travail du salarié en raison de l'exercice du droit de grève sauf faute lourde du salarié • En cas de rupture, licenciement nul de plein droit et réintégration possible du salarié • Suspension du contrat de travail • Retenue sur salaire strictement proportionnelle à la durée de la grève • Suspension du pouvoir disciplinaire de l'employeur : pas de sanction possible sauf faute lourde du salarié • Aucune mesure discriminatoire possible en raison de la grève • Pas de remplacement possible par des salariés en CDD ou en CTT mais possibilité de recours à des bénévoles, des sous-traitants ou des CDI.	• Absence d'impact sur le contrat de travail : – l'employeur doit fournir du travail aux salariés ; – l'employeur doit payer le salaire convenu. • Possibilité pour l'employeur de recourir aux heures supplémentaires ou complémentaires dans les limites légales et conventionnelles • Mutations internes et temporaires réalisables avec maintien de la rémunération

2 Le lock-out, réaction de l'employeur face à la grève

Définition

Le **lock-out** consiste, pour l'employeur, en la fermeture temporaire de l'entreprise, l'établissement ou l'atelier en réponse à un conflit du travail existant ou imminent. Il suspend le contrat de travail des salariés.

Principe : lock-out illicite	Exception : lock-out licite
• Le lock-out n'est pas reconnu en droit : – il est illicite lorsqu'il est préventif ou qu'il constitue une mesure de rétorsion ; – il s'agit d'une faute contractuelle à l'égard des salariés non grévistes : l'employeur doit verser des salaires aux non-grévistes. • L'atteinte au droit de grève des salariés constitue un délit d'entrave.	• Le lock-out peut être justifié par des circonstances exceptionnelles : – situation contraignante empêchant l'employeur de fournir du travail aux salariés non grévistes ; – force majeure ; – impératifs de sécurité et de discipline ; – suspension du contrat de travail des salariés non grévistes. • L'employeur n'a pas à verser les salaires.

3 Les modes alternatifs de résolution des différents collectifs du travail (MARD)

A. La conciliation

Définition

La **conciliation** est une procédure par laquelle les parties à un conflit collectif du travail tentent de se rencontrer pour négocier un accord en vue de résoudre le conflit grâce à un conciliateur ou à une commission de conciliation.

Forme de la conciliation

La conciliation peut être conventionnelle lorsqu'elle est prévue dans un accord ou une convention collective ou lorsque les parties en conflit décident de sa création. En l'absence ou en cas d'échec de la procédure conventionnelle, le conflit peut être porté selon son importance devant une commission nationale ou régionale de conciliation.

Procédure de la conciliation

La procédure de conciliation peut être engagée par les parties elles-mêmes pour mettre fin au litige ou par le ministre du Travail, ou le préfet ou la Dreets. Ces acteurs saisissent la commission de conciliation et les parties au conflit se présentent en personne aux réunions.

Issues de la conciliation

Soit les parties sont d'accord et elles signent un procès-verbal qui a valeur d'accord collectif (soumis aux formalités de dépôt auprès de la Dreets), soit, en cas d'échec, le conflit est soumis à la procédure de médiation ou d'arbitrage.

B. La médiation

Définition

La **médiation** est une procédure amiable et facultative faisant intervenir un médiateur, qui soumet aux parties en conflit des recommandations motivées pour apporter des solutions au litige.

La médiation débute par la désignation d'un médiateur d'un commun accord, en cas d'échec de la conciliation, à l'initiative du ministre du Travail, du président de la Commission régionale de conciliation ou des parties. Dans le mois de sa désignation, le médiateur soumet aux parties des recommandations. Les propositions sont examinées par les parties sous 8 jours. S'il y a accord, il produit les mêmes effets qu'un accord collectif.

C. L'arbitrage

Définition

L'**arbitrage** consiste pour les parties, à décider d'un commun accord, de soumettre les conflits qui subsistent à un arbitre qu'elles choisissent. L'arbitre tranche le litige en rendant une sentence arbitrale motivée.

L'arbitrage ne peut intervenir qu'après l'échec d'une conciliation ou d'une médiation. S'il est prévu dans une convention collective, il doit s'appliquer.

L'arbitre ne peut statuer que sur :

- les points de désaccord contenus dans le procès-verbal de non-conciliation ;
- les propositions du médiateur.

L'arbitre rend une sentence arbitrale motivée qui a les effets d'un accord collectif et qui revêt force obligatoire. En cas de désaccord, les parties peuvent exercer un recours pour excès de pouvoir devant la Cour supérieure d'arbitrage.

LE + DE L'EXPERT

Dans un arrêt du 7 novembre 2018, la Cour de cassation a jugé que l'employeur pouvait tenir compte des périodes de grève pour opérer une retenue sur le paiement d'une prime, à la condition que toutes les absences non légalement assimilées à du travail effectif entraînent cet abattement. À défaut, la retenue est discriminatoire.

22 Le droit de la protection sociale : introduction

Mots-clés

Cotisations sociales • Régime général

1 Les grands principes de la protection sociale

L'ordonnance du 4 octobre 1945 a institué un **régime général** de sécurité sociale reposant sur un réseau de caisses à compétence générale et dont la gestion avait été confiée aux représentants des intéressés.

Principes régissant la sécurité sociale

Universalité	• Généralisation du système de protection sociale à toute la population. • Principe validé progressivement (ex. : création de la CMU en 1999).
Unité	Un seul régime de sécurité sociale et une seule organisation administrative.
Uniformité	Applicable aux prestations et cotisations.
Autonomie de gestion	Administration paritaire des organismes de sécurité sociale par des représentants des employeurs et des salariés.

2 Les sources du droit de la protection sociale

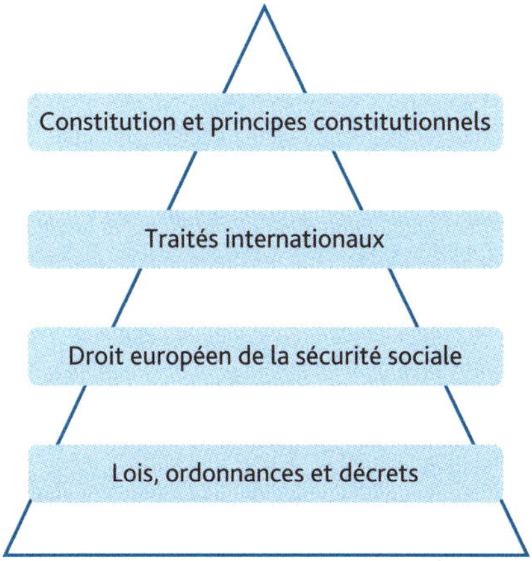

3 L'organisation administrative et le financement de la Sécurité sociale

Organisation institutionnelle de la Sécurité sociale

Agence centrale des organismes de Sécurité sociale (Acoss)	• Redistribution des recettes destinées aux quatre branches (maladie, AT-MP, famille, retraite) du régime général • Urssaf et caisses générales de Sécurité sociale
↓	
Caisse nationale d'allocations familiales (Cnaf)	Caisses d'allocations familiales (CAF)
↓	
Caisse nationale d'assurance-maladie des travailleurs salariés (Cnam-TS)	• Caisse primaire d'assurance-maladie (CPAM) • Caisse d'assurance-retraite et de la santé au travail (Carsat) • Caisse générale de sécurité sociale (outre-mer)

Le régime général de la Sécurité sociale est financé par des **cotisations sociales** dues au titre de l'emploi de travailleurs salariés et assimilés. À ces cotisations, s'ajoutent d'autres sources de financement comme la contribution au remboursement de la dette sociale (CRDS), le forfait social ou la contribution sociale généralisée (CSG).

4 Les régimes de Sécurité sociale

Plusieurs régimes de Sécurité sociale cohabitent en fonction des professions exercées, sans compter le lieu de vie (régime spécial de l'Alsace et de la Moselle).

Du régime général au régime agricole

Régime général	• Fondamental, il assure tous les salariés. • Quatre branches de risques sociaux : maladie-maternité-invalidité-décès ; vieillesse ; accidents du travail-maladie professionnelle ; prestations familiales.
Régimes spéciaux	Fonctionnaires de l'État, agents de la RATP et de la SNCF, marins…
Régime agricole	• Affiliation des salariés et non-salariés dont l'activité relève de l'agriculture. • Pilotage par la Mutualité sociale agricole (MSA).

LE + DE L'EXPERT

Depuis le 1er janvier 2020, la gestion de la protection sociale des travailleurs indépendants (↪ fiche 27), qui incombait auparavant au régime social des indépendants (RSI), relève du régime général auquel les indépendants sont désormais affiliés.

23 Le régime général de la Sécurité sociale : couverture des risques non professionnels

Mots-clés

Décès • Invalidité • Maternité • Prestation en espèces • Prestation en nature • Protection • Vieillesse

1 La protection contre les aléas de la vie : assurances-maladie, maternité, invalidité, décès

A. La maladie

Prestations en nature	• Frais de santé : remboursements, sur la base d'un tarif conventionné, des dépenses médicales et paramédicales liées à l'état de santé de l'assuré ou de ses ayants droit, pour les soins réalisés par un professionnel de santé, inscrit sur la nomenclature générale des actes professionnels (NGAP) et justifiés par les documents constatant les actes réalisés. Un ticket modérateur reste à la charge de l'assuré auquel s'est ajoutée une participation forfaitaire (franchise), fonction des soins prodigués ; • Frais de transport, sous conditions.
	Bénéficiaires : l'assuré social et ses ayants droit
	Conditions d'octroi : • Aucune condition de travail initial n'est exigée (notamment pour les bénéficiaires de la protection universelle maladie – Puma). • L'assuré remet la feuille de soins au prestataire de santé qui l'adresse à la CPAM.
Prestations en espèces	Des indemnités journalières de sécurité sociale (IJSS) sont versées à l'assuré pour compenser la perte de salaire en raison de la maladie non professionnelle, à l'expiration d'un délai de carence de 3 jours : – elles sont égales à 50 % du revenu d'activité antérieur (RAA) ; – elles ne sont pas soumises à cotisations sociales mais aux CSG et CRDS et entrent dans le calcul de l'impôt sur le revenu.
	Bénéficiaire : l'assuré social
	Conditions d'octroi : • Pour bénéficier du versement des IJSS des 6 premiers mois d'arrêt, l'assuré doit avoir cotisé au moins 1 015 fois le Smic horaire durant les 6 mois précédents ou avoir totalisé au moins 150 heures de travail salarié dans les 3 mois civils ou les 90 jours précédents. • Au-delà de 6 mois d'arrêt de travail, il faut qu'il soit immatriculé à la sécurité sociale depuis au moins 12 mois et qu'il ait cotisé au moins 2 030 fois le Smic horaire dans les 12 mois précédents ou totalisé au moins 600 heures de travail salarié dans les 12 mois civils ou 365 jours précédents.

B. La maternité

Conditions de versement des prestations	
Les prestations de maternité sont conditionnées par le respect de certaines formalités : – la mère doit prévenir la CPAM et la CAF dans les 14 premières semaines de la grossesse ; – elle doit faire l'objet d'une surveillance médicale spéciale ; – elle doit résider en France de façon habituelle.	
Prestations en nature	Prise en charge à 100 % de tous les frais relatifs à la grossesse, à l'accouchement et à ses suites, à partir du 4e mois précédant la date présumée de l'accouchement jusqu'à 12 jours après.
Prestations en espèces	• Pour bénéficier des IJSS égales à 100 % du RAA, sans délai de carence, la mère doit justifier de 10 mois d'immatriculation à la Sécurité sociale et avoir cotisé au moins 1 015 fois le Smic horaire dans les 6 mois civils précédents ou avoir effectué au moins 150 heures de travail salarié dans les 3 mois civils précédents. • Les prestations de maternité sont exonérées de cotisations sociales. Elles sont soumises aux CSG et CRDS et à l'impôt sur le revenu.

C. L'invalidité

Les prestations d'**invalidité** sont accordées à l'assuré qui n'a pas atteint l'âge légal de la retraite et qui est atteint d'une invalidité réduisant des deux tiers sa capacité de travail ou de gain, à la suite d'un accident non professionnel (appréciation établie par les services de la CPAM).

L'assuré doit :

- justifier d'une durée minimum d'immatriculation d'un an ;
- avoir cotisé 600 heures au cours des 12 mois précédents ou avoir versé un montant de cotisation minimum ;
- avoir un âge inférieur à l'âge légal de la retraite.

Prestations d'invalidité

Prestations en nature	Les prestations sont les mêmes qu'en matière d'assurance-maladie (prise en charge à 100 % du tarif conventionné pour les soins liés ou non à l'état de l'assuré.	
Prestations en espèces	La pension accordée prend en compte la catégorie d'invalidité dont relève le bénéficiaire :	
	1re catégorie : l'assuré est capable d'exercer une activité rémunérée	Taux de 30 %
	2e catégorie : il est incapable d'exercer une activité rémunérée	Taux de 50 %

▶

Prestations en espèces	3ᵉ catégorie : il relève de la 2ᵉ catégorie et en plus il doit avoir recours à une tierce personne pour effectuer les actes ordinaires de la vie	Taux de 50 % plus majoration pour assistance d'une tierce personne
	La pension est calculée sur le salaire annuel moyen des dix meilleures années du bénéficiaire. Elle est soumise à la CSG, à la CRDS et à l'impôt sur le revenu.	–

D. Le décès

En cas de **décès** de l'assuré social, quelle qu'en soit la cause, un capital-décès est versé aux ayants droit du défunt pour compenser la perte de ressources qui en découle.

Les personnes qui se trouvaient, au jour du décès, à la charge effective et permanente de l'assuré bénéficient du capital-décès.

L'assuré doit justifier, au moment du décès, soit d'un montant minimum de cotisations, soit d'une durée minimum de travail.

Le montant du capital-décès est forfaitaire (3 450 €) et versé par la CPAM dans le mois qui suit le décès. Il est exonéré de cotisations sociales, de CSG et de CRDS et n'est pas soumis aux droits de succession.

2 La protection de la vieillesse : droits à pension de retraite et prestations

Le système de la protection de la vieillesse est basé sur une double logique :
- la répartition (les pensions des retraités sont financées par les cotisations des actifs) ;
- la capitalisation (les droits acquis durant la carrière des actifs leur donnent droit à une pension une fois l'âge de la retraite atteint).

Mise en œuvre de la protection de la vieillesse

Obligation d'information	Informations assurées par les gestionnaires de l'assurance-vieillesse tout au long de la carrière du cotisant (états récapitulatifs des droits à 35, 40, 45 ou 50 ans)
Montant de la pension de vieillesse	Pension de retraite = $SAM \times D/d \times T$ Avec : *SAM* : salaire annuel moyen (moyenne des salaires des 25 meilleures années) *D* : Durée d'assurance dans le régime général de sécurité sociale *d* : Durée de référence (nombre maximal de trimestre pris en compte) *T* : Taux de pension dépendant de la durée d'assurance, taux maximum hors majoration : 50 %

Surcote/ Décote/ Majoration	• Surcote pour les assurés qui travaillent au-delà de l'âge légal alors qu'ils justifient d'une durée d'assurance suffisante à l'obtention d'une retraite à taux plein : majoration de 1,25 % pour chaque trimestre accompli. • Décote pour les personnes n'ayant pas validé le nombre de trimestres requis pour bénéficier d'une retraite à taux plein : minoration de 1,25 % par trimestre manquant. • Majoration, par exemple pour charge d'enfant : 4 trimestres pour la mère et 4 trimestres par parent pour chaque enfant éduqué.
Liquidation	L'intéressé qui remplit les conditions d'âge (62 ans, 60 ans pour carrière longue, ou 55 ans en cas de handicap…) et qui cesse toute activité professionnelle peut demander la liquidation de sa pension de vieillesse auprès de la Carsat du lieu de sa résidence.

LE + DE L'EXPERT

La réforme des retraites envisagée par le gouvernement d'Édouard Philippe en 2019 entendait généraliser le système des points de retraite, régime par répartition, calculant les droits en fonction des points cumulés tout au long de la carrière grâce aux cotisations versées.

24 Le régime général de la Sécurité sociale : couverture des risques professionnels

Mots-clés

Prestation en espèces • Prestation en nature • Risque professionnel

1 Les risques professionnels garantis

Accident du travail	• Est considéré comme un accident du travail, quelle qu'en soit la cause, l'accident survenu par le fait ou à l'occasion du travail, à toute personne salariée ou travaillant à quelque titre ou en quelque lieu que ce soit pour un ou plusieurs employeurs ou chefs d'entreprise. • Trois critères cumulatifs doivent être réunis pour le qualifier : – un fait accidentel ou un événement dont la date est certaine ; – à l'origine de lésions corporelles, de douleurs ou de traumatisme ; – en lien avec le travail du salarié.
Maladie professionnelle	• La maladie contractée du fait du travail et inscrite dans les listes officielles de la sécurité sociale est présumée maladie professionnelle. • La maladie peut aussi être reconnue professionnelle par expertise si elle est directement causée par le travail habituel de la victime, entraînant une incapacité permanente d'au moins 25 %.
Accident de trajet	• Constitue un accident de trajet celui qui se produit : – sur le trajet protégé qui va de la résidence principale ou secondaire du salarié à son lieu de travail (ou dans l'entreprise pour prendre ses repas) ; – aux heures de trajet habituel (pour et après le travail) selon l'itinéraire le plus direct et le plus court. • Est également protégé le détour justifié par les nécessités essentielles de la vie courante (ex. : sortie d'école).

2 La mise en œuvre de la couverture des risques professionnels

En l'absence de faute du salarié, la réparation forfaitaire des risques professionnels consiste en deux types de versements.

Prestations en nature et en espèces

Prestations en nature	Prise en charge à 100 % des frais chirurgicaux, médicaux et paramédicaux sans avance des frais et sans ticket modérateur, jusqu'à la guérison ou la consolidation, sur la base des tarifs conventionnés de sécurité sociale.

Prestations en espèces	• Versement d'IJSS calculées sur le salaire journalier de base, sans délai de carence (60 % du revenu d'activité antérieur pour les 28 premiers jours, puis 80 % à partir du 29e jour), jusqu'à guérison, consolidation ou décès du salarié. Le jour de l'accident est intégralement payé par l'employeur. • En cas de consolidation, un taux d'incapacité est fixé par la caisse. Si ce taux d'incapacité est inférieur à 10 %, le salarié perçoit une indemnité en capital. Dans les autres cas, l'assuré a droit à une rente, versée pendant toute sa vie. La rente peut être majorée en cas d'aggravation de son état ou de nécessité d'une tierce personne. • Le décès de l'assuré ouvre droit à une rente pour ses ayants droit pour indemniser le préjudice subi par la perte de revenus. La rente correspond à un pourcentage du salaire annuel de la victime.

Incidences de la faute inexcusable ou de la faute intentionnelle

Faute inexcusable	**De l'employeur** • Lorsqu'il a manqué à son obligation de sécurité de résultat, lorsqu'il avait ou aurait dû avoir conscience du danger auquel était exposé le salarié et qu'il n'a pas pris les mesures pour l'en préserver. • L'action en reconnaissance du caractère inexcusable de la faute de l'employeur est menée devant un tribunal judiciaire spécialisé dans les 2 ans à compter de la reconnaissance de l'accident du travail. • Lorsque la faute inexcusable est retenue, la rente de la victime est majorée. • Le salarié peut obtenir réparation des préjudices (physiques, esthétiques ou moraux) non pris en charge par la sécurité sociale. L'indemnisation de la victime est effectuée par la caisse, qui la récupère en une seule fois, en capital auprès de l'employeur.
	Du salarié • Il s'agit d'une faute volontaire, d'une exceptionnelle gravité exposant sans raison valable son auteur à un danger dont il aurait dû avoir conscience. • L'accident reste un accident du travail mais la rente allouée est réduite par la caisse.
Faute intentionnelle	**De l'employeur** • Elle se traduit par un acte ou une omission commis avec une intention délibérée (acte volontaire) de causer un dommage corporel ou psychologique. • Le salarié a droit à une réparation intégrale du préjudice subi selon les règles de la responsabilité civile de droit commun.
	Du salarié • Il s'agit d'un acte ou d'une omission impliquant une intention de nuire ou de causer des lésions corporelles. • L'assuré perd ses droits d'indemnisation au titre de l'accident du travail. Il bénéficie seulement des prestations en nature de l'assurance-maladie.

LE + DE L'EXPERT

Dans un arrêt du 11 juillet 2019, la Cour de cassation a jugé que la crise cardiaque d'un salarié, survenue au cours d'un comité de direction, était un accident du travail et que, à ce titre, la CPAM devait prendre en charge le décès de la victime au titre de la législation professionnelle.

25 La protection contre le chômage

Mots-clés

Activité partielle • Chômage total • Durée d'affiliation • Revenu d'activité antérieur

1 Le chômage total

A. Les conditions d'indemnisation

Une personne souhaitant bénéficier des allocations de chômage, au titre du chômage total, doit remplir une série de conditions.

Conditions d'éligibilité aux prestations de chômage

Rupture du contrat de travail	Inscription sur la liste des demandeurs d'emploi	Autres conditions
• **Principe** : nécessité d'une rupture involontaire du contrat de travail. • **Exception** : certaines personnes sont éligibles à une indemnisation alors qu'elles ont rompu volontairement leur contrat de travail (en cas de rupture conventionnelle, par exemple).	Peuvent bénéficier de l'aide au retour à l'emploi (ARE), les personnes inscrites comme demandeur d'emploi auprès de Pôle Emploi ayant élaboré un projet personnalisé d'accès à l'emploi (PPAE).	• **Âge** : tout travailleur privé d'emploi de moins de 62 ans peut bénéficier de l'ARE. Lorsqu'il a atteint l'âge légal de départ à la retraite et qu'il ne justifie pas du nombre de trimestres requis pour obtenir une pension à taux plein, il peut percevoir des allocations de chômage jusqu'à ce qu'il valide le nombre de trimestres obligatoires et, au plus tard, jusqu'à ses 67 ans. • **Domicile** : le principe de territorialité (métropole, départements et collectivités d'outre-mer) s'applique.

B. Les durées d'affiliation et d'indemnisation

Les exigences de durée d'affiliation varient selon l'âge du salarié à la fin du contrat.

Durée d'affiliation requise selon l'âge

	Durée d'affiliation
Moins de 53 ans à la date de fin du contrat	Au moins 88 jours ou 610 heures (premier des deux seuils atteint) de travail au cours des **28 mois** précédant la fin du contrat de travail (terme du préavis).
53 ans et plus à la date de fin du contrat	Au moins 88 jours ou 610 heures de travail (premier des deux seuils atteint) au cours des **36 mois** précédant la fin du contrat de travail (terme du préavis).

Principe d'indemnisation

Un jour travaillé = un jour indemnisé

- La durée d'indemnisation est égale à la durée d'affiliation.
- Le minimum est fixé à 122 jours (4 mois), le maximum à 730 jours (24 mois).
- Les durées sont augmentées pour les salariés âgés de 53 ans et plus.

C. Le montant et le paiement de l'allocation de chômage

Allocation à verser = 40,40 % du revenu d'activité antérieur (RAA) + 12,05 €

Définition

Le **revenu d'activité antérieur** (RAA) correspond aux sommes versées pendant les 12 derniers mois civils précédant le dernier jour de travail payé à l'intéressé rapportées au nombre de jours travaillés au cours de la période de référence.

Les sommes prises en compte dans le calcul sont :
- la rémunération de base ;
- les primes.

Ne sont pas prises en compte les indemnités de licenciement, de congés payés, de préavis et de non-concurrence (↪ **fiche 3**).

Versement de l'aide au retour à l'emploi (ARE)

Moment du paiement	Les allocations sont dues tous les jours calendaires et payées mensuellement à terme échu.
Différé d'indemnisation et délai d'attente	• Les différés ont pour but de limiter le cumul des sommes versées à l'occasion de la rupture avec le versement de l'ARE (congés payés, indemnisation spécifique). • Le délai d'attente est de 7 jours à compter du ou des différés d'indemnisation.
Régime social et fiscal	Contribution sociale généralisée (CSG), contribution au remboursement de la dette sociale (CRDS) et impôt sur le revenu (IR).
Terme du paiement	L'ARE cesse d'être versée au chômeur qui perd alors la qualité de demandeur d'emploi.

2 L'activité partielle

A. Le champ d'application et les motifs du recours à l'activité partielle

Définition

L'**activité partielle** (ou chômage partiel) a pour but d'accompagner les entreprises contraintes de réduire temporairement leur activité et le nombre de leurs salariés en permettant à ces derniers de recevoir une indemnisation.

Le recours au chômage partiel doit être justifié par au moins l'un des motifs suivants :

- la conjoncture économique ;
- les difficultés d'approvisionnement en matières premières ou en énergie ;
- un sinistre ;
- des intempéries à caractère exceptionnel ;
- la transformation, la restructuration ou la modernisation de l'entreprise ;
- toute autre circonstance à caractère exceptionnel.

La diminution de l'activité ou sa cessation doit être à la fois temporaire et collective.

B. Les formalités et les conditions d'in-demnisation

L'employeur doit :

- consulter le comité social et économique (CSE) (↪ fiches 13 et 17) ;
- formuler une demande auprès de l'autorité administrative (préfet) qui répond dans les 15 jours (le silence de l'administration vaut acceptation).

Conditions d'indemnisation

Du côté de l'employeur	Du côté du salarié
• L'employeur de salariés en activité partielle reçoit une allocation financée par l'État et l'Unedic (montant fixé par décret). • Le recours à l'activité partielle est autorisé pour 6 mois maximum, durée renouvelable sous conditions. • Le contingent indemnisable est de 1 000 heures par an par salarié.	• Le salarié en activité partielle reçoit une indemnité de son employeur égale à 70 % de sa rémunération brute servant de base au calcul de l'indemnité de congés payés. • Le salarié bénéficie d'une garantie minimale de rémunération : le Smic pour un salarié aux 35 heures.

LE + DE L'EXPERT

La loi « Avenir professionnel » (2018) a étendu le bénéfice des allocations de chômage au salarié démissionnaire qui poursuit un projet réel, sérieux et attesté de reconversion professionnelle.

26 La protection sociale complémentaire

Mots-clés

Retraite complémentaire unique • Protection sociale complémentaire obligatoire

1 La retraite complémentaire unique

Le retraite complémentaire unique repose sur :

- La fusion des régimes. Depuis le 1er janvier 2019, un régime de retraite complémentaire unique Agirc-Arcco a remplacé des deux régimes autrefois distincts.
- Le principe de répartition. Les cotisations de l'année en cours servent au paiement des prestations des retraités de l'année en cours.

Conditions d'affiliation et de versement des prestations

Conditions d'affiliation	• Assujettissement obligatoire à l'assurance-vieillesse du régime général de la sécurité sociale. • Paiement des cotisations définies : il s'agit de la cotisation de base et des contributions d'équilibre. Les cotisations sont prises en charge par l'employeur à hauteur de 60 % et par le salarié à hauteur de 40 %.
Conditions de versement des prestations	• Avoir atteint 67 ans. • Avoir cessé toute activité. • Avoir liquidé sa pension de retraite complémentaire.

2 La protection sociale complémentaire obligatoire

La protection sociale complémentaire obligatoire repose sur un triple principe :

- L'insuffisance des régimes légaux de sécurité sociale. Pour faire face à cette situation, se sont développées par vagues successives des institutions (mutuelles, compagnies d'assurance...).
- La protection sociale complémentaire. Il s'agit de la couverture du risque-décès, des risques portant atteinte à l'intégrité physique de la personne ou liés à la maternité, des risques d'incapacité ou d'invalidité, des risques d'inaptitude et du risque-chômage ainsi que la constitution d'avantages sous forme de pensions de retraite, d'indemnités ou de primes de départ en retraite ou de fin de carrière (CSS, art. L. 911-2).
- Des organismes assureurs partenaires (mutuelles, institutions de prévoyance et entreprises d'assurance).

Conditions d'affiliation et de maintien du salaire

Conditions d'affiliation	• Tous les salariés, sauf exceptions (salariés ayant plusieurs employeurs et bénéficiant déjà d'une couverture complémentaire, salariés en CDD ou contrat d'intérim trop court ouvrant droit dans l'entreprise qu'à une couverture inférieure à 3 mois). • Financement à hauteur de 50 % par l'employeur. • Exonération de contribution sociale patronale si elle respecte deux qualités : solidarité et responsabilité.
Conditions de maintien du salaire en cas de maladie	• Soins en France ou dans l'UE. • Ancienneté d'un an au premier jour d'absence : indemnisation après 7 jours de carence, sauf accident du travail, à 90 % de la rémunération brute pendant les 30 premiers jours, 2/3 de la rémunération brute les 30 jours suivants. La durée d'indemnisation est augmentée de 10 jours par période entière de 5 ans d'ancienneté. La durée maximale d'indemnisation est de 90 jours pour chacune des deux périodes. • Justification de la maladie et d'un revenu de remplacement par la sécurité sociale. • Soumission à la contre-visite patronale.

LE + DE L'EXPERT

L'allocation de retraite complémentaire, revalorisée chaque année, est calculée en multipliant le nombre de points inscrits au compte du participant, à la date de la liquidation de ses droits, par la valeur de service du point de retraite du régime. La valeur de service du point Agirc-Arcco est fixée à 1,2714 € pour 2021.

27 Les autres régimes de protection sociale

Mots-clés

Mutualité sociale agricole • Profession libérale • Travailleur indépendant

1 Le régime des indépendants

Définition

Les **travailleurs indépendants** sont des personnes qui exercent une profession non salariée et non agricole.

Les **professions libérales** relèvent du régime des indépendants.

A. Les personnes assujetties

Professionnels libéraux	Autres travailleurs indépendants
Personnes exerçant à titre habituel, de manière indépendante et sous leur responsabilité, une activité de nature généralement civile (professionnels de santé, experts-comptables, architectes, métiers du droit (sauf avocats).	Commerçants, industriels, artisans.

B. L'organisation institutionnelle

En 2017, la suppression du régime social des indépendants (RSI) a été annoncée.

Depuis le 1er janvier 2020, la Sécurité sociale des indépendants est intégrée au régime général de la Sécurité sociale, après une période transitoire de 2 ans.

Principe	Exception
Les indépendants relèvent : – au niveau national, de la Caisse nationale d'assurance-maladie (Cnam), de la Caisse nationale d'assurance-vieillesse (Cnav) et de l'Agence centrale des organismes de sécurité sociale (Acoss). – au niveau local, des CPAM, des Carsat et des Urssaf.	Maintien d'une représentation des artisans, commerçants et professions libérales au sein du régime général de la sécurité sociale et de ses divers organismes : création du Conseil de la protection sociale des travailleurs indépendants (CPSTI).

C. Le régime social des indépendants

Maladie/ maternité	• Modalités de prise en charge identiques à celles des salariés. • Versement d'indemnités journalières à l'exception des professionnels libéraux (mais versement des prestations de l'assurance-maternité).
Vieillesse	• Artisans, industriels et commerçants : prestations de retraite de base et complémentaire. • Professionnels libéraux : ils ne relèvent pas tous du même régime d'assurance-vieillesse. Aux régimes de base, s'ajoutent des régimes de retraite complémentaire et de prévoyance fonctionnant à titre obligatoire.
Chômage	Allocation de chômage forfaitaire sous conditions restrictives (durée minimale d'activité antérieure, cessation d'activité suite à un jugement ouvrant une procédure de liquidation judiciaire ou de redressement judiciaire avec départ du dirigeant, activité ayant généré un revenu suffisant).

2 Le régime agricole

A. Les personnes assujetties

Personnes physiques	Personnes morales
Si l'exploitation est exercée sous forme individuelle, peuvent être assujettis : – le chef d'exploitation répondant à diverses exigences (taille de l'exploitation, temps de travail consacré à l'activité agricole, direction effective) ; – les conjoints, partenaires et concubins du chef d'exploitation, les associés et aides familiaux, les enfants et autres personnes à charge, s'ils participent à l'activité de l'exploitation ; – les salariés de l'exploitant agricole.	Si l'exploitation est exercée sous la forme d'un groupement, peuvent être assujettis : – les membres non dirigeants des sociétés s'ils participent effectivement aux travaux ; – les membres dirigeants des sociétés selon divers critères (type de société, participation à l'activité, situation personnelle).

B. L'organisation institutionnelle de la protection sociale agricole

Unification des régimes de base	Échelons locaux et nationaux
• La loi de financement de la sécurité sociale (LFSS) pour 2014 a unifié la gestion des régimes de base d'assurance-maladie-maternité-invalidité des exploitants agricoles et des accidents du travail et maladies professionnelles. L'intégralité des activités est confiée à la **Mutualité sociale agricole** (MSA).	• Niveau national : la MSA assure diverses tâches (unité du régime et opérations de contrôle). • Niveau local : les caisses locales de la MSA interviennent sur un territoire de la taille du département et prennent en charge les risques au titre du régime social des agriculteurs.

C. Le régime social des agriculteurs

Maladie/maternité	• Prise en charge des salariés comme des travailleurs indépendants agricoles.
Vieillesse	• Retraites forfaitaire et proportionnelle pour le chef d'exploitation, les membres de sa famille et son conjoint ou partenaire. • Alignement de la retraite des salariés agricoles sur celles des salariés du régime général.
Chômage	• Allocation de chômage forfaitaire des travailleurs indépendants agricoles. • Indemnisation des salariés agricoles par Pôle Emploi.

LE + DE L'EXPERT

Les dirigeants d'entreprise non titulaires d'un contrat de travail sont exclus du régime d'assurance-chômage géré par l'Unedic. Des régimes spéciaux volontaires leur sont ouverts : le régime de garantie sociale des dirigeants d'entreprise (assurance perte d'emploi GSC) et le régime de l'Association pour la protection des patrons indépendants (APPI). L'allocation forfaitaire mise en place par la loi « Avenir professionnel » (2018) n'est destinée qu'à certains travailleurs indépendants (débitants de tabac, gérants de SARL – sous conditions, directeurs généraux de SA).

28 Le contrôle de l'application du droit et le contentieux social

Mots-clés

Contrôle ordinaire • Recouvrement • Urssaf

1 Le contrôle par l'Urssaf

A. Les opérations de contrôle

Les opérations de contrôle de l'**Urssaf** consistent en :

– la vérification sur pièces des déclarations ;
– le contrôle ordinaire ou contrôle d'assiette ;
– le contrôle sur pièces des TPE.

Le **contrôle ordinaire** s'exerce en trois temps.

Périodicité du contrôle ordinaire

Avant le contrôle	Pendant le contrôle	Après le contrôle
• Envoi d'un avis de passage 15 jours avant la date de la première visite de l'agent • Trois mentions obligatoires : date, charte du cotisant contrôlé et possibilité de se faire assigner du conseil de son choix	• Détermination des dettes • Vérification des statuts des intervenants dans l'entreprise	• Remise d'une lettre d'observations marquant le début de la période contradictoire • Mise en demeure et contraintes éventuelles

B. La période du contrôle et les droits de l'inspecteur du recouvrement

Période contrôlée	• Trois dernières années civiles. • Prescription des cotisations et contributions par 3 ans à compter de l'expiration de l'année civile au titre de laquelle elles sont dues.
Droit des inspecteurs du recouvrement	• Droit exorbitant du droit commun (droit de visite et d'entrée, droit de communication des documents et audition des personnes rémunérées). • Obligation de remise par le cotisant de tous les documents comptables selon un classement nécessaire au contrôle. • Possibilité d'exiger de l'entreprise qu'elle mette à leur disposition un utilisateur habilité à même de les assister dans leurs opérations de contrôle. • Amende administrative (procédure contradictoire) encourue par toute entreprise faisant obstacle au contrôle.

C. La période contradictoire de trente jours

Le cotisant dispose de toute la période de 30 jours pour répondre aux observations formulées par l'Urssaf qui se doit de répondre en retour.

Le cotisant peut prendre l'attache d'un conseil.

2 Le recouvrement par l'Urssaf

Les opérations de recouvrement s'opèrent en quatre étapes.

Mise en demeure
Adressée par LRAR, elle invite le cotisant à régulariser sa situation dans le délai d'un mois.

↓

Contrainte
Si la mise en demeure reste sans effet dans un délai d'un mois, le directeur de l'organisme financier peut décerner, par acte d'huissier, une contrainte aux fins de recouvrement des sommes dues.

↓

Opposition à contrainte
Le débiteur peut former opposition à la contrainte auprès du greffe du tribunal judiciaire spécialisé dans le ressort duquel il est domicilié dans un délai de 15 jours à compter de la signification de la contrainte.

↓

Exécution de la contrainte
Si le débiteur ne s'oppose pas à la contrainte, celle-ci a valeur de titre exécutoire.

3 Le contentieux social

A. La juridiction compétente

Le tribunal judiciaire est spécialisé en matière sociale. Il a à connaître du contentieux social.

Compétences matérielle du tribunal judiciaire

Compétence matérielle

Contentieux général
- Application de la législation de la sécurité sociale et de la MSA
- Recouvrement des cotisations et contributions de sécurité sociale et d'assurance-chômage

Contentieux technique
- Invalidité en cas d'accident ou de maladie non professionnelle
- Incapacité de travail en cas d'accident du travail ou de maladie professionnelle
- Décisions des caisses d'assurance-retraite

Compétences territoriale du tribunal judiciaire

Compétence territoriale

↓

Principe
Tribunal judiciaire dans le ressort duquel se trouve le domicile du bénéficiaire ou de l'employeur intéressé ou le siège de l'organisme défendeur

↓

Nombreuses exceptions
(ex. : dernier domicile de l'accidenté du travail décédé)

B. Le déroulement de la procédure contentieuse

Phase gracieuse
devant la commission de recours amiable

→

Phase contentieuse
devant le tribunal judiciaire

C. Les voies de recours

Le recours diffère selon la valeur du litige.

Valeur du litige et voie de recours

Litiges supérieurs à 5 000 €	Appel devant la chambre sociale de certaines cours d'appel, puis, le cas échéant, devant la Cour de cassation dans un délai de 2 mois à compter de la date de notification de la décision de la cour d'appel.
Litiges inférieurs à 5 000 €	• Le tribunal judiciaire spécialisé statue en premier et dernier ressort. • Le débiteur peut saisir la Cour de cassation dans un délai de 2 mois à compter de la notification de la décision du tribunal judiciaire spécialisé.

LE + DE L'EXPERT

L'Urssaf fixe forfaitairement le montant de l'assiette des cotisations et contributions dans les cas suivants :

– la comptabilité de la personne contrôlée ne permet pas d'établir le chiffre exact servant de base de calcul aux cotisations et contributions ;

– le cotisant n'a pas mis à la disposition de l'administration les documents nécessaires à la réalisation du contrôle ou la présentation de ces documents ne permet pas leur exploitation.

82937 - (I) - SOP 90 - P314U - NOC - MGS

Jouve-Print

733, rue Saint-Léonard, 53100 MAYENNE

Dépôt légal : septembre 2021

N° 2966151E

Imprimé en France